本丛书获"中央高校科研基本业务费"资助

本书系2011年国家社会科学基金青年项目（11CKG001）阶段性成果

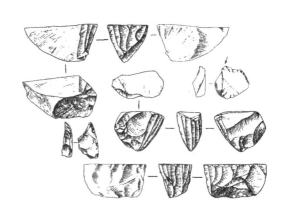

浙大人文

青年学者文丛

华北细石叶工艺的文化适应研究

——晋冀地区部分旧石器时代晚期遗址的考古学分析

● 陈 虹 著

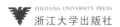

ZHEJIANG UNIVERSITY PRESS
浙江大学出版社

浙大人文青年学者文丛

总　序

　　由浙江大学人文学部策划的《浙大人文青年学者文丛》与读者见面了，这实在是一件特别值得庆贺的事。

　　值此庆贺之机，不揣粗陋，说一点与当下人文学科的境遇与发展相关的感想，与本《文丛》的笔者和读者朋友们交流求教。

　　关于人文及人文学科内容的表述，中国和西方虽有不同，但其意蕴与精神，两者的看法则大体相同。

　　一般认为，我国古代文献中最早出现"人文"一词的是《易经》："刚柔交错，天文也；文明以止，人文也。观乎天文以察时变，观乎人文以化成天下。"（《贲·彖辞》）意思是说，天生有男有女，男刚女柔，刚柔交错，这是天文，也即四时更替、天道自然；人类因此而有夫妇，有家庭，由家庭而国家，而天下，这是人文，也即社会人伦、人类文明。治国者既要观察天道自然的运行规律，又须用人文精神来教化天下。孔子说："德之不修，学之不讲，闻义不能徙，不善不能改，是吾忧也。"（《论语·述而》）因此，他强调"仁学"，要求人们"修德"、"讲学"、"徙义"、"改过"，学会"做人"、"爱人"，这是孔子对什么是人文的看法，也可以说是我国古代"人文教化"的日常要求和经验总结。在西方文化传统中，早期古代希腊时期，人和自然是一个整体，科学是真正综合的。亚里士多德开始寻找不同学科之间的差异,区分了理论、实践和创制三种科学,但他并没有将人文科学、社会科学和自然科学明确区分开来,而是仍然将自然哲学、数学和形而上学一起作为理论科学,将伦理学与政治哲学一起作为实践科学,将诗和修辞学归入以生产某物为目的的创制科学。后来所说的人文科学的某些观念,在公元前五世纪的希腊作为通识教育内容,目的是培养年轻人成为积极的公民。据说"人文学"(humanitas)概念最早由古罗马的西塞罗在《论演讲》中提出来的,作为培养雄辩家的教育内容,成为古典教育的基本纲领,并由圣奥古斯丁用在基督教教育课程中,围绕基督教教义学习语法、修辞、诗歌、历史、道德哲学。此后,人文学科便作为中世纪学院或研究院设置的学科之一。中世纪后期,一些学者开始脱离神学传统,研究和发掘古希腊、罗马的文化遗产,认为这种古典文化以人和自然为研究对象,是一种与非神学的世俗文化,并用 humanitas(人文学)来称呼这种新学问。大约到16世纪,"人文学"一词有了更广泛的含义,指的是这样一种文化现象:针对上帝至上的宗教观念,主张人和人的价值具有首要意义,重视人的自由意志和人对自然界的优先地位。从事人文学研究的学者于是被称为人文主义者。直到19世纪时,西方学者才用"人文主义"一词来概括这一文化现象,这就是我们通常所谓文艺复兴时代的人文主义思潮。人文主义思潮的主要内容成了英美学院和欧洲大陆大学预科基础教育的基本内容。随着近代实验科学的不断发展,人文学科逐渐明确了自己特殊的研究对象,成为独立的知识领域。按美国国会关于为人文学科设立国家资助基金的法案中的规定,"人文学科包括如下研究范畴:现代与古典语言、语言学、文学、历史学、哲学、考古学、法学、艺术史、艺术批评、艺术理论、艺术实践以及具有人文主义内容和运用人文主义方法的其他社会科学。"①欧盟一些主要研究资助机构对人文科学的范畴划分略有不同。欧洲科学基金会认为人文科学包括：人类学、考古学、艺术和艺术史、历史、科学哲学史、语言学、文学、东方与非洲研究、教育、传媒研究、音乐、哲学、心理学、宗教与神学；欧洲人文科学研究理事会则将艺术、历史、文学、语言学、哲学、宗教、人类学、当代史、传媒研究、心理学等归入人文科学范畴。这些差异反映了一种人文科学与社会科学研究相互交叉的趋势，所谓的学科分类也是相对而不是绝对的，更不是唯一的。

可见，从传统上看，人文学科是欧美大学学院或研究院设置的学科之一，属于教育学的基本科目类别；人文科学则是人文学科这一独立知识领域的总称，其主要研究对象是人与社会及其活动，是人类自身的发展、价值和精神。探求人的奥秘，便形成人文科学，人文科学的存在与发展，与人类自身的生存与发展相生相伴，须臾不能分离。

随着近代西方科学进步所带来的学科分化和社会变化，人文科学与自然科学，从本来的整体综合逐渐出现分化与疏离，表现出明显的区别。自然科学以自然界的物质现象为研究对象，是关于物质形态、结构、性质和运动规律的科学，通过观察、实验的方法，揭示各种物质形态的结构和本质，认识自然界的运动规律，并直接服务于人类利用和改造自然的活动，其特点是可重复性、可复制性。人文科学则研究人与社会及其活动，主要探讨人类历史发展、人的意识、情感、精神活动，通常采用引证与诠释、直观与体验、演绎与推论、想象与联想，以及思想实验等以语言分析、逻辑抽象和精神官能为基础的方法，使用难以用实验科学方法加以验证的范畴概念，如现象、本质、价

---

① 《简明不列颠百科全书》第6卷，"人文学科"条目，中国大百科全书出版社1986年版，第760页。

值、命运、自由意志等，揭示人自身的生存状态、活动形式及其价值与意义，突出认识和体验的独特性、偶然性和创造性，或者获得"具体的"个别和独特的认识内容与价值观念，或者形成适合于任何时代任何人的普遍经验和一般原则，其特点是不可重复性、不可复制性。

自古以来，人文科学就在各个方面推动着人类自身及其社会的发展。以哲学为例，中国古代哲学，无论是孔孟之道还是黄老之学，对人自身的德行养成和素质发展，对社会的政治影响和秩序稳定，都起着科学技术所不能替代的深刻作用，直到今天，仍然如此；西方哲学，无论是传统理论还是现代思想，都有力地推进了人们理解和把握自然界与人类社会的步伐，从不同角度打开了深入探索、理解自然世界和人类自身及其社会奥秘的通道，决定性地影响了欧洲自然科学世界观的道路和方法，奠定了自然科学实验观察和科学分析的理论基础。即便在以经济建设为中心、市场规则主导的当今世界，人们也都自觉不自觉地接受和运用着人文科学提供的思想、观念、价值、态度以及思维与生活方式，享受着人文科学所带来的实际成果。今天谁都不会否认，没有实践是检验真理的唯一标准这样的哲学讨论，就没有涉及理论、经济、社会发展乃至人的生活态度各个方面的思想解放和观念转变，也就不会有我国的改革开放以及由此带来的翻天覆地的变化。在一定意义上可以这样说，二十多年来，人文科学和其他社会科学一起，一次次将关系社会发展的重大问题提到时代和大众面前，持续地引领着人们的社会想象和公共论题，塑造了整个改革开放时代的公众话语模式和心理结构。

可是我们看到，无论在国内还是国外，人文学科在当今社会却受到明显的不同程度的误解、冷遇甚至排斥，人们越来越喜欢用直接可见的"有用"与"无用"作为衡量大学学科与专业之生存标准。对这种状况，我们无需怨天尤人。作为基础研究领域，人文学科具有自身的内在特征，诸如：它在根本目标上与直接的经济发展要求存在着正常的疏离，其研究一般需经历较长的过程，研究的结果也难以精确预见和预测，因而被挤到急切发展经济的当下社会的边缘，不在追求物质利益的人们的视野焦点之中，并不值得大惊小怪。它所面对的是人自身，人作为有思想的主体，在认识和改造世界的同时也在不断地认识和改变着自身，这一过程是无止境的，因而，最初的人文学者及其理论所讨论的问题，并不会随着时间的流逝全部消失，许多问题仍然会被后人们反复讨论，却不能获得确定无疑的结论；它研究的虽然都是人自身，但不同的研究者可以根据不同的观念和角度，采用不同的研究方法，从而得出不同的认识，不同时代对同一问题也可以得出不同的认识，甚至同一个人对自己研究的同一问题前后也可能会有不同的观点，而这许多认识和观点，并不一定有统一的评价标准，不能用实验的方法予以验证，一般也难以获得普遍的认可和最终的答案；这本来正是人文科学具有永恒魅力的原因之一，可是却与人们通常那种追求解决实在问题、获取具体认知与效益的愿望，显得格格不入，甚至会让人生出厌倦无聊的情绪。科学技术的价值表现是直接的，作用发挥是显性而当下可见的，人文科学与之不同，它的价值表现是间接的，作用发挥是隐性而缓慢延后的，人们往往容易看到科学技术直接带来社会经济的发展和人们生活的改善，却忘记或忽视了推动这种变化的思想观念的深层次作用，以及由此带来的生产关系的改革和调整的力量。从人文学科具有的诸如此类特征，我们也许可以找到理解人文学科当下遭际的一些理由。

理解这种遭际的现实，并不就是默认它的合理性，更不是让我们消极地抱怨与等待，而是要面对现实，通过自身的努力去逐渐改变这种现实。我以为这里有一点很重要，就是我们从事人文学科教学和研究者自身，包括青年学者在内，要以一种人文精神去对待所从事的职业与事业，把握人文学科的特征,相信人文学科对社会和人生的意义,恰当看待学科的冷与热,尽可能摆脱急功近利的浮躁心态,坚守人类自身不可离异的精神家园,以积极的态度延续与发展人文学科。

《人文学科青年学者文丛》的编辑出版,便是这种坚守和发展的一种承诺与措施,将为人文学科青年学者们提供发表研究成果、交流研究心得的可以信赖的阵地。本《文丛》将精心选编本校人文学科青年学者的研究著作,也包括其他学科青年学者属于人文学科的研究成果,人文学部将对有志于该学科研究的青年学者们给予研究和出版的经费支持。十多年前,曾担任过香港首届特别行政区行政长官的董建华先生以宏远的眼光,在原杭州大学设立大陆高校第一个文史哲研究基金,扶持和培养了大批人文学科青年才俊,其中许多人已成为相应学科领域的知名专家。我们有理由对本《文丛》满怀同样的期待,愿与人文学科的青年朋友们共同耕耘这个阵地,一起分享收获的喜悦,与《文丛》相伴着成长。

庞学铨

2010 年 8 月于西子湖畔浙大

序

　　本书尝试利用国际上最新的理论方法,对分布于我国北方地区旧石器时代晚期的细石叶工艺进行深入研究。因为许多新概念在国内尚未被业内同行所充分了解,所以虽然只是借他山之石攻己之玉的初步探索,但因为开拓了一个崭新的方向,从而在我国旧石器考古学领域具有不同一般的积极意义。

　　细石叶(包括剥制细石叶的石核及共生制品)从20世纪初就受到国内外考古学家的关注。20世纪20年代,参加纽约自然历史博物馆中亚探险队的美国考古学家内尔斯·纳尔逊在戈壁沙漠发现了细石叶遗存。1927—1935年由中国考古学家徐旭生和瑞典探险家、地理学家斯文赫定率领的中瑞西北考察团在戈壁沙漠中发现了327处遗址,大部分含有细石叶遗存。1937年,纳尔逊根据戈壁沙漠和北美阿拉斯加费尔班克斯校园遗址出土的相同类型的楔形细石核,提出了亚洲和北美存在史前文化联系的论断。由于这些细石叶遗存多为地表分布,缺乏地层证据,因此年代学上难有定论。但因细石叶遗存一般与陶片共出,所以长期以来这种"细石器文化"被认为是长城以外新石器时代文化的特点,而缺乏陶片的细石叶遗存被认为稍早,一般被定在中石器时代,比如河南的灵井、陕西的沙苑、内蒙松山的海拉尔、青海的拉乙亥和江苏的马陵山等遗址。

　　我国细石叶遗存的研究长期来主要限于两个领域的探索,首先是文化传统,也即从技术和类型特点来追溯这类遗存的渊源。比如裴文中在1954年提出,细石叶传统可能起源于贝加尔湖地区。到了 20 世纪 70 年代,华北地区一系列旧石器工业的新发现,让贾兰坡从两大传统来探讨细石器的起源。其中之一是三棱大尖状器和砍砸器传统,或称大石器传统,自西侯度、匼河、蓝田、丁村延续到鹅毛口,最后发展到新石器时代的磨光石器。还有就是端刮器和雕刻器传统,或称小石器传统,自周口店第一地点、许家窑、小南海、峙峪、下川、薛关和虎头梁最后发展到新石器时代的细石器文化,而细石叶技术已经在下川、薛关和虎头梁等旧石器时代晚期遗址中出现。于是,贾兰坡断言,细石叶技术应该源自华北的小石器传统。虽然这种直线进化的论断随着学科的发展不再被看作是定论,但是这代表了 20 世纪中叶我国学者在文化历史考古学范例指导下的理论阐释和综述性尝试。

另一个领域的探索就是细石叶的工艺技术,特别是细石核类型与打制工艺的探索。受日本和北美学者对细石核的类型和技术研究的影响,盖培根据对虎头梁楔形石核的研究,提出了一系列细石核制作的工艺类型,并将其作为判断文化关系和时代早晚的依据。盖培对这些工艺类型的命名大多可以在日本的细石核研究中找到对应者。盖培还在我国打制石器和细石核研究中首次提出了动态类型学的分析概念,把石叶剥片过程中导致石核的形变过程看作是值得关注的方面。因为许多形态差异很大的细石核类型很可能是同一类石核在不同剥片过程中的阶段性产物,所以必须在类型的命名上留意这种动态的形制转变。后来,下川遗址出土了比虎头梁种类更为多样的细石核类型,令王建等人对这些石核的加工和生产技术予以了更多的关注,比如台面的修整和石核废弃的原因等。后来,王建和王益人还发表了专论,探讨下川细石核的形制和技术问题。他们也从动态过程来分析石核的预制、成型加工、石叶剥片、石核台面调整到石核的最终废弃,以了解细石核的加工和剥制细石叶过程中的形变。这种分析已经接近法国学者提出的"操作链"和美国学者提出的"剥片程序"概念,无疑是我国细石叶工业研究的重要进展。到目前为止,我国学者对细石叶遗存的研究论文大多仍针对工艺技术和细石核类型。最近还有人把石叶的定义作为重要的内容来讨论。而陈胜前的研究是一个例外,他从理论和生态视角来探讨细石叶的起源,得益于他在宾福德指导下的全新思考。

本书采用了文化生态学和系统论的思维来探讨细石叶技术的适应意义,这是国际上流行的过程考古学的核心概念。在细石叶技术的研究中引入文化生态学的概念,主要是探究这种技术的生态背景和功能优势,它有助于解释为何这种技术会在更新世晚期到全新世初有如此广泛的采用和传播,从东亚一直扩散到北美,并被青藏高原上的狩猎群体所广泛采用。系统论和文化生态学往往是一起采用的,这就是说,人类文化是一种与环境互动的动态系统,其中涉及生态环境的条件、可获的资源类型、人类的群体结构、主要的生计形态和工具技术的装备。这些方面可以被看作是构成史前人类生存的几项关键的亚系统,它们彼此相联和制约,维持了人类的成功适应,而细石叶技术很可能是史前人类在更新世末和全新世初在北方地区成功繁衍发展的一个重要条件。

正如本书所论证的,细石叶技术代表了旧石器时代石器打制技术发展的最高峰,表现为人类能够高效利用优质石料,从有限的石料上生产出尽可能多的切割刃缘。细石核便于携带,非常适合流动性大的狩猎群体,使他们能免受流动过程中因优质石料匮乏而带来的风险和麻烦。细石叶一般用于镶嵌,为各种复合工具提供镶嵌的刃缘,它易于替换,非常经济、方便,且用途广泛,能够满足不同功能器物的需求。正是这种高效的工艺技术和产品,使得它被广泛地采用和传播。

受欧美学者对精致技术发展论述的启发,本书也从时间和狩猎风险压力来解释细石叶技术的适应优势。在高寒地带,植被稀少使得史前人类主要依赖动物维生。为了应对资源的流动性和不确定性,在这种时间和风险压力很大的环境里,人们必须提高工具和武器的效率来避免狩猎失败可能造成的灾难性后果。这种时间和风险压力是促进武器和技术装备精致化的重要原因,这也很好地解释了细石叶技术为何不见于华南地区。由于南方地区气候环境温湿,食物种类多,植物性食物也很丰富,所以生存压力较高纬度地区要小,某种食物的短缺可以由其他食物来弥补。而植物性食物又不会移动,采集利用上也没有时间压力,用简单的权宜性工具也能奏效,于是,人们没有必须提高工具和武器效率的压力和要求,所以在整个更新世阶段,华南地区的石器工业都是以简单打制的砾石和石片工具为特点。本书也引入了"能动性"概念来克服环境决定论的缺陷,认为这种技术的采纳、传承和广布也和群体的共同认知有关。

　　由于时间和条件的限制,本书主要采用了华北几个重要细石器工业的材料,如柴寺、下川、薛关、虎头梁和柿子滩。除了笔者参加过柿子滩的发掘外,其他地点都是利用二手资料或先前发掘标本的观察所得。笔者在观察和分析这些地点的细石核形制和技术特征后,发现细石核的预制和规范性有日趋成熟和规整的趋势,其中以虎头梁细石核的标准化程度最高,这也是细石叶生产专门化程度的体现,说明当时很可能已经有专职工匠的存在。因为欧洲马格德林石器高度标准化的石叶生产,被认为是存在专职工匠的证据。笔者还观察到,一些细石核用较差的石料制作,可能是由于优质原料稀缺,迫使他们将熟练的高水平技术应用于劣质材料。这种将剥片技巧熟练应用于劣质石料上,也是专门化较高水平的反映。笔者还用微痕分析观察细石叶的使用,发现不同地点出土的具有使用痕迹的细石叶比例各有不同。柴寺细石叶的使用率较高,下川细石叶的使用率适中,而柿子滩的细石叶均无使用痕迹。如果不存在观察标本的局限和偏颇,这也许能说明早期细石叶直接使用的比例较高,而后来细石叶用于镶嵌的比例较高,因此在遗址里留下的可能都是无用的废弃产品。

最后,笔者结合生态环境、石工业特点、群体规模、遗址分布和认知水平,探索了更新世末细石叶工业人群的流动性、石料采办和资源开拓,并利用系统论建模来重建细石叶工业的文化适应系统。这种多变量分析的系统论方法,适合解析人类生存系统与其亚系统或生存要素之间的动态关系,为解释华北地区细石叶工艺的多样性与区域性,以及细石叶在更新世末和全新世初的东亚和北美广泛分布提供了一个比较全面和合理的解释。

目前,我国大部分的考古学研究仍然采取的是 20 世纪 60 年代之前国际考古学界流行的文化历史考古学范例,即采用类型学和地层学来建立考古学文化的年代序列及追溯文化的起源和传承,并试图从考古学文化来分辨族群。这种范例基本上重描述而非重阐释,即使是解释也大多基于经验直觉和常识性判断。在旧石器考古中虽然利用功能类型的判断和分析来推测这些工具的用途,并延伸解释人类行为,然而缺乏实证的检验,这些结论往往争议较大,而且存在很大的不确定性。

20 世纪 60 年代起,美国过程考古学提出了研究文化过程的口号,即要了解文化变迁的动力因素,对文化变迁的过程作出理论的解释。过程考古学强调文化生态学,重视人地关系,并开创了许多新方法来解读器物中的人类行为。由于美国考古学与人类学的紧密关系,使得过程考古学对人类文化的适应性特别重视。另外,大量的民族学观察也能够被用来作规律性的总结,为静态物质现象背后的人类行为解读提供有用的借鉴。

本书是利用过程考古学的范例对旧石器时代晚期我国华北细石叶工业

的一次尝试性分析和解释,除了借鉴了许多过程考古学的概念之外,还利用了一些新的类型分析和微痕观察手段,取得了一定的成效。但是,作为初步尝试还是有些不足之处。首先是材料的不完备,由于观察和分析的是二手资料,像柴寺、下川、虎头梁和薛关都是 20 世纪 70 年代发掘的遗址,所以这些标本都缺乏详细的相关背景(context)。同时器物组合的统计比较也无法得出可信的结论,因为有些数理分析和对比可能并非文化差异,而是观察标本藏品的差异,因此无法作为史前人类使用这些工具数量差异的证据。其次,在 20 世纪 70 年代,环境考古学尚未在中国展开,旧石器考古只是搜集一些动物骨骼,做些物种的鉴定。动植物和其他环境资料的不足,也无法详细深入当时各遗址的生态环境细节,重建细石叶在这些地点使用时的局部古环境,因此影响到对细石叶技术在人地关系互动中所起的作用。再有,细石叶的微痕研究仍然薄弱。虽然本论文在细石叶功能的微痕分析是国内首创的,但是要了解细石叶的确切用途可能还需要做相当数量的微痕统计分析,而非仅凭少数标本进行观察就能作出判断。正如本书所观察到的,在柿子滩遗址里采集的细石叶都没有使用痕迹。有可能使用的细石叶已经制成复合工具而被带走,没有留在加工地点。因此,今后如要进行全面的人类行为适应研究,器物、废片及生态物如孢粉、植硅石和动植物标本都需要全面采集,并注意寻找遗址中人类的居住面,留意文化遗存和生态物在居住面上的分布。虽然这十分不易,但是一旦发现这种现象就非常有价值。根据这些遗存分布可以了解该地点人类活动的性质、石制品生产的特点、制作工具的过程、当时人类活动的环境和利用的资源,甚至约略估计遗址利用的人群规模和时间长短。

正是因为利用以前的二手资料无法全面获取了解人类行为和适应的必要信息和证据,因此本书所作的阐释还是带有一定的假设性,而非像过程考古学的实证研究那样，能为科学解释和研究结论提供有质量保证的证据。所以，要解读考古材料，一定在发掘之前就要有问题指导。只有在问题指导下，我们才知道一个遗址的发掘应该从哪里开始、需要寻找哪些证据、留意哪些现象、收集何种材料。在这个意义上，本书的研究希望能为以后的综合研究和考古发掘提供一个案例或范式，努力将旧石器考古学从类型学和工艺技术的研究转向人类行为和适应方式的解读，从而达到透物见人的境界。

陈　淳

2011 年 3 月 23 日

目 录

插图目录

表格目录

第一章

引 言

晚更新世以来,史前技术的一个明显变化是石器的细小化。旧石器时代晚期流行于东亚、东北亚和西北美洲的细石叶工艺,被认为是人类文化历史上最重大的技术革命之———"细石器革命"[1],又称"旧石器晚期革命"(Upper Paleolithic Revolution)[2]。与此同时,欧洲与西亚流行的几何形细石器工艺,与细石叶工艺一同见证了人类进化史上的技术革新。

过去50年来,细石叶的研究集中在这样几个方面:探究这一技术的起源和传统,追溯东亚和北美之间的文化关系[3-11],复制细石叶的生产过程[12-14],复原细石叶工艺从生产、维护、使用、搬运到废弃的生命史。关于细石叶工艺在史前人类文化适应中的具体表现及其意义的研究,目前还属鲜见,分析模式和范例还不成熟。本研究将以系统论为基础,从生态学视角出发,探究细石叶工艺在一定时空范围内的文化适应方式及意义。

一、缘起与意义

随着考古学研究范例的转变[15],当今的考古研究已经由描述文化历史的重建转向了人类文化对环境适应的功能性阐释[16-17],许多研究关注于对"文化适应"这一概念的探讨[18-22]。细石叶工艺的出现与发展,与人类适应晚更新世的气候、环境、资源等多方面变化密不可分。一般认为,晚更新世的适应特点包括细石叶工艺、资源多样化、远距离迁徙等。对这一阶段人类技术、适应方式和文化演变的探索,是史前考古学研究的战略性课题之一。

人类的生存与发展历程,是一部体现"适应"的历史。人类学家提出,人类的"适应"是动态过程,表现在生理结构与文化行为两方面。人类体质通过"优胜劣汰、适者生存",实现了生物进化学意义上的被动形态适应[23]。文化,被认为是人类的一种"超肌体"(extra-somatic)适应方式[24]。人类应对环境和社会变化的基本方式,就是文化适应[25],根本特点是主动行为适应与被动形态适应的统一,主要体现在工具制作、生活方式、经济行为、环境改造、象征符号、意识形态、文化传播、组织结构等诸多方面。

晚更新世人类的文化适应性大体表现在三个层面:石器技术、维生方式和居址形态[26]。考古学出土的石器,是探究史前人类适应性的形态及其演化的最佳物质材料。20世纪中叶之前,石器研究大多集中于个体描述,例如石制品的形态与功能。新考古学兴起以后,分析侧重点逐步移向狩猎采集人群的适应行为与社会结构[25]。

华北地区是我国细石器遗址发现最多、研究最为深入的地区,一方面表现出明显的区域特征,另一方面也表现出一定的相似性与互动性。多数相关的基础性研究,集中于石制品的形制和技术特点,偶尔考虑石料的可获性、质地等,几乎未涉及功能或者适应。尽管这些探讨为中国旧石器时代考古学研究奠定了必要的基础,然而学科的深层次发展要求我们超越文化历史学的分析,通过综合的石器研究,去探索史前人类生存和适应方面更深层次的问题。

在理论视野层面,摆脱文化累进或将器物仅看做是时代标志的观点,尽可能准确地再现史前人类行为,从人类适应和经济发展的角度来分析技术和工具的发展变化;在具体分析层面,运用考古材料来分析人类的适应和变迁,从环境变迁来分析文化演变,进而将考古材料和理论推测结合起来重建史前人类文化适应的细节及其动力、运作,这正是笔者撰写本书的初衷和研究理念。

二、细石叶工艺的定义与内涵

在旧石器时代考古学研究中,有关细石器和细石叶工艺的概念很多。国际学术界习惯用"细石器"(microlith)来表示流行于西亚和欧洲的细石器传统,中国学者称之为几何形细石器传统[1][4][9][27]。"细石叶"(microblade)则被用来表示发现于东亚、东北亚和西北美洲的含有细石叶、细石核的遗存[1][4][9]。

石叶的普遍定义是"长宽比例为 2:1 的长石片",基本规格是两长边大体平行,整体扁平细长,横截面呈梯形或三角形[28-29]。学者一般根据形态尺寸来区分石叶和细石叶,但是由于各地材料的特殊性,不同学者所采用的标准不同。Taylor将细石叶最大宽度限定为 11mm[30];贾兰坡提出,细石叶的宽和长之比,有的接近1/10,厚和长之比有的接近 1/20[4];盖培提议将宽度小于 10mm 的称为"典型细石叶"[31];陈淳、王向前界定两者的宽度界限为 11~12mm[32];王建等人以细石核上的细石叶疤宽度为区分标准,提出宽度小于 8mm 的为细石叶,超过者归石叶[33-34];陈胜前则认为,厚度小于 3mm、宽度小于 7mm 的才能被称为"细石叶"(microblade)[3]。根据技术,细石叶的狭义定义是"采用间接法或冲压技术,从特制的具有棱柱状工作面的细石核上剥离下来的石制品"[32]。

在中国,自 1906 年在内蒙古首次采集到细石器制品开始,学者们对这类形态特殊、性质稳定的石制品就陆续进行报道并展开讨论。梁思永在 20 世纪 30 年代调查发掘昂昂溪新石器时代遗址时,首次明确了其中细石器的地层及共存关系,用"幺石器"一词将细石器与非细石器区别开来[35]。20 世纪 50 年代,裴文中系统地报道了甘肃、青海的细石器材料,提出用"细石器文化"来综合表述含有细石核、细石叶以及小型石器的考古发现,并将长城以北的细石器文化分为扎赉、龙江、林西和赤峰四期[36]。

迄今为止,国内常见的术语有"细石器"、"细石器组合"、"细石器工艺"、"细石器文化"、"细石器传统"、"细石器工业"、"细石叶工艺"等。采用哪一个术语,取决于对"细石器"内涵的理解。安志敏将"细石器"严格定义为一种特殊技术工艺所产生的石制品,认为原则上以间接打法所剥离的细石核、细石叶以及用细石叶加工的石器为代表,"细石器"一词应该限定于此类石制品;并且建议"暂时搁置'细石器文化'一词,必要时用'细石器工艺传统'(简称细石器传统)来代替"[9][37]。陈淳在对比东西方细石器工艺的技术对象之后,强调指出细石叶是从特制石核如锥状、半锥状、楔状、柱状、船底形、漏斗形石核上剥离的产品[28]。沈辰则认为"在表述一种特定的石制品群体时,一般概念的'细石器'一词的中文含义可以包含有 microlithic 和 microblade 的双重英文意思:既有以加工细石叶为特征的几何形细石器石制品群,也有以细石核为特征的细石叶石制品群"[38]。他还强调,"细石器工艺所产生的石制品才能定义为'细石器'",而且提出"细石器工艺"仅指细石器工具生产系统的技法和工序,"细石器传统"特指一种以细石器工艺为主导的石器工业技术的文化表现[38-40]。王益人倾向于含义较广的"细石器组合",认为细石器的内涵除了细石核、细石叶等标志性器物以外,还应该包括外形较小、形制规整、加工精细的刮削器、尖状器、雕刻器等[8]。李永宪则将"细石器传统"理解为含有细石器内涵的文化组合或是石器工业,强调遗存的组合关系[41]。从技术角度出发,陈胜前采用"细石叶工艺"表示以间接压制或打击的方法从精细预制石核上生产规整细石叶产品的技术,认为"细石叶工艺"既包括标志性的细石器,也包括生产过程中的半成品、废品及其他副产品等[3]。

本研究采用"细石叶工艺"的表述,该术语一方面强调了晚更新世新技术的突出工艺与特点——细石叶和细石核,另一方面为组合中共存的非细石器留有讨论空间。细石叶工艺产品以及共存的其他工艺产品,在技术和文化两个层面,与相应的生存环境、人类行为和社会结构形成了文化适应复杂体。一般认为,细石叶工艺的出现与更新世末期的全球性气候变化及人类大迁移有密切关系,代表了特定环境下一种以开拓动物资源为主的工艺技术[42],是狩猎采集人群对末次盛冰期资源变化的适应[43]。其文化内涵与组合特征是复杂的,因地区和时代的差异而各有特色,表现出高度的地域性与多样性[44]。

三、细石叶工艺的分布及起源

细石叶的应用一般被视作旧石器时代晚期的标志。各地细石叶工艺出现的时间不等,西欧普遍为35ka BP,西亚则更早。关于中国旧石器时代晚期的起始,目前主要有两种意见:一是认为50ka—40ka BP左右[45-46];一是认为35ka—30ka BP左右[47-48]。20世纪的最后10年,随着考古遗址和材料的不断发现,中国旧石器时代文化的区域性和复杂性日渐明显,内涵日益丰富,有学者提出调整中国旧石器时代的年代和分期界定[45]。根据重要的考古遗址和材料,笔者赞同后一种观点。在50ka—40ka BP前后,考古学意义上的文化面貌和内涵没有发生巨大差别,某些文化现象的差异尚属量的积累或是不确定因素的扩大。但是在35ka—30ka BP左右,中国旧石器文化的前后区别甚大:遗址数量明显增加;北方各地相继出现石叶和细石叶技术,某些地区的细石器工业已相当成熟,南方由砾石工业转至石片工业;区域性、多元化文化并存;除石器外,大量出现骨角制品、装饰品;墓葬也开始出现,人类对灵魂和精神的理解有所发展。

中国是否存在中石器时代,旧、新石器时代过渡期的起始时间,以及判断过渡期的标准等问题,都关系到对旧石器时代晚期结束时代的界定。不少学者认为旧石器时代"与地质上的更新世相始终"[49],认为新旧石器时代的交替与更新世和全新世的分界同时发生。国际第四纪研究第六次联合会议和第八次联合会议建议全新世始自10ka BP前后,因为这一时间标志着全球经历气温巨变[50]。中国第四纪年表将全新世/更新世界限为11ka BP,相当于黄土 S_0/L_1 的界线年龄[51]。根据中国各地的年代测定数据和考古学遗址文化面貌的转变,结合对冰后期进行的多学科研究成果,本书参照国际暂行标准,将中国旧石器时代晚期的上限定于11ka—10ka BP,即更新世与全新世的分界。

就世界范围而言,细石叶工艺广泛出现于中国的华北地区、北方草原地区、青藏高原、华南和西南地区,北美洲北部,以及包括日本列岛、朝鲜半岛、蒙古高原、西伯利亚地区在内的整个东北亚地区[52]。黄河流域的细石叶工艺至新石器时代逐渐消失,可能与农业经济和定居有关,但长城以北的新疆、内蒙等地的细石叶工艺仍然存在。关于晚更新世华北地区细石叶工艺的空间分布,谢飞提出了"马蹄形分布带",指出其中的东部地区以船形石核技术类型为主,西部地区以楔形石核技术类型为主[53]。陈胜前认为,细石叶工艺的分布范围可能更大[3]。

关于中国的细石叶工艺起源于何时、何处、何种环境,学者纷纷发表不同的意见。德日进、J. Maringer、Morlan 等外国学者曾提出,中国北部的细石器文化起源于西伯利亚一带;A. P. Okladnikov 则把华北、蒙古和西伯利亚看做是文化独立发展的辽阔地带[4]。裴文中最先提出中国的细石器文化与其北邻西伯利亚和蒙古一带的细石器文化有一定的关系[36]。在随后的研究中,他又补充指出"也可能起源于我国东北,但还不能完全推翻起源于西伯利亚"[54]。T. Goebel 通过讨论"猛犸象——披毛犀动物群"的迁移来解释细石器的起源,认为此种技术最早出现于末次冰期的西伯利亚贝加尔湖和蒙古中部地区,然后先后传入中国华北地区和北美洲[55]。

贾兰坡提出华北"两大传统"的文化框架,认为华北旧石器时代文化的发展至少有两个系统,其一是"匼河-丁村系"或称"大石片-三棱大尖状器传统",以大石片砍砸器、三棱大尖状器为特征;其二是"周口店第1地点(北京人遗址)-峙峪系"或称"船底形刮削器-雕刻器传统",以不规则小石片制造的各种刮削器、雕刻器为特征,并且认为峙峪文化是"周口店第1地点-峙峪系"发展到典型细石器文化的重要环节[56]。之后又进一步提出,广泛分布于东北亚地区的细石器文化起源于我国的华北地区,并且指出了细石器由华北地区向其他各地区传播的路径[4]。侯亚梅通过研究进一步指出,"东谷坨定型石核"与楔形石核具有相似的技术程序,应该是细石器的源头[57]。"两大传统"的框架,推动了中国旧石器考古学研究模式的前进,但是也存在一定的时代局限性。石器的大小不一定是文化传统或是人文因素的结果,还可能是人类受制于自然环境的产物或表现,不能作为文化划分的依据[58]。

　　盖培将中国的细石器文化划分为下川类型和虎头梁类型,而且这两种类型都和小石器传统有一定的关系,楔形石核可能起源于砸击技术[31]。杜水生也认为华北和东北亚的细石器文化存在两个传统,其中下川型可能起源于华北地区,虎头梁型则可能起源于西伯利亚[10]。有学者进而提出,宽型楔形石核最早应该产生于西伯利亚,而华北地区以虎头梁遗址为代表的宽型楔形石核剥取细石叶的工艺受到了此种技术的影响[59]。

　　张森水则认为,中国的细石器文化遗存的技术和类型都相当成熟,可能是文化交流的产物,也不排除是从石叶技术演变而来[40][60]。根据水洞沟遗址的最新材料,高星等人推测"从西方、北方传入的以预制石核为主要特征的石叶技术在水洞沟与中国北方已有的砸击技术发生了融合,而这种融合发生在质地优良的燧石材料上,便孕育和产生了细石器文化,并由此扩散到整个华北和周边地区"[61]。朱之勇在综合各种观点的基础上提出,"中国的细石器技术应该是起源于贝加尔湖南部和蒙古的中部地区……是由当地的石叶技术发展而来的……较早的石叶遗址年代可达到距今 4 万年"[62]。陈胜前从生态学的角度,提出细石叶技术起源于北方地区介于不同植被之间的生态过渡带[3]。

四、研究问题与目标

　　18ka－10ka BP 时期的华北地区,受末次盛冰期和冰后期的影响,经历了多次气候波动,气温变动、冷暖交替、干湿相间,生态环境和动植物资源受到极大影响,有些物种甚至灭绝。这一时期的史前人类如何应对这些变化?哪些人类行为和应对措施是环境直接作用的产物?除了环境,是否还有其他因素在影响人类的文化适应,这些因素又是什么?不同地区的史前人群在面对环境或其他变化时,文化适应表现出怎样的区域特点?为什么会产生区域性文化适应呢?

　　本书针对以上问题,欲从"适应性"的新视角,对过去发表过的考古学材料展开重新梳理和审视,对华北地区旧石器时代人类行为和适应性进行尝试性研究。将以华北地区(山西南部与河北西北部)的部分旧石器时代遗址为研究对象,着眼于石制品的技术和功能,以阐释狩猎采集群的行为和适应性为目标。

研究目标分为对比、阐释和理论构建三个层面。

第一,运用技术分析、微痕分析、数理统计等方法,对山西南部的柿子滩、下川、柴寺(丁村77:01地点)、薛关以及河北西北部泥河湾盆地的虎头梁等几个具有代表性的旧石器时代晚期遗址出土的考古标本和遗迹现象进行区域性对比,揭示不同石制品组合的具体适应性表现。将根据新定义的"级差型动态类型学"(详见第三章),从"操作链"角度进行技术分析,宏观地讨论各个石工业的工艺水平和技术成分。通过微痕分析,了解不同人群使用工具与加工任务的区别,推测其开拓资源的可获性与利用方式。对于细石叶的微痕分析,中国目前的研究案例还较鲜见,也将是本书的研究问题之一。

第二,整合对比层面的分析结果,归纳各文化实体在石器技术、维生策略和居址形态等方面的差异性,以及促成因素。石制品的技术与功能,可以揭示遗址地点的性质与功能,有助于探讨狩猎采集群的生产结构与流动迁居。本书还将探讨促使狩猎采集群采取不同适应性策略,以及产生适应性变化的各种可能因素,包括自然因素和社会因素、内因和外因。关于可能性因素的讨论有多种理论模式,本书将参考目前常见的气候变化模式[63]、资源压力模式[64]、认知与信息模式[65]等,并将它们的合理部分结合起来,加入其他一些相关变量进行分析,以期得到尽量全面的解读。

第三,基于实例分析,从适应性和系统论的角度,构建考古学视野下的文化适应系统理论。尝试从文化适应的客体适应和主体能动两个方面,进一步探讨文化的本质、动态进程及演化动力。文化适应性是欧美考古学探究的重点,也是我国考古学研究日益重视的焦点之一,如何看待不同时空范畴人类创造的文化,如何阐释人类与自然的关系,如何解读人类进化过程中的各种现象,都需要合适、合理的理论支持。本书将通过对华北南部地区旧石器时代遗址出土石制品的研究,验证文化适应系统论的有效性和合理性,并尝试评价"适应性"概念对于阐释人类行为的意义与价值。

五、全书构架

全书共分四部分,分别为引言(第一章)、方法论与研究设计(第二、三章)、描述与分析(第四、五、六、七章)、讨论与总结(第八、九章)。引言阐述了研究的缘起、问题与目标;介绍了细石叶工艺的概念与内涵、时空分布,以及对相关研究背景的简要回顾,为读者提供基本的背景资料,并为以下各章节的展开拉开序幕。第二章是理论介绍,从系统论着手,结合文化适应性概念,构建文化系统论。第三章是研究方法与设计,详细介绍运用的概念和方法,以及标本采样和数据处理的手段。第四至七章是对具体遗址及其石制品组合的细致分析,包括技术—类型分析和微痕分析,提供相关图表、照片和数据统计。第八章系对比与讨论,通过遗址间的对比,解释石器技术、维生策略、居址形态及其促成因素,并对细石叶工艺的文化适应系统进行建模。第九章总结了华北地区细石叶工艺的适应性与优越性,强调文化适应系统研究的合理性与重要意义,并将对存在的问题及未来努力的方向提供一些看法。

注释

［1］安志敏：《中国细石器发现一百年》，《考古》2000 年第 51 期。

［2］Bar-Yosef，O.（2002）. The upper Paleolithic revolution. *Annual Review of Anthropology*，31，pp. 363－393.

［3］陈胜前：《细石叶工艺起源研究——一个理论与生态的视角》，载北京大学考古文博学院编：《考古学研究（七）》，科学出版社 2008 年版。

［4］贾兰坡：《中国细石器的特征和它的传统、起源和分布》，《古脊椎动物与古人类》1978 年第 2 期。

［5］佟柱臣：《试论中国北方和东北地区含有细石器的诸文化问题》，《考古学报》1979 年第 4 期。

［6］Chen，C.（1984）. The microlithic in China. *Journal of Anthropological Archaeology*，3(2)，pp. 79－115.

［7］Lv，L. D.（1998）. The microblade tradition in China：Regional chronologies and significance in the transition to Neolithic. *Asia Perspectives*，37(1)，pp. 84－112.

［8］王益人：《关于下川文化的几个问题》，载《中国史前考古学研究——祝贺石兴邦先生考古半世纪暨八秩华诞文集》，三秦出版社 2003 年版。

［9］安志敏：《海拉尔的中石器遗存——兼论细石器的起源和传统》，《考古学报》1978 年第 3 期。

［10］杜水生：《楔型石核的类型划分与细石器的起源》，《人类学学报》2004 年增刊。

［11］朱之勇：《中国细石器起源之我见》，《北方文物》2008 年第 4 期。

［12］Kobayoshi，T.（1970）. Microblade industries in the Japanese Archipelago. *Arctic Anthropology*，7(2)，pp. 38－58.

［13］Flanniken，J. J.（1987）. The Paleolithic Dyuktai pressure blade technique of

Siberia. *Arctic Anthropology*，24(2)，pp. 117—132.

[14] Tabarev，A. V. (1997). Paleolithic wedge-shaped microcores and experiments with pocket devices. *Lithic Technology*，22(2)，pp. 139—149.

[15] 陈淳:《考古学研究与信息提炼:谈考古学范例的演变》,载陈淳著:《考古学的理论与研究》,学林出版社 2003 年版。

[16] Watson，P. J，LeBlanc，S. A. & Redman，C. L. (1971). *Explanation in Archaeology*. New York：Columbia University Press.

[17] Trigger，B. G. (1978). Major concepts of archaeology in historical perspective. In：Trigger B. G. *Time and Tradition*. New York：Columbia University Press. pp. 96—114.

[18] Kirch，P. V. (1980). The archaeological study of adaptation：Theoretical and methodological issues. In：Schiffer，M. B. *Advances in Archaeological Method Theory*，*vol*. 3. New York：Academic Press. pp. 101—156.

[19] Jennings，J. D. (1986). Prehistory：Introduction. In：D'Azevedo，W. L. *Great Basin*. Washington D. C. ：Smithsonian Institution. pp. 113—119.

[20] Meltzer，D. J. (1988). Late Pleistocene Human Adaptation in Eastern North America. *Journal of World Prehistory*，2(1)，pp. 1—52.

[21] Willing，J. A. (1991). Clovis technology and adaptation in Far Western North America：Regional pattern and environmental context. In：Bonnichsen，R. & Turnmire，K. L. *Clovis：Origins and Adaptations*. Oregon：Center for the Study of the First Americans.

[22] Bousman，C. B. (1993). Hunter-gatherer adaptations，economic risk and tool design. *Lithic Technology*，18(1&2)，pp. 59—82.

[23] (英)查理·达尔文著,钱逊译:《物种起源》,重庆出版社 2009 年版。

[24] Burnham，P. (1973). The explanatory value of the concept of adaptation in

studies of culture change. In: Renfrew, C. *The Explanation of Culture Change: Models in Prehistory*. London: Duckworth. pp. 93—102.

[25] Odell, G. H. (2004). *Lithic Analysis*. New York: Kluwer Academic/Plenum Publishers.

[26] Bower, J. R. F. & Kobusiewiez, M. (2002). *A Comparative Study of Prehistoric Foragers in Europe and North America: Cultural Response to the End of the Ice Age*. New York: The Edwin Mellen Press.

[27] 陈淳:《几何形细石器和细石叶的打制及用途》,《文物季刊》1993 年第 4 期。

[28] 陈淳:《中国细石核类型和工艺初探——兼谈与东北亚、西北美的文化联系》,《人类学学报》1983 年第 4 期。

[29] Bar-Yosef, O. (1999). The big deal about blades: Laminar technologies and human evolution. *American Anthropologist*, 101(2), pp. 322—338.

[30] Taylor, W. E. (1962). A distribution between blades and microblades in the American Arctic. *American Antiquity*, 27(3), pp. 425—426.

[31] Gai, P. (1985). Microlithic industries in China. In: Wu, R. K. & Olsen, J. *Paleoanthropology and Paleolithic Archaeology in the People's Republic of China*. Florida: Academic Press. pp. 225—241.

[32] Chen, C. & Wang, X. Q. (1989). Upper Paleolithic microblade industries in North China and their relationships with Northeast Asia and North America. *Arctic Anthropology*, 26(2), pp. 127—156.

[33] 王建、王益人:《下川细石核形制研究》,《人类学学报》1991 年第 1 期。

[34] 王建、陶富海、王益人:《丁村旧石器时代遗址群调查发掘简报》,《文物季刊》1994 年第 3 期。

[35] 梁思永:《昂昂溪史前遗址》,载梁思永著:《梁思永考古论文集》,科学出版社 1959 年版。

[36] 裴文中:《中国细石器文化略说》,载裴文中著:《中国史前文化之研究》,商务印书馆 1950 年版。

[37] 侯亚梅:《水洞沟:东西方文化交流的风向标?——兼论华北小石器文化和"石器之路"的假说》,《第四季研究》2005 年第 6 期。

[38] 沈辰:《细石器工艺、细石器传统及山东细石器研究的初步认识》,载邓聪、陈星灿编:《桃李成蹊集——庆祝安志敏先生八十寿辰》,香港中文大学中国考古艺术中心 2004 年版。

[39] 沈辰:《山东旧石器晚期石器工业传统的多样性和复杂性——类型学分析》,载山东大学考古研究中心编:《东方考古第 1 集》,科学出版社 2004 年版。

[40] Chen，C.（2007）. Techno-typological comparison of microblade cores from East Asia and North America. In：Kuzmin，Y.，Keates，S. & Shen，C. Origin and Spread of Microblade Technology in Northern Asia and North America. Vancouver：Archaeology Press，Department of Archaeology，Simon Fraser University. pp. 7－38.

[41] 李永宪:《中国西南细石器与石器时代文化的几个问题》,载四川大学历史文化学院考古系编:《四川大学考古专业创建四十周年暨冯汉骥教授百年诞辰纪念文集》,四川大学出版社 2000 年版。

[42] 陈淳:《东亚与北美细石器遗存古环境》,《第四纪研究》1994 年第 4 期。

[43] 陈胜前:《细石叶工艺产品废弃的文化过程研究》,《人类学学报》2008 年第 3 期。

[44] 陈胜前:《中国狩猎采集者的模拟研究》,《人类学学报》2006 年第 1 期。

[45] 高星:《关于"中国旧石器时代中期"的探讨》,《人类学学报》1999 年第 1 期。

[46] 邱中郎:《中国旧石器时代中期文化》,载吴汝康、吴新智、张森水主编:《中国远古人类》,科学出版社 1989 年版。

[47] 王幼平:《中国远古人类文化的源流》,科学出版社 2005 年版。

[48] 杜水生:《中国北方旧石器时代晚期文化的分期分区及相关问题》,《考古学报》2007 年第 2 期。

[49] 孙建中、赵景波:《黄土高原第四纪》,科学出版社 1991 年版。

[50] 赵朝洪:《更新世——全新世界限的划分与中国石器时代分期研究综述》,《江汉考古》1996 年第 1 期。

[51] 刘嘉麒、倪云燕、储国强:《第四纪的主要气候事件》,《第四纪研究》2001 年第 3 期。

[52] 安志敏:《中国细石器研究的开拓和成果——纪念裴文中教授逝世 20 周年》,《第四纪研究》2002 年第 1 期。

[53] 谢飞:《环渤海地域新旧石器文化过渡问题研究纲要》,载张忠培、许倬云主编:《中国考古学跨世纪的回顾与前瞻》,科学出版社 2000 年版。

[54] 裴文中:《中国石器时代》,中国青年出版社 1963 年版。

[55] Goebel, T. (2002). The "microblade adaptation" and recolonization of Siberia during the late Upper Pleistocene. In: Elston, R. G. & Kuhn, S. L. *Thinking Small: Global Perspectives on Microlithization*. Arlington: Archaeological Papers of American Anthropological Association, 12. pp. 177–133.

[56] 贾兰坡,盖培,尤玉柱:《山西峙峪旧石器时代遗址发掘报告》,《考古学报》1972 年第 1 期。

[57] 侯业梅:《"东谷坨石核"类型的命名与初步研究》,《人类学学报》2003 年第 4 期。

[58] 王益人:《贾兰坡与华北两大旧石器传统》,《人类学学报》2002 年第 3 期。

[59] 何锟宇:《关于细石器技法起源的一点看法》,《四川文物》2008 年第 2 期。

[60] 张森水:《中国北方旧石器工业的区域渐进与文化交流》,《人类学学报》1990 年第 4 期。

[61] 高星,李进增,Madsen, D. B.,Brantingham, P. J., Elston, R. G. & Bettin-

ger，R. L.:《水洞沟的新年代测定及相关问题讨论》，《人类学学报》2002 年第 3 期。

［62］朱之勇:《中国细石器相关问题研究评论》,《四川文物》2009 年第 3 期。

［63］Mannion，A. M. (1997). *Global Environmental Change*. New York：Longman. pp. 42—128.

［64］Hayden，B. (1981). Research and development in the stone ages：technological transitions among hunter-gatherers. *Current Anthropology*，22(5)，pp. 519—548.

［65］Marshack，A. (1972). *The Roots of Civilization：the Cognitive Beginnings of Man's First Art，Symbol and Notation*. New York：McGraw-Hill；London：Weidenfeld & Nicolson.

第二章
系统论与文化适应

　　受现代系统科学的影响,欧美考古学家于 20 世纪 60 年代开始采用系统论来研究考古学文化的适应问题,探究人类社会的差异和变迁。这一理论的引入,伴随着考古学逐步的科学化,主要表现为:承认文化的复杂性和功能性,从器物单独分析转向遗址或文化的整体研究,采用动态观点探讨文化长期变化的趋势,运用系统建模手段来重建文化发展的进程,等等。但是,由于考古学界系统论的倡导者们没能像社会学家和经济学家那样明确系统论的地位和作用,没能证实系统论在考古学研究中的效用,终因无法应对考古学界内部对功能观渐起的批评和排斥,致使考古学和系统论渐行渐远。

　　但是,好理论的思想精华并不会因此而黯然失色。在人类自我探索取得多方面进展的 20 世纪,现代系统论在信息流通、经济运作、远程教育、组织管理、安全防御、环境研究、人类遗传工程等各个领域大显身手。经过多年的沉淀和反思,不少反对者也不得不承认系统论的合理性和有效性。随着现代科学的迅猛发展,空间在感觉上急剧"缩减",时间则急剧"延长",对象的"系统性质"即有机联系和整体制约的性质,日益凸显。

　　在这种形势下,有必要在系统论视野下重新构建考古学研究方法论,以期深化问题的解答。本章将以此为目标,回顾系统论在考古学中的构建、应用,突出其的优势和局限性,特别是遭受的批评和驳斥;然后针对当前考古学研究中的新局面、新问题,结合"文化适应性"概念,重新构建系统论视野下的文化适应系统论。

第一节　考古学中的系统论

20世纪60年代左右,伴随着国际形势的动荡,考古学界正值新考古学革命时期,许多考古学家陷入"如何从历史描述转向文化阐释,如何从器物分型排序和年代学转向社会动态演变的研究,如何从单一因果转向多因子关联阐释"的深思中。时值"过程考古学"蓬勃期,研究社会演变的复杂性及其动态原因、探究社会发展规律成为考古学最高目标。系统论思维恰好符合这一诉求,欧美考古学家开始从系统论的视野来进行考古学研究,主要代表人物有 David Clarke [1],Fred Plog [2],Flannery[3],Watson 等[4]。这成为考古学理论方法变革的一个重要标志。系统论对于考古学研究的最大优势,就是将人类适应(文化)与环境看作是一种人地互动的系统。斯图尔特将文化看作是由技术经济、社会结构和意识信仰组成的蛋糕,而他在这个蛋糕下面又加了一层生态环境,将其看作是影响文化系统运转的重要因素。于是在斯图尔特看来,这个系统有两个亚系统组成:文化与环境,而探究这两个亚系统的互动关系,就能解释文化变迁的原因。

一、基本内容、概念与方法

在考古学界的系统论倡导者们看来,考古学的研究对象极其复杂,可以作为系统和要素加以分析。"关系"或"联系"极为重要,系统内部各要素之间存在互动关系,系统本身和外部环境也存在互动关系。系统经历着"过程"和"变化",其动力因素是多维的,不是单一因果关系,在动态中把握联系是系统论最基本的主张。具体而言,系统论思维让考古学从对器物静态分析方式和编史式的方法论中摆脱出来,转而强调器物和器物分布形态之间的关系、器物制造和使用的行为背景以及人类社会与环境等多变量的系统关系[4]。在具体研究中,系统论视野更加关注物质遗存产生的行为背景和各种变量及其动态关系对社会文化系统的影响。

这一时期考古学研究中系统论的构建,主要集中在理论视野、术语概念、描述与建模三个方面。考古学研究中系统论思维的基本内容有六个方面[5]:(1)系统是适应于外部环境的方式;(2)系统是可以观察和衡量的;(3)系统是可以通过电脑建模推导出文化过程的一般规律;(4)系统是相互依赖的,维生方式、贸易、宗教、社会等亚系统相互关联,系统某一部分的改变将影响整体,并引发积极反馈、消极反馈、稳定或变革;(5)用功能来解释彼此联系的亚系统;(6)根据相伴联系而非简单的因果关系来考察亚系统之间的关系。

D. Clarke 将旧的考古学概念用系统论的术语重新定义,试图从行为的角度来解释这些术语,并认为这是理解系统中不同要素相互关系的关键[1]。在系统论考古学家研究中常见的重要概念有以下几个。

系统 考古学家 D. Clarke 将系统定义为"形成一个复合体的特征或实体交互网",强调了系统成分之间的信息转换这一重要关系。将旧的考古学概念用系统论的术语重新定义,把器物看作是特征的系统,类型是器物和特征的系统,等等[1:669]。Plog 提出,"系统指的是一系列彼此交换物品、服务和信息的群体,一个成分发生改变可能会引起其他成分的变化"[2:196]。Flannery 和 Marcus 则认为,人类生态系统以各成分之间的物质、能量和信息交换为特点。作为时间意义上独立的概念,系统代表了一种考察"变化"的概念框架[6]。

亚系统或成分 在某种程度上代表了另一层次的完整系统,各自具有特殊的位置和功能,相互依赖、相互联系。因此研究不能只关注各部分的特点,还要关注它们之间的流程或联系,以及彼此的适应方式及其对系统演变的影响。

开放系统 人类本身及其创造的物质、精神文化是一种比较特殊的具体系统,所以考古学研究的对象是一个开放系统,与系统外部环境也有联系。因此,文化不能被看作共有特点的集合体,而应该被看作由不同部分构成的互动系统。

此外,输入与输出、平衡、反馈和偏离、热动力等,也被认为是对考古学研究非常重要的概念[4]。Watson 等人曾对这些重要的概念作出精确定义,以便帮助考古学家更清晰地阐明研究问题[2]。

以系统论为基础的考古学方法,分别从个体成分和整体系统两个层面着手。一方面强调器物和器物分布形态之间的关系,另一方面强调器物制造和使用的行为背景之间的关系,而非器物与传统方法所强调的规范或概念型板之间的关系。系统论考古学家这样解释,文化并非共有规范的集合体,而是互动的行为规范,关注这些系统及其之间的相互关系和适应意义,以及对系统演变的影响。

碎块分析法(fragmentary mode of analysis),构成了系统论分析的核心原则。系统论的特点之一就是将每个系统和每个组成要素都看作独立的单位,把部分或要素放大来理解。分别讨论系统的组成因子,并不是要扩大多级分化,而是要减轻这种分化。系统是通过一系列互动要素来运作的,因而单独要素要被作为互动过程加以研究[4][7]。

多变量方法,强调同一个物质可能具有不同的特点、参数、功能和构建原则。社会系统是自我组织的系统,具有内在发展原则,也称为"复杂性原则"。与要素或部分的功能相关,系统的革新不仅取决于自身的数量和质量特点,也取决于文化内部发生变化的要素之地位。狭义上,这构成了特定的要素和功能;广义上,稳定的相互联系和次级别的亚系统及其要素也包括在内。因此,系统论考古学家主张,系统内的因果关系应是多变量的,多维变异是同时发生并相互关联的;考古学研究的焦点应该从器物特点和模式转向遗址整体[8]。

系统分析承认世界的复杂性,尽可能地运用模式(model)来说明它有多复杂[9]。根据不同的解释层面,系统模式是不同的:"形态系统",简单描述构成要素之间的关系,根据关联分析来揭示其强度和方向。在当代研究中,可以描述能量交换或信息流的大小。"分流系统",表示要素之间的功能性关系,以了解系统输入与系统输出之间的关系[10]。

分析复杂系统就需要数学建模或对资料作数理统计。基本的建模格式有三种:第一,各种功能变量的模式;第二,系统随时间演变轨迹的模式或曲线;第三,构成系统的模式或图示,这些流程图形成了简单系统模式以及更复杂的模拟模式的基础[2][4]。

就考古学而言,图示法和流程图的运用更加广泛、更加便利。不少考古学家发现,系统建模是阐释考古学或民族学材料、验证讨论模式与观点、推进考古学方法论的重要工具。而且,电脑模拟的流程图,可应用于考古研究的各种案例和不同阶段。

二、研究模式:同态模式与复杂适应系统模式

在考古学系统论方法中,主要采用了两种研究模式[11]。

第一种是"同态模式"(homeostatic model),也译成"内部稳定模式",可参见伦福鲁《考古学的理论、方法与实践》[12]。该模式由 W. R. Ashby 提出[13-14],由 J. N. Hill应用于史前史研究[15]。同态模式有一些基本假说:变量连接必须"状态稳定",即所谓的"过程性功能"。Ashby 指出,"没有系统可以准确地被称为'自组织',因为这一术语至今仍模糊不清且多变";"每一个遵守不变法则的固定动态系统将发展出适应其环境的'机体'",所以要关注对变化起作用的"外部因素",将"适应"理解成"维持限制中必要变量的过程";这一机体的适应和复杂程度受到整个动态系统大小和完成平衡所花费时间长短的限制[14:114-115]。Hill 则相对关注系统的动态方面,即系统的结构如何"在时空内运作","因与其他系统发生物质能量和信息交换所产生的系统变化(自然或社会的),可以通过已有的同态机制充分调节"[15]。

第二种是"复杂适应系统模式"(complex adaptive system model),由 Buckley 提出[16-17]。该模式的分析焦点是开放系统,有两点基本认识:(1)"系统是开放的,不仅仅与环境产生互动,这种互动还是系统变量、持续性或连续性、变化能力的内在'必要因素'"[16:50]。开放系统是自我区分、自我组织的,反馈可能强化或改变关系(放大偏差)或达到稳定(中和偏差)。结构是系统组织的一个方面[16:82-84]。(2)"适

应系统的持续性或连续性要求内部结构的变化,变化程度是系统内部、相关环境两者互动本身的一个复杂功能"[17;493]。在复杂适应系统模式中,环境变化和限制被看作系统组织的一个方面。任何形态过程,都会令"渠道"产生变化,因此出现自组织来应对选择。系统变化被认为是一个连续过程。研究社会文化系统的演进就是研究生态系统的演进,在社会文化系统和环境之间没有明确的概念性分化。变化是系统与环境之间互动的结果,它们既可能是"内因"也可能是"外因"。

　　上述两种模式的区别在于[11]:第一,变量之间关系的性质。同态模式认为构成系统的变量必定受到同态机制的调节,而复杂适应系统模式认为限制是定义系统唯一的标准;前者研究的是结构,而后者研究的是组织。第二,系统如何被环境影响。前者认为变化来源于系统以外,将社会文化系统和环境对立起来;而后者是开放系统模式,十分重视社会文化系统和环境之间的关系,认为社会文化系统必然将环境的差异和限制纳入其自身组织。第三,系统如何变化。前者认为当系统外部输入超过同态机制时,系统就达到新的内部稳定层面;后者则认为,变化和稳定都是同一组变量的结果,变化可能是内部的,也可能是外部的,系统变化通过适应过程将环境和系统变化和限制纳入自身组织,某些部分变化快,变化速率可能因时空不同而不同。如 Flannery 和 Rappaport 所说,社会文化系统常常以连续的积极反馈(偏差放大)为特点,同态模式不适于解决这类问题[3][18];复杂模式更为普遍,可以把系统运作的所有方面囊括进来。Buckley 后来将两种模式一起运用,形成"现代系统论"[17]。

三、应用与优势

　　系统论的引入,为考古学家带来了探寻旧问题的新思路和新方法。系统论倡导者摒弃了功能学派的有机体观点,认为他们倾向于分类法和目的论,而非阐释。

　　个别考古学家将系统论应用于理论阐释层面,效果令人欣慰。Flannery 提出通过分析"觅食系统"来理解农业的起源或适应的规律,觅食系统包含了行为、技术、特定动植物资源有规则的形态互动。在对中美洲高地的研究案例中,他通过分辨不同的觅食系统,关注诸觅食系统之间的冲突和解决机制,将驯化的出现视为渐进过程而非发明或发现,成功解释了新大陆的农业起源和适应规律[19]。

在对文明与国家起源的研究中,Flannery 再次运用了系统论概念和方法。他用亚系统的分异化和集中控制程度的增长取代特定机构来定义"国家",采纳 Adams 的多变量模式[20],提出国家起源的原因应该是多变量的,曾被作为"原动力"的灌溉、贸易、战争等因素只是某个变量,选择机制下的社会环境压力及其运动逐渐导致了国家的演进(见图 2-1)。Flannery 提出,社会日趋分异,特别是集中的增强,是提升(在控制等级中机构从较低层次上升到较高层次的机制)和一体化(低层次控制的重复,然后被永久机制所取代)的产物[21]。

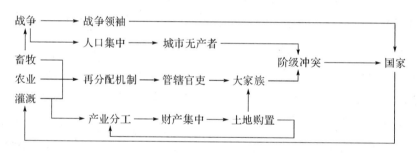

图 2-1　文明与国家起源动力流程图(改自 Flannery,1972)

更多的考古学家在实证层面对系统论的应用,特别是对流程图和模拟模式的应用,曾在一段时间内对考古学研究产生积极的推动意义。例如,Schiffer 曾用流程图来描述考古学推理和解释的过程[22];Wright 用流程图概括了有关城市与国家起源复杂理论中的关键变量及变量间的因果关系[23];Plog 和 Garret 用流程图总结了水土控制计划和建设中对史前西南部人口的制约因素[23]。

Thomas 采用电脑模拟技术,检验斯图尔特有关大盆地游群结构的理论,并试图构建内华达州 Reese 河谷肖肖尼狩猎采集群史前和历史阶段的生存行为模式。他通过构建流程图和建立全年度周转的模拟模式,发现矮松的时空分布方式与斯图尔特所推测的大盆地群体秋冬季的活动形态相吻合[23]。

Zubrow构建了目前最复杂的模拟模式,以显示人口与载能之间关系的各种不同可能性模式,然后用流程图来解释各个阶段,以评估各种关系。在该模式中,人口最初在某资源区的一个居址中逐渐增长,一旦达到该居址所能承受的最大值,将会根据不同的人口/资源关系在本资源区或其他资源区选择新的居址。Zubrow在研究亚利桑那州的Hay Hollow河谷的人口变化时,采用了这一模式,根据出生率、死亡率和资源分布,作出了许多不同的模拟[24]。

在旧石器时代考古学研究中,系统论同样适用。Wobst曾运用模拟技术来处理旧石器时代考古中的多种不同理论与方法问题[24]。Schiffer采用比较简单的模拟,讨论石制品的废弃模式,研究因子分析是否能够分辨出被扰动后的工具套的最初完整性[25]。Plog等人则模拟了运用不同采样策略所得到的各种结果,以确定何种采样策略更有助于调查研究[26]。

众多研究个案表明,系统论至少具有四大优势与潜力:(1)避免了从人类意愿的角度简单阐释文化现象;(2)避免了单因解释。对一种文化现象的观察要留意起主导作用的多种变量因素,并关注它们之间的关系;(3)将文化看作一个由各组成部分相互联系的功能系统,使得考古学家能够从动态和功能结构、从局部来分析整个文化现象,进而深入探索社会文化方面及其发生和运作的原因;(4)被认为是考古学乐观主义的可能来源,是无需限制被讨论的话题。

四、批评与修订

如前所述,系统论虽然具有以上所说的四大优势,但是仍然遭到考古学界内部的批评和非议。

首先,考古学家借鉴的系统论基本概念和分析模式,是从一般系统论中引进的,明显存在生搬硬套的问题。不少研究者没能深入理解系统论的思想精髓,便盲目使用,流于表面形式和模仿,陷入形式主义的窠臼。

其次,系统论观点与适应性解释相关联,明显带有功能学派的特点,受到其他学者的质疑。(1)系统论从功能和运转的角度分析文化,却无法阐述这种功能系统是如何形成的;(2)系统论简单地将文化解释为"某种策略",但是无法解释为何不采取"另一种"策略,而且有学者质疑,特定适应策略的选择可能取决于文化群体的特殊性或文化偏好,而非简单的"适应";(3)系统论倡导者的言论似乎总是关注于"外在因素",而忽略了系统的内部结构;(4)系统论学者看待系统是一种协调、整合的机制,对从矛盾或冲突的角度来解释社会文化演变,显然力不从心。于是,随着考古学研究范例的演进,持系统论思想的考古学家也招来了不少批评。

这些抨击导致考古学家对系统论产生截然不同的两种态度和应对。一方面,一些考古学家拒绝所有的系统论模式,转而尝试完全不同的思考方式,如后过程考古学。另一方面,一些坚定的系统论倡导者给出修正意见:(1)将系统论从功能学派中分离出来。(2)系统论模式可以在其参数以内将冲突和对立结合起来。(3)系统内部的"变化"可以建模。系统论模式相对独立于适应观点,而外部环境可以解释变化从何而来。(4)系统论模式中的认知因素可以建模,将"认知"作为一个独立的亚系统加以建模,或用其他方式解释[5]。

第二节　文化适应

人类学家和社会学家一致认为,适应性是人类文化行为的显著特性之一。"适应性"(adaptation)是生物界的普遍规律之一,泛指生物主体对周围客体的一种应变,特指生物在与环境的相互作用中,通过改变自身行为、结构或代谢等方面的特征以达到和环境取得协调的能力[27]。人类对周围环境的适应,是一种特殊的、积极的互动过程,包括生物学意义上的主体被动适应与主观能动适应两个方面。认识人类的适应行为,提高人类的适应能力,是现代科学研究的深刻命题之一,也是考古学研究的重要目标和未来趋势。

一、"适应性"概念与文化生态学

长期以来,生物学家和人类学家认为人类的生物进化和文化进化是相互独立、互不干预的过程[28]。

早在1809年,拉马克就提出了"直接适应论",认为生物在与变化的环境互动过程中,"用进废退"地改变自身结构或功能,以适应变化,获得性的变化可以通过遗传传递下去,逐渐促进生物类型的转化[29]。半个世纪后,达尔文提出"间接适应论",即适者生存,认为环境改变时,生物群体中的有利变异会得以保存并延续,而有害变异会被淘汰,累代发展最终促进了生物类型的转化与适应能力的改进[30]。

多数人类学家提出,文化和社会体系是人类适应性的超肌体组织,认为文化为人类提供了能够适应其赖以生存的自然和社会环境的行为手段[21-27]。如同自然选择一样,文化演变被看作可维持的选择机制,称之为"文化选择"。

Durham提出,将人类的适应性完全归结于自然选择过程中基因演变频率的产物,这个假想是不完整的。人类的文化实践与演变,包括解剖学和文化两个方面,在很大程度上是个体调节自身适应外部环境的理性选择机制的结果。两者虽然在适应机制、速率和程度上存在细节差异,但本质上同等重要。只有结合起来讨论,才能准确地理解人类如何生存、如何发展、如何演化。Jochim指出,"人类拥有一套维持自身生存与遗传的解决办法,不单单是靠基因"[28]。因此,文化被看作"在功能上能够解决失控问题的特殊行为方式"[29]。

"适应"一直与环境有着密切关联。Irons就指出,"适应"必须和与之相关的环境联系起来,才能被准确地理解[29]。但是,有学者持不同意见,认为"适应"一词带有过多的被动色彩,提议用"应对"取而代之。

尽管"适应"一词的意义不甚明确,但是人类学家和社会学家似乎应用的得心应手。文化适应有三个基本特征:提高生存机会、通过一定的手段与实践、实现对环境更好的调整[27]。这种调整一般具有减轻生存压力和改善人类需求与可获资源之间的竞争力,例如穿衣避寒和选择觅食策略。

20世纪50年代,斯图尔特开创了文化生态学[31],就一个社会适应其环境的过程进行研究,文化被认为是基本的适应机制[12:486]。尝试通过考察社会和社会机构之间及其与自然环境之间的互动,来确定这些适应是否引起内部的社会变迁或进化变革,同时结合变革的其他过程分析这些适应。英国学者 Clark 也建立了一种与考古学更加相关的生态学方法,倡导通过研究人类如何适应于自然环境来理解古代社会的众多方面[32]。

斯图尔特认为,在相似的条件下,某些基本的社会形态会以相似的方式发展。文化发展是多元的,会沿着不同的途径发展,而不是采取单一和相同的轨迹。一种文化的各种组构,对适应过程的反应是迥然不同的。不同整合层次的社会文化系统,深刻地影响着生物、文化与环境因素的互动[33]。

文化生态学的重要观点有[34]:(1)不同的生态适应可能发生在受到相同历史影响的社会中,例如,加利福尼亚印第安人和大盆地半干旱旷原沙漠中的印第安人拥有大体相同的采集和狩猎工具,但是两者的动植物资源丰富程度却相差甚远。(2)文化的非技术特征可能通过社会的外部社会环境影响适应的安排,例如婚姻、贸易、探访、游戏等和平方式或者战争、劫掠、防御等敌对方式。(3)凭借某些文化手段开发环境可能强烈地影响环境,而环境又反作用于文化。例如刀耕火种、发展灌溉、开垦沼泽等,一方面增加了基本资源,另一方面可能摧毁或损害了地域基础。(4)文化通过一系列结构和功能上的转变,促成了社会演变。例如,狩猎采集群通过合作增强生产能力,并形成多种聚合形式,而依赖农业的社群则倾向于拥有永久性的社会结构。(5)复杂社会与简单社会的适应表现出层次化的区别。复杂社会中,自然环境对社会的影响和制约远不如对简单社会的直接。

文化生态学一方面超越了生物生态学的"环境决定论",把合作与竞争都看作互动的过程,假定环境适应依赖技术、需求、社会结构以及环境的性质;另一方面也超越了文化历史学,承认文化之间存在实质性的不同,而且是由一个社会与其环境互动的特殊适应过程造成的。半个多世纪以来,文化生态学的应用与发扬,为考古学家研究文化演变动力提供了较为合理的理论基础,为重建史前社会文化的动态发展提供了一种可行的思路。

二、"能动性"概念

"能动性"(agency)是 21 世纪以来欧美考古学研究中出现频率很高的一个术语。它既是一种理论,又是一种社会实践形式。

能动性概念认为,"有许多文化现象既非适应的产物,也非社会和文化传统的产物,而是作为社会组成部分的个人合力的产物。作为社会成员的个人往往有其自身独特的认知和想法,常常会抵制社会规范而我行我素,有摆脱社会制约的倾向,这种个性表达有时在合适的环境里也会形成气候,改变社会风尚和习俗,甚至影响社会进程"[35]。从能动性的角度来看,物质文化与人之间的关系是复杂的,包含了两个基本的、不可分割的现象:物质性与社会性(社会关系与思维认知)[36]。

因此,能动性研究关注人类所做的对世界有影响的任何事情,更侧重于关注以前被学界所忽视的个人或随机行为对文化发展的影响,并从其他制约文化演变的动力中探究由个人能动性所体现的因素和作用。学者在探讨"能动性"时,一般会从"抵制"的角度出发,关注于大众传统规范中的变异个体现象,并关注这些异动对既有社会规范和传统的影响以及如何引领新的时尚和潮流[37]。

例如,Crown 从能动性的角度来研究美国西南部两个陶器传统中制陶技术授受方式的不同对文化发展的影响。他在对 700—1500 BP 的两个陶器传统的分析中,建立了 40 项标准来分析设计能力、制作技巧、认知水准、成型能力、运动能力和技能等方面在陶器制作上的表现。这些标准中的大部分都反映了熟练技术的训练和掌握。他认为,陶器技术一般限于社会内部的学习和传授,并且存在训练与练习工匠的现象[38]。

如何从考古学材料中分辨出能动性,一直为那些热衷于能动性研究的学者所关注。Pauketat 等人认为美国西部密西西比期(1000—1500AD)建筑的木柱础,可以揭示当地文化性建筑的空间布局、材料与体积等能动性因素[39]。Lesure 通过肖像与风格分析手段来讨论中美洲形成期(1800BC—200AD)的雕塑,认为风格上的差异应该归因于不同工匠的个人经验与意志[40]。Cobb 和 King 在考察美国东南部 Etowah 地区密西西比期的墓葬中心区时发现,该墓葬中心区被反复的废弃与频繁的人口迁移、政体重组及周边地区的扩大有关;他们还强调,精英群体对建筑风格、图案的个人喜好与掌控,影响了陶器风格形制的变化[41]。Gosden 别出心裁地讨论了器物能动性对人的影响。他认为,相互关联的器物群所形成的风格氛围与潮流,会影响新器物的生产者与使用者。器物在认同方面被赋予的象征意味和社会威望,例如器物的社会等级、历史发展,可能制约其使用方式,其反过来对人又产生社会性影响[42]。

总之,能动性研究,在强调个人对社会习俗和规范顺从的同时,又以独特的表现方法来影响社会文化发展的作用,体现了考古学从一门纯粹研究物质文化的学科,逐渐转变为一门研究人类自身发展和社会演变的学科。

三、文化适应的内涵

人类演化进程中的文化适应,具有与其他生物种群显著不同的性质。首先,由于适应的对象和内容发生重大变化,人类适应本质上带有社会指向性,体现出自觉性和目的性。其次,人类适应的过程表现出主动性,适应的手段有社会化倾向。这种适应能力大多是获得性特点,需要通过社会化授受实现。因此,人类的文化适应过程是双向的,一方面能够顺从环境的某些变化,另一方面也可以改变某些无法适应的环境,使之反过来适应人类。

因此,主体适应性和主观能动性是文化适应性的两个方面,两者不可分割,一起构成了人类的行为模式与思维形态。适应既包括对周围环境变化的应对,也包括对周围环境变化的调整。能动性在适应过程中起着积极的调节作用,发挥主观能动性不仅使适应过程具有主动性,而且有助于提高适应的效果。

文化生态学[31]和觅食理论[43]是讨论文化适应的主要理论依据,而古生态和古气候被认为是"形成文化或技术适应"的关键因素[44]。晚更新世人类的文化适应大体表现在三个层面:石器技术、维生策略和居址形态[45]。

石器技术(lithic technology)　是人类文化、认知水平的直观体现,有助于区别不同时空背景的文化群[46],被视作文化演进主要阶段划分中的一项重要标准。人为的初级剥片与二次修理,意味着工匠和使用者对自然石料的文化干预。Torrence根据加工、修锐方式的演变,将石器技术的发展看作人类应对觅食方式和时间压力的生存策略[47]。Oswalt通过分析石制品组合的结构、多样性和复杂性等方面,讨论了不同环境中的"最佳工具套"[48],提出时间压力与预算是决定狩猎采集群行为方式的主要因素。Binford、Bamforth、Nelson、Odell等学者认为,石料贫乏会迫使人们在技术上增加投入,"精致技术"[49-52]是对优质石料短缺的一种应对,是减少生存风险的一种关键措施[53]。

维生策略(subsistence)　又称"生计",指人们维持生活的方法,特别是获取食物和其他必需品的途径,是研究文化适应和人类演化的最直接证据[54]。维生策略包括食谱广度、觅食技术、人口密度、人群流动等[55]。流动性(mobility)是狩猎采集群适应环境的重要策略,也是其根本性的生产方式[56]。Binford结合民族学材料曾提出,狩猎采集群中存在"集食者"(collectors)与"觅食者"(foragers)两种觅食策略,分别对应于"迁居移动"(residential mobility)和"后勤移动"(logistical mobility),强调了流动性和资源种类之间的关系[57]。Kelly通过跨文化研究,总结了迁移模式的变化性[58]。

居址形态(settlement pattern)　或称"聚落形态",指某一人群在特定时空中的特定栖居形态,是技术与环境相互作用的产物之一[59],是运用考古材料研究社会关系的途径之一[60]。狩猎采集群的居址形态受制于生态条件,取决于人群的维生方式。Willey对秘鲁维鲁河谷的开创性研究[61]表明,在简单社会中,居址形态可以反映一个社群的生存系统;在复杂社会中,居址形态可以揭示人口结构、经济形态、政治宗教等社会关系[62]。

由此可见,人类的适应与动物本能的适应不同,是通过文化和技术手段来适应不同环境的,而这种适应又与环境、资源和社会规模及发展层次密切相关。

四、文化适应系统研究

文化,是指所有那些不受遗传控制的、用以调节个体与整体在其生存生态群落中的关系的那些手段[63]。Schiffer指出,文化是一种自我调节的行为系统,这个行为系统由一系列相互作用的,对物质、能量和信息进行采集和加工的亚系统组成[22]。他将人类活动和能量转换的介质称为"要素",其中包括食物、燃料、设施、工具、器物等各种材料,也包括人类本身。文化系统的运转就是这些物质材料通过人类行为所经历的生命过程。这些物质材料在人类行为系统中参与运作的过程被称为"系统相关性"(systemic context)[33]。

文化适应系统研究,指将人类物质文化看作是一种功能互动的适应系统,是各要素及其之间互动的复杂体。对外,文化是对特殊生态环境的适应和调节;对内,是社会运转和相互依存的生存结构。

文化适应系统具有三个基本特性:(1)文化系统内部为了应对由环境改变引起的适应挑衅而发生变异的来源。文化变异的来源包括个体层面的革新,以及来自系统外部的思想传播。(2)归纳这些成功顺应环境的行为变异的选择性标准。最终标准是,所选择的行为必须能够提高人群的适应能力。(3)人群选择某种行为策略的机制[64]。

变异(variation) 没有变异,就无所谓适应,更无所谓演化。对于研究文化适应和文化演进的考古学家来说,"发现并考察变异"是探索的主题[65-66]。对文化适应的考古学研究,不仅仅要衡量和分析"变异",而且要将这些变异与可能的环境选择压力联系起来。

在任何时空条件下的任何人群内部,行为变异一直持续产生并消亡。因此,我们需要了解变异的来源及其发生过程。变异一方面可能呈现为增加、减少或稳定的状态,另一方面可能表现出选择。Collins 曾归结出几种导致行为变异的机制,包括发明、复制、传递、传播等,这些因素允许行为变异由个人上升到群体,从而形成文化适应现象[67]。变异和适应的速率并不固定,是由压力强度决定的。处于稳定环境的高度适应群体,行为变异发生的少且慢;处于环境变化、压力较大形势的群体,行为变异发生的明显而且多。因此,行为变异的快慢和多少,是指示文化适应程度或速率的重要参数。

选择(selection)　选择是生命或文化系统必不可少的机制,目的是维持对环境的适应或可适应状态。与生物学选择发生在个体单位或层次上[68-69]不同,文化选择同时发生于个体和群体两个层面[70]。因为文化涵盖了群体的思想与概念,群体中的所有成员都参与同一个选择,是具体选择单位的聚合[64:118]。"能量载能的效率"[31][71-72]和"对需求的满足"[28]是衡量选择的常见标准。

选择的类型有三种:(1)稳定化选择,是稳定环境中的选择功能,变异呈抛物线状,可以维持适应性的稳定状态;(2)直接选择,是演化和改变的基本选择机制,环境的改变促发选择性变异;(3)多维选择,发生于混杂环境中,引发多种适应形式共存。

环境(environment)　环境包括自然环境与社会环境,是文化适应中选择压力的主要来源。选择的类型,取决于环境的状态,以及人群已有的适应性。要了解社会环境压力的运作,就要了解环境中限定行为变异范围的限制因素、环境开发的性质和环境发生变化的程度。环境限定因素,只是为行为划定界限,和环境决定论[73]明显不同。根据人类行为与环境的关系,环境可分为混杂状与"斑块状",前者常常促发多维选择和多种行为策略,后者则有利于形成特定适应策略[64]。

人类行为必须适应环境变化。Thoday 将环境变化分为三种[74]:(1)循环变化,例如季节性或所有有规律、反复发生的自然变化;(2)单向持续变化,例如降雨或海岸线的变化,或其他类似现象;(3)逆向变化,例如生境的迅速消失或新生境的殖民扩张。环境的状态对人群的影响程度不同,因此也可以通过适应速率来分析环境的变化或稳定状态。适应速率一般取决于三个因素:选择维持与适应信息传播的频率或循环时间、行为变异的范围、环境的连续性和变化性[75]。

人口(population) 人口对于文化适应而言,最重要的问题可能就是"人口压力"及其在文化变迁中所起的作用[76]。人类学家提出,人口增长是衡量文化适应的一个尺度[71],是适应系统不可忽略的要素。Cohen认为,人类通过调节自身行为和增加社群成员来适应"人口过多的压力",这一适应策略是生物进化与文化进化之间的主要区别之一[77]。但是,由于考古学材料和考古学方法的局限性,如何衡量人口及其对适应产生的影响,还存在一定难度。

适应策略(adaptive strategies) 广义上指人群与自然环境或社会环境之间互动的所有可传播的文化行为。适应策略会随着环境的选择性压力发生变化,也会因系统本身的改变而改变。面对不同的压力,人群可以选择各种策略来维持自身的稳定性和灵活性,以有效应对环境或其他方面的改变。最好的适应策略,显然是那些能够使利益最大化、风险最小化的行为形态。当然,没有哪一种适应策略可以完全满足环境的变化。

信息与认知(information & cognition) 和能量流一样,人类学家一直认为认知与行为在信息传播中发挥举足轻重的作用。认知对于适应性信息流具有三大功能:产生信息、储存信息和传播信息[78]。行为决策,最终取决于认知对变化的认识和应对。主观能动性,就是认知与信息对行为发生作用的最佳例子,在这个过程中,认知的力量已远远超越"反映"与"应对",而上升到"表达"与"改造"。另外,文化是由"适应于外部环境、社会内部成员可相互学习传授的一系列行为模式"构成的[79]。从这个角度看,文化适应过程明显包含了信息流的传递和共享。

特定社群和特定文化传统,都拥有特殊的象征意义与手法。从工具制作、设计,到工具使用,再到对环境变化的顺应或改造,计划、决策、语言、符号、美感、联盟、象征、价值、声望、权力、生命、死亡、宗教等非物质的认知概念,都有可能起作用。

五、小　结

考古学研究为全方位研究人类发展的长时段变迁提供了丰富而合适的材料。从适应性的角度出发,文化生态学和系统论为文化适应系统研究提供了较为合理的理论基础和研究模式。

在讨论文化适应系统时,可以借鉴系统论多因变量的方法,讨论各种可能的适应行为及其产生因素。可以采取流程图或建模的方式,将某个文化适应系统作为一个开放系统,从变异、选择、环境、人口、适应策略等多个亚系统或要素入手,建立相关性与动态过程。变异和选择,可以从人工制品的式样、风格、技术、分布等多个特征分析获得。环境可以分为遗址微环境、遗址区环境、同时代大环境等几个规模,通过对不同层次环境变化的了解,解读文化适应的多样性。适应策略,是对人工制品、维生策略、居址形态等方面的研究。对各要素和亚系统的综合研究,是重建史前文化适应系统的有效方案。

注释

[1] Clarke，D. L.（1968）. *Analytical Archaeology*. London：Methuen.

[2] Plog，F. T.（1975）. Systems Theory in Archaeological Research. *Annual Review of Anthropology*，4，pp. 207－224. 同见陈虹译：《考古学研究中的系统论》，《南方文物》2006 年第 4 期。

[3] Flannery，K. V.（1968）. Archaeological systems theory and early Mesoamerica. In：Meggers，B. J. *Anthropological Archaeology in the Americas*. Washington D. C.：Anthropological Society of Washington. pp. 67－87.

[4] Watson，P. J，LeBlanc，S. A. & Redman，C. L.（1971）. *Explanation in Archaeology*. New York：Columbia University Press.

[5] Johnson，M.（1999）. *Archaeological Theory：an introduction*. Oxfard：Blackwell Publishers.

[6] Flannery，K. V. & Marcus，J.（1983）. *The Cloud People：Divergent Evolution of the Zapotec and Mixtec Civilizations*. New York & London：Academic Press.

[7]（加）A. 拉波波特著，钱兆华译：《一般系统论：基本概念和应用》，福建人民出版社 1994 年版。

[8] Renfrew，C.（1984）. *Approaches to Social Archaeology*. Edinburgh：Edinburgh University Press.

[9] Munton，R. J. C.（1973）. System analysis：a comment. In：Renfrew，C. *The Explanation of Culture Change：Models in Prehistory*. London：Duckworth. pp. 685－690.

[10] Chorley，R. J. & Kennedy，B. A.（1971）. *Physical Geography：A systems approach*. London：Prentice－Hall.

[11] Wood, J. J. & Matson, R. G. (1973). Two models of sociocultural systems and their implications for the archaeological study of change. In: Renfrew, C. *The Explanation of Culture Change: Models in Prehistory*. London: Duckworth. pp. 673－683.

[12] Renfrew, C. & Bahn, P. (1991). *Archeology: Theories, Methods and Practice*. New York: Thames and Hudson Ltd. 同见:中国社会科学院考古所编译:《考古学的理论、方法与实践》,文物出版社 2004 年版。

[13] Ashby, W. R. (1954). *Design for a Brain*. New York: John Wiley.

[14] Ashby, W. R. (1962). Principles of the self-organizing system. In: Buckler, W. *Modern Systems Research for the Behavioral Scientist*. Chicago: Aldine.

[15] Hill, J. N. (1971). Seminar on the explanation of prehistoric organizational change. *Current Anthropology*, 12, pp. 406－408.

[16] Buckley, W. (1967). *Sociology and Modern Systems Theory*. New Jersey: Prentice-Hall.

[17] Buckley, W. (1968). *Modern Systems Research for the Behavioral Scientist*. Chicago: Aldine.

[18] Rappaport, R. A. (1971). The flow of energy in an agricultural society. *Scientific American*, 224, pp. 116－132.

[19] Flannery, K. V. (1986). *Guila Naquitz: Archaic Foraging and Early Agriculture in Oaxaca, Mexico*. New York: Academic Press.

[20] Adams, R. M. (1966). *The Evolution of Urban Society*. Chicago: Aldine.

[21] Flannery, K. V. (1972). The cultural evolution of civilization. *Annual Review of Ecology and Systematics*, 3, pp. 399－426.

[22] Schiffer, M. (1972). Archaeological context and systemic context. *American Antiquity*, 37, pp. 156－165.

[23] Plog，F. T. & Garret，C. (1972). Explaining variability in prehistoric south-western water control systems. In：Leone，M. *Contemporary Archaeology*. Carbondale：Southern Illinois University Press. pp. 280－288.

[24] Zubrow，E. B. W. (1981). Simulation as a heuristic device in archaeology. In：Sabloff，J. A. *Simulations in Archaeology*. Albuquerque：University of New Mexico Press.

[25] Schiffer，M. (1983). Toward the identification of formation processes. *American Antiquity*，48(4)，pp. 675－706.

[26] Plog，S, Plog，F. & Wait，W. (1978). Decision making in modern surveys. In：Schiffer，M. B. *Advances in Archaeological Method and Theory*，vol 1. New York：Academic Press. pp. 383－421.

[27] 程跃：《关于人类适应问题的探讨》，《安徽教育学院学报（社会科学版）》1987年第1期。

[28] Durham，W. H. (1976). The adaptive significance of cultural behavior. *Human Ecology*，4(2)，pp. 89－121.

[29] Irons，W. (1979). Natural selection，adaptation，and human social behavior. In：Chagnon，N. A. & Irons，W. *Evolutionary Biology and Human Social Behavior*. Massachusetts：Duxbury Press. pp. 4 39.

[30] (英)查理·达尔文著，钱逊译：《物种起源》，重庆出版社2009年版。

[31] Steward，J. (1955). *Theory of Culture Change*：The Methodology of Multi-linear Evolution. Urbana：University of Illinois Press.

[32] Clark，J. G. D. (1952). *Prehistoric Europe*：The Economic Basis. London：Methuen.

[33] 陈淳：《考古学理论》，复旦大学出版社2005年版。

[34] Steward，J. H. (1968) Cultural ecology. In：Sills，D. L. & Merton，R. K.

The International Encylopedia of the Social Sciences, *vol*. 14. New York: The Macmillan Company and the Free Press. 同见潘艳、陈洪波译:《文化生态学》,《南方文物》2007 年第 2 期。

[35] 陈淳:《考古学研究入门》,北京大学出版社 2009 年版。

[36] Dobres, M-A & Robb, J. E. (2005). "Doing" agency: Introductory remarks on methodology. *Journal of Archaeological Method and Theory*, 12(3), pp. 159－166.

[37] 陈淳:《能动性:当今考古研究的热点》,《中国文物报》2008 年 2 月 15 日。

[38] Crown, P. (2001). Learning to make pottery in the prehispanic American Southwest. *Journal of Anthropological Research*, 57(4), pp. 451－469.

[39] Pauketat, T. R. & Alt, S. M. (2005). Agency in a postmold? Physicality and the archaeology of culture-making. *Journal of Archaeological Method and Theory*, 12(3), pp. 213－236.

[40] Lesure, R. G. (2005). Linking theory and evidence in an archaeology of human agency: Iconography, style, and theories of embodiment. *Journal of Archaeological Method and Theory*, 12(3), pp. 237－255.

[41] Cobb, C. R. & King, A. (2005). Re-inventing Mississippian tradition at Etowah, Georgia. *Journal of Archaeological Method and Theory*, 12(3), pp. 167－192.

[42] Gosden, C. (2005). What do objects want? *Journal of Archaeological Method and Theory*, 12(3), pp. 193－211.

[43] Bousman, C. B. (1993). Hunter-gatherer adaptations, economic risk and tool design. *Lithic Technology*, 18(1&2), pp. 59－82.

[44] Mehringer, P. J., Jr. (1977). Great Basin late quaternary environments and chronology. In: Fowler, D. D. *Models and Great Basin Prehistory: A Sym-*

posium. Washington D. C. ： Smithsonian Institution.

［45］Bower，J. R. F. & Kobusiewiez，M. (2002). *A Comparative Study of Prehistoric Foragers in Europe and North America： Cultural Response to the End of the Ice Age*. New York：The Edwin Mellen Press.

［46］Odell，G. H. (2004). *Lithic Analysis*. New York：Kluwer Academic/Plenum Publishers.

［47］Torrence，R. (1982). Time budgting and hunter-gatherer technology. In：Bailey，G. *Hunter-Gatherer Economy in Prehistory：A European Perspective*. Cambridge：Cambridge University Press. pp. 11—22.

［48］Oswalt，W. H. (1976). *An Anthropological Analysis of Food-getting Technology*. New York：John Wiley & Sons.

［49］Binford，L. R. (1973). Interassemblage variability-the Mousterian and the "functional" argument. In：Renfrew，C. *The Explanation of Culture Change*. Pittsburgh：University of Pittsburgh Press. pp. 227—254.

［50］Bamforth，D. B. (1986). Technological efficiency and tool curation. *American Antiquity*，51(1)，pp. 38—50.

［51］Nelson，M. C. (1991). The study of technological organization. *Archaeological Method and Theory*，3，pp. 57—100.

［52］Odell，G. H. (1996). Economizing behavior and the concept of "curation". In：Odell，G. H. *Stone Tools：Theoretical Insight into Human Prehistory*. New York：Plenum.

［53］Torrence，R. (1989). Tools as optimal solutions. In：Torrence，R. *Time，Energy and Stone Tools*. Cambridge：Cambridge University Press. pp. 1—6.

［54］Enloe，J. G. (2001). Investigating human adaptations in early Upper Paleolithic. In：Hayes，M. A. & Thacker，P. *Questioning and Answers：Re-sol-*

ving Fundamental Problems of the Early Upper Paleolithic, *British Archae-ological Reports International Series* 1005. pp. 21—26.

［55］ Haynes, G. (2002). *The Early Settlement of North America*: *The Clovis Era*. Cambridge: Cambridge University Press.

［56］ Polits, G. G. (1996). Moving to produce: Nukak mobility and settlement patterns in Amazonia. *World Archaeology*, 27(3), pp. 492—511.

［57］ Binford, L. R. (1980). Willow smoke and dogs' tails: Hunter-gatherer settlement systems and archaeological site formation. *American Antiquity*, 45, pp. 4—20.

［58］ Kelly, R. L. (1995). *The Foraging Spectrum*: *Diversity in Hunter-Gatherer Lifeways*. Washington: Smithsonian Institution Press.

［59］ Trigger, B. G. (1968). The determinants of settlement patterns. In: Zhang, K. C. *Settlement Archaeology*. Palo Alto: National Press.

［60］ Trigger, B. G. (1967). Settlement archaeology:its goal and promise. *American Antiquity*, 32, pp. 149—160.

［61］ Willey, G. R. (1989). Settlement pattern studies and evidences for intensive agriculture in the Maya Lowland. In: Lamberge-Karlovsky, C. C. *Archaeological Thought in America*. Cambridge: Cambridge University Press.

［62］ 陈淳:《居址考古学的探索与启示》,载陈淳著:《考古学的理论与研究》,学林出版社 2003 年版。

［63］ Binford, L. R. (1968). Post-Pleistocene adaptation. In: Binford, S. R. & Binford, L. R. *New Perspectives in Archaeology*. Chicago: Aldine Publishing Company. 同见曹宾武译:《后更新世的适应》,《农业考古》1993 年第 3 期。

［64］ Kirch, P. V. (1980). The archaeological study of adaptation: Theoretical and methodological issues. In: Schiffer, M. B. *Advances in Archaeological Meth-*

od and Theory, *vol* 3. New York: Academic Press. pp. 101—156.

[65] Plog, F. T. (1974). *The Study of Prehistoric Change*. New York: Academic Press.

[66] Plog, F. T. (1977). Explaining change. In: Hill, J. N. *Explanation of Prehistoric Change*. Albuquerque: University of New Mexico Press. pp. 17—57.

[67] Collins, D. (1973). Epistemology and culture tradition theory. In: Renfrew, C. *The Explanation of Culture Change: Models in Prehistory*. Pittsburgh: University of Pittsburgh Press. pp. 53—58.

[68] Williams, G. C. (1966). *Adaptation and Natural Selection: A Critique of Some Current Evolutionary Thought*. New Jersey: Princeton University Press.

[69] Lewontin, R. C. (1970). The units of seletion. *Annual Review of Ecology Systematics*, 1, pp. 1—18.

[70] Vayda, A. P. & McCay, B. (1975). New directions in ecology and ecological anthropology. *Annual Review of Anthropology*, 4, pp. 293—306.

[71] Alland, A, Jr. (1970). *Adaptation in Cultural Evolution*. New York: Columbia University Press.

[72] Alland, A, Jr. (1975). Adaptation. *Annual Review of Anthropology*, 4, pp. 59—73.

[73] Wagner, P. (1977). The concept of environmental determinism in cultural evolution. In: Reed, C. A. *Origins of Agriculture*. The Hague: Moutou. pp. 49—74.

[74] Thoday, J. M. (1953). Component of fitness. *Symposia of the Society for Experimental Biology*, 7, pp. 96—113.

［75］Grant，V. (1963). *The Origins of Adaptation*. New York：Columbia University Press.

［76］Hassan，F. (1978). Demographic archaeology. In：Schiffer M. B. *Advances in Archaeological Method and Theory*，*vol* 1. New York：Academic Press，1978：49－103.

［77］Cohen，M. N. (1977). *The Food Crisis in Prehistory*. Connecticut：Yale University Press.

［78］Corning，P. A. (1974). Politics and the evolutionary process. *Evolutionary Biology*，7，pp. 253－294.

［79］Compbell，B. G. (1966). *Human Evolution：An Introduction to Man's Adaptation*. Chicago：Aldine.

第三章

分析：动态性思维

　　在人类适应周围环境变迁的过程中，工具明显起着重要作用，而且与其他适应策略一起维持着人类社群的连续性和变异性。透过石制品，特别是细石叶工艺的典型器物，了解人类文化适应行为的动态过程，是本书最终的探索目标。面对已经脱离原始背景的大量考古材料，如何开展实证分析，选择哪些分析手段，都需要认真地设计和掌控。本章将详细介绍本书所采用的分析方法，其中，"操作链"概念是分析的基础性概念，反映了贯穿全文的"动态"理念，是全文的核心思想。级差型动态类型学，是在众多前辈学者多年研究努力的基础上，根据"操作链"概念提出的一种石制品分类新方法，欲通过不同等级的类别反映石制品个体在整个生命史中的地位和意义。微痕分析，借助自然科学手段，是再现石制品功能的新方法，其客观性和可操作性均受到当代考古学家的青睐。

第一节　"操作链"概念

　　"操作链"(Chaine Operatoire) 概念成形于 20 世纪 80 年代的法国考古学界。法国史前考古学家用此概念来演绎古人类在石器生产中的技术活动与思维表现，展示石器背后较为全面的史前社会关系。在随后的 20 余年间，"操作链"风靡欧美考古学界。著名美国考古学家 Howell 曾这样高度评价道："以操作链 Chaine Operatoire 概念所表述的石制品生产过程，分辨剥片程序及分析器物精致加工、废弃和使用,现在已成为研究重心和关注焦点。"[1]另一位美国考古学家 Jelinek 也认为"操作链"是当时"旧石器时代考古学中最具创新性和重要性的研究之一,它为石工业研究指出了崭新的方向,并应当作无数探索的起点"[2]。20 世纪 90 年代开始,留学北美的陈淳先生向中国同仁介绍了许多考古学新理论和新进展,"操作链"概念随之漂洋过海来到中国[3]。

本节将尝试确认"操作链"的定义、内涵及运作,以期更有效、更准确、更全面地认识此概念,并正确地运用于后面的具体研究中。

一、研究史评述

《简明牛津考古学词典》(*The Concise Oxford Dictionary of Archaeology*)对"操作链"词条是这样写的:"Literally, operational sequence, the term was introduced by the French anthropologist Andre Leroi-Gourhan in 1966 to provide a theory of technical processes in which technical acts were also social acts. In it he emphasized the importance of the human body as an expression and a source of meaning, power, symbol, and action. The actions carried out in making something may, quite literally, speak louder than words or the message conveyed by the final product."[4][操作链,是由法国人类学家 Andre Leroi-Gourhan 于 1966 年提出的关于技术过程的术语,认为技术行为也是社会行为。其中,他强调了人体作为意念、力量、象征及行动的一种表达与来源的重要性。制造东西的行为比终极产品更能雄辩地表达和传递更为丰富的信息(笔者译)]。

一般认为,"操作链"概念是从其他社会科学特别是民族学中借鉴来的。法国考古学家 Sellers 早在 1885 年记录 Catlin 遗址的遗物时,就提及坯材、剥片以及劳动力分工等问题,虽然着墨很少,也应算是目前所见的对石制品研究有关"操作链"的最早描述[5]。1968 年,这一词语首次正式出现在法国人类学家 Brezillon 的著作中,被用来描述石器生产中的操作程序,其初衷是分辨剥片程序的不同阶段,特别是勒瓦娄哇石片生产中的不同阶段[6]。在之后很长一段时间内,"操作链"概念暂被搁置。

20世纪80年代,Tixier发表了他的研究论文[7];1991年,专门讨论"操作链"的学术著作合集——《考察技术过程:"操作链"的作用是什么?》(*Observer l'action technique-Des chaines operatoires*,*pour quoi faire*?)问世[8];1993年,Leroi-Gourhan的著作*Speech and Gesture*英文译本出版[9]。这几本著作代表着"操作链"一词重返考古学舞台,并且逐渐被英语语系学者了解、接受并广泛应用。

Perles曾在文章中明确提出:"在为了直接或间接地满足目前研究需要的基础上,操作链可以被定义为思维运作和技术状态的序列进程。"[10]之后,Sellet作出进一步阐释,并为多数学者引用:"(操作链是)为了描述并了解一种特定原料所经历的所有文化改造的过程。是对一个史前群体技术系统中器物制作和维修过程中所需要的动作和思维过程的有序排列。操作链的最初阶段是原料采办,最终阶段是器物的废弃……揭示了一个特定技术系统的动态机制,以及这一体系在史前群体技术中的作用。"[11]De Bie在针对石制品的研究中将其简化为"包含了打制方法和加工,但也包括了原料采办、使用、废弃,等等。不仅仅是描述器物,目标是复原(通过复制品)并解释形成考古材料的行为过程。"[12]尽管存在许多不同的定义和描述,但他们都强调了技术在"操作链"中的不同阶段和动态过程,以及工具在史前文化系统中的地位。

Bar-Yosef等人对Mt. Carmel遗址Kebara史前文化的分析中,较好地应用了"操作链"概念。他仔细研究这个史前群体的主要操作程序,特别是生产工具毛坯的特殊方法,完整地复原了操作链的各个环节,揭示了史前人类的技术"选择"(决策策略),认为各阶段所反映的行为在一定程度上取决于人群的技术传统[13]。Geneste和Maury对梭鲁特时期投掷矛的研究,是此类研究中的成功范例。他们不仅讨论了投掷矛的制作、坯材形制、装柄,还强调了破损、效率、成本以及限制因素,涵盖了梭鲁特工匠制作并使用此种工具可能涉及的所有要素[14]。Rahmani关于 Capsian 旧石器晚期文化的研究,不仅全面复原了小石叶的"操作链",而且探索了几何形细石器打制技术专门化的可能性[15]。特殊打制技术(伪雕刻器技术)、细致的石核预制、统一的毛坯生产以及工具的标准化,反映出 Capsian 晚期文化中石制品生产的专门化和复杂化,而技术差异则可能是工匠声望与地位的表现。石料和定型石核的交换,可能也反映出不同人群知识的交流,这些都是"操作链"分析在认知方面的进步。但是,限于材料,专门化的确立还有待验证。

同时,也存在不少令人失望的应用案例。最常见的就是将"操作链"概念混同于剥片程序分析,而忽略其他环节的研究。例如,Hahn 对比奥瑞纳(Aurignacian)与格雷夫特(Gravettian)之间的区别[16]、Turq 对基纳型莫斯特传统(Quina Mousterian)的研究[17]、Milliken 对意大利中西部旧石器时代早期砾石工业"操作链"的复原[18]、Fontana 和 Nenzioni 应用实验方法对意大利 Bel Poggio 遗址的分析[19]、Kempacke-Richter 对 Jerxen-Orbke 石叶生产的讨论[20],都使用了 Chaine Operatoire 一词,但分析模式及结果却与剥片程序分析无异,不涉及原料、工具的使用与废弃等。以 Desrosiers 最近对北极石工业的讨论为例。他在文章的方法论部分,明确反对将"操作链"等同于北美的"剥片程序分析",在对比两个概念之后,强调自己运用的是 Chaine Operatoire,不翻译成 Reduction Sequence。然而,除略微提及原料的大体情况外,他的分析只讨论了从石核预制到细石叶加工[21]。至于工具的使用、维修和废弃,只字未提。虽然涉及对技术传统的讨论,但这不能算是对人类行为认知的探索。总之,他未能实现目标,研究再一次落入"剥片程序"的窠臼。

在中国,目前能看到明确应用"操作链"概念的,以陈淳、沈辰等对小长梁石工业的研究为代表。他们首先考虑到石料来源以及对石器生产的约束,再通过对石片废品的研究考察石制品剥片程序,运用微痕分析探讨石器的使用功能,综合石器技术状态探索古人类在制造石器能力上的认知程度等,应该说是目前国内将"操作链"概念较早付诸实践的一个范例[22]。但是,由于小长梁石制品本身材料的局限性,他们的研究终究"心有余而力不足",未能将"操作链"概念的实践运用反映得十分清楚。

二、内涵与运作

通过对"操作链"历史的回顾和定义的理解,我们可以看到西方学者对"操作链"的提出是基于重建石器动态生命史的求索。从这个目的出发,我们可以将"操作链"概念理解为一种理论,一种指导人们重新认识石器从产生到废弃的生命过程的理论。简而言之,石器与其他材料工具或产品(陶器、铜器等)一样,有着特定、复杂的生产过程,即所谓的"操作链"。而在此过程中,人类的行为与智慧贯穿其中。对石器的"操作链"分析就是要以动态生产过程为研究对象,以考虑系统元素为要旨。这是"操作链"理论的核心,也是"操作链"概念原创的主要目的。

一般认为,"操作链"概念在理论上包括三个层面:一是以器物和副产品为对象的基本层面;二是以行为或技术程序为对象的中间层面,主要指剥片方法;三是以工匠拥有的专门技术知识为对象的抽象层面[23]。在方法上,"操作链"分析有如下几个基本特点:(1)以实验或考古材料为基础的推测研究;(2)涵盖遗址中的所有器物;(3)必须说明与石器相关的所有产品,而且要考虑活动中所有因素以及它们之间的互动[11]。

根植于法国旧石器时代的研究学派,"操作链"概念深受两大学术传统的影响:复制实验与人类认知能力的探讨[24],强调石器动态生产系统的两个行为过程和一个互动关系(见图2-1)。两个行为过程分别是:"技术表现"(technical gestures),是与石器生产过程相关的各个连续阶段的技术行为;"思维运作"(mental operations),或称之为"记忆"(memory)或"概念型板"(mental template),指主导石器生产的人类认知能力。这两个方面之间相互的交流是通过石器生产体系中的"操作序列"(operational sequences)来完成的,即前面所说的"一个互动"。换言之,研究石器生产体系,就是要通过分析石器生产的操作序列来理解人类行为中的技术行为及与之相关的思维认知,这就是"操作链"概念所倡导的"透物见人"。

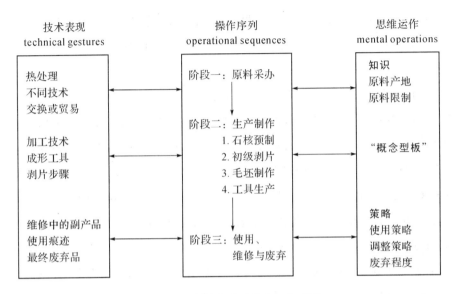

| 技术表现
technical gestures | 操作序列
operational sequences | 思维运作
mental operations |

图 3-1 石制品生产系统的三个层面

(一)操作序列(operational sequences)

狭义地看,"操作链"分析局限于石制品研究,即对操作序列的分析。通过不同生产阶段的形态和技术标准,来确定所有石制品在其生命史中的位置,进而了解石器的"生命和逻辑"[25]。

相对于静态类型学分析,操作序列分析的突出特点是强调动态,不仅要描述石器生产过程和生命史,而且要表达与影响生产活动各种因素相关的技术经济行为。研究必须涵盖从原料获取到工具废弃各个环节的信息,并且分辨在任何特定条件下可能采取的其他选择或步骤。石制品的生命轨迹包括三个亚系统,分别是原料采办,生产制作,使用、维修及废弃[26]。

原料采办,涉及遗址内使用原料的类型、质量及数量、产地(本地或外来)、原始形态、开采方式以及采办过程(直接或间接采办)等分析。确定原料类型,可以通过感官判断,也可以借助自然科学手段进行岩性分析。例如"最小单位石料分析"

(minimal analytical nodule analysis)，根据原料材质、颜色或结构，将石制品分成多个单元，然后根据质量和数量统计，了解每种原料在遗址中的作用、剥片策略以及在整个技术体系中的地位。

生产制作，主要是剥片次序研究，其目的是辨别和描述所有与文化群体相关的剥片方法（剥片程序中不同阶段的选择），并了解这些剥片方法在石工业中的作用。剥片次序分析有三种方法：打片顺序研究、拼合和复制实验。打片顺序研究，是对所有石片进行统计和分类，确定它们从石核或坯材上剥离下来的次序，分辨生产过程的每个逻辑步骤[27]。这一分析可以了解生产操作流程，分辨石核与坯材剥片的方式，其中以石核和两面器为主要研究对象。拼合研究，是对打片顺序研究的完善，具体包括破碎拼合与废片拼合两类，前者有助于了解工具的使用策略与生命史，后者则可揭示石料的原始形态以及特定的打制方式。复制实验包括工具的模拟制作和模拟使用，通过实验来验证对石制品"操作链"中各阶段的推测。

使用、维修和废弃，是操作序列分析的最后一步，也是区别于北美"剥片程序分析"的重要环节。过去的"操作链"分析主要关注于打制程序的技术分析，相对忽略工具的功能。但是，微痕分析与残留物分析，通过工具的破损和残留物推测其可能的用途，为了解工具的修锐、维修、变形以及人类的遗弃行为提供可靠的证据。并且，可据此进一步推测遗址性质以及人群的生存策略等。

此外，废片分析、"石器集群分析"（mass analysis）等方法，也适用于操作序列分析，这取决于分析者的研究侧重点和知识背景。

（二）技术表现（technical gestures）

前面提到 Leroi-Gourhan 将"技术行为"和"社会行为"等同起来，这是"技术"在社会生活中能主导人类行为及其所产生的物质文化的表现。也就是说，在狭义的层面，技术是改变物质形态过程中的制造技能；这种技术技能是以物质文化形态的最终产品（比如器物）来表现的。Leroi-Gourhan 曾这样描述"技术"与"器物"的关系："技术，是与行为和工具同时存在的、以真实序列组织起来的、赋予操作序列以稳定性和灵活性的东西。"[8]史前石器技术的具体表现是通过石制品最终产品、副产品或废品等反映出来的操作过程。

广义地说,石器生产是制约史前人类行为和社会系统的力量,或称之为"技术表现"。如同当今网络信息技术对现代社会的改造,石器技术对石器时代物质文化的表现形式的变化起着关键性作用。因此,Desrosiers把"技术"看作整个社会科学,认为史前群体在某个特定遗址的技术系统整体是由不同的"操作链"组成,例如石器、骨器等[21]。沈辰在研究加拿大安大略南部早期农业社会的石器技术时,虽然没有冠以"操作链",但提出"石器生产体系"概念来阐释石器生产与人类行为之间的生产关系。他指出,"石器生产系统的基础是其强调了石制品在特定的社会环境中被改造的模式和过程"[28],这个系统反映出的是石器生产序列如从石料采集到工具再到加工等各个过程中的生产关系链(a chain-of-relation of production)。从某种意义上来说,这种"石器生产体系"概念正是对"操作链"中技术行为方面比较好的诠释。

因此,对于技术行为的研究必然包含两方面的关系:一是技术与物质文化形态(器物)的关联;二是技术与社会行为的关系。这两个方面的信息,可以通过石器生产体系模式与过程加以分析,也可以应用"石器技术结构"(organization of lLithic technology)的概念来分析石器制造和使用的过程。其宗旨与"操作链"理念一致,都是从动态角度,将石器的表现形式按照各个阶段纳入被制造和被改造的生产序列中,尽可能地解释技术行为与社会行为之间的关系,特别是技术表现如何决定并影响着石制品的"操作链"。

(三)思维运作(mental operations)

对人类认知能力的探讨包括两个主题:一是人类认知能力的演进;二是人类早期思维的表达程度[29]。人类认知能力方面的研究十分丰富,旧石器时代人类认知能力的研究主要涉及设计(design,指有意识的行为)、计划(planning,包括时间预算以及任务的优先执行)、交流及授受等。

"操作链"概念可以更深入地观察器物生产过程中的认知阶段,强调工匠通过思维活动和技术表现的连续互动与调节以达到预定目标,判别出工具生产中的"设计"与"计划"问题,包括运用"概念型板"以及通过远距离贸易或交换获得原料等。设计和计划之间的界限并不十分明显,人类行为常常同时包含这两者。

"概念型板"(mental template),是美国考古学家 Deetz 提出的,指存在于工匠大脑里对一类器物式样的恰当概念,并将之反映在器物的形制上。他认为,概念型板的形成可能源自社会文化传统,以习俗的方式代代相传;也可能源自工匠对自然环境的适应,以知识的形式互相授受[30]。但是,"概念型板"这一中文译词,很容易局限石器分析家的思路。Fodor 就曾提出,所有的理解力过程都应该属于思维模板(mental module)[31]。思维模板在很大程度上决定了物质表现,但绝不是一成不变的。操作序列中表现出的技术行为的差异,就不同程度地反映出工匠对石器制作的知识、对客观限制的应对和调节策略、对工具有意识的使用,以及个人风格等方面思维模板的差异。如何分辨出"操作链"中与原始思维相关的元素,有赖于分析者对材料的敏感度以及阐释能力。

三、小　结

世界各地的石器分析家,在不同时间、通过不同途径先后形成了相似的石器程序分析概念与方法[32-34],包括法国的"操作链"、北美的"行为链"(behavior chain)和"技术结构"(technological organization),以及广泛被使用的"剥片程序"(reduction sequence)等。就定义和内涵而言,前三个概念是一致的,可谓同曲异工;但是"剥片程序"只分析石器生产体系中工具制造的工艺流程,相当于"操作链"概念中的"操作序列"部分,差别相对明显。"剥片程序"多关注一般意义上石制品体制的组织,主要研究工具制作中的各个阶段;而原料采办、石核预制,以及工具废弃等,常常被分开研究或被忽略。关于这些术语的区别,详见笔者与沈辰先生合著的《石器研究中"操作链"的概念、内涵及应用》一文[35],此处不再赘述。

事实上，任何以石器生产体系中人与人、人与自然的动态关系为目的的研究都属于"操作链"的范畴。在这个意义上，称名"操作链"或"行为链"或"技术结构"已经不那么重要了。关键的是，运用"操作链"的理念将石器研究从静态的类型学研究带到动态的技术操作序列研究，这样才算是在理论层面上的推进。

　　1979 年，Binford 提出要对当时组合差异研究方法重新思考，"特别需要重新思考对石料产地'成本/收益'以及剥片策略、原料、工具设计、再回收、再利用及其对'组合差异'作用的分析"[36]。"操作链"概念不仅符合这种全面的考虑，而且为我们提供了研究器物动态的有效分析理念。综上所述，"操作链"概念不是一种具体的分析方法，也不可能是一种分析方法，而是石器分析中一种理论视角和研究视野（theoretical device），是对具体分析方法或分析模式的整合。在这个研究体系中，考古学家可以将考察石器生产的动态过程和工匠的认知方式作为目标，运用各种适合的方法，如拼合分析和微痕分析，从整体上把握某种技术的工艺流程及其在文化系统中的地位。"操作链"概念对于分析石器精致加工、技术系统的多样化、工具使用效率、石器制作及维修过程中的时间选择与预算等问题，同样具有不可低估的作用。

　　在具有以上强大优势的同时，"操作链"概念依然存在一些不可忽视的局限与问题：第一，对于石器制作的技术知识的研究，仍然是其中最抽象、最困难的部分，目前尚未看到很好的研究案例。第二，在语义表达上，"操作链"的支持者依旧未能清晰地界定这个概念，使之与"剥片程序"、"行为链"等明确区分开来。第三，"操作链"的理想目标是全面解释石器与人类行为之间的关系，但是"操作链"分析往往受制于考古材料，给完整复原带来困难（比如陈淳、沈辰等对小长梁石制品组合的研究）。第四，"操作链"分析相对适合讨论单个文化中的技术系统或工艺进步性的比较，不适宜识别不同文化的多样性和时间性，这是此概念最大的缺陷所在[37]。

　　因此，在"操作链"名义下进行石器研究时，研究者本人首先要掌握这个概念及其内涵，以"操作链"概念为指导思想，本着动态观察的原则，依照实际材料的情况运用合适的分析方法加以调整。如果我们能够从石制品组合中提炼出充足的分析要素,就有可能分辨所有环节,完整地复原"操作链";如果客观条件不允许,就采用"剥片程序"分析,清楚地说明生产技术,设法予以局部还原。在文字表述时,最好在同一篇文章中区别使用这两个概念,用"操作链"表示研究思路,用"剥片程序"表示特定研究部分,如石制品打片次序,以免混淆。

第二节　级差型动态分类体系

与所有考古学研究门类一样,类型学分析一直都是旧石器研究的基础和重要手段[38][39]。由于石器本身的特点和性质,石器的类型学研究与其他器物略有区别,不是简单的分型定式,而要考虑多方面因素,将"各种线索汇集起来"[40],因而形成了多种多样的石器分类。随着类型学的多样化,问题也日渐显现[41-44]。

本节将首先回顾石器类型学研究的发展史,然后对众多石器类型学术语逐一讨论,举例说明各自的优缺点。在此基础上提出:(1)类型的制定和应用,应该以研究问题为出发点,不同的石器分类法适用于不同的研究目标;(2)建立级差型动态分类体系,将石制品分置于"操作链"概念下的动态过程中,以技术形制(style)为分类标准,辅以形态、功能等概念形制,逐级分类。

一、研究史评述

旧石器时代考古学,在研究对象的相似性及研究者之间的交流等方面,都堪称诸多考古学研究门类中全球化程度之最。尽管如此,欧洲、北美、东非、中国及日本等地的旧石器类型学研究仍存在很大差异。以下着重以欧洲(特别是法国)的石器类型学发展为主线,辅之以其他地区的情况,简要回顾旧石器类型学研究一百多年来的历史。

第一阶段,起步期(19 世纪末至 20 世纪中叶):类型学以"标准化石"为主要概念,这一时期又分为两个亚阶段。由于受到均变论与直线进化论的直接影响,最初的旧石器研究并非把器物看作文化系统的组成部分,而是依据典型器物进行考古学时期排列,以莫尔蒂耶为代表。1900 年,随着文化历史学研究的开始,考古学文化的概念取代了考古学时期,但方法并没有变化,以步日耶为代表[45]。

第二阶段,成熟期(20 世纪中叶至 60 年代末):石器类型学研究呈现出统一化的趋势,以博尔德"旧石器时代初中期的类型学"为代表[46]。主要贡献是首次根据器物形态和标志的数理关系建立了统一的分类标准,促进了对旧石器描述和分析程序的规范化与系统化。

第三阶段,发展期(20 世纪 70 年代至 80 年代):60 年代末开始,北美等地的石器分析家开始对博尔德类型学提出质疑和批评,认为博尔德类型学的描述性和主观性过强,没有看到石器形态的变化过程,不适于解释石器与人类行为之间的关系[47]。于是出现多样化的趋势,形态类型学、技术类型学、功能类型学等术语被不同的研究者所运用。

第四阶段,完善期(20 世纪 80 年代中后期至今):类型学趋于科学化、全面化,研究涵盖原料、形态、工艺、动态等多方面因素。多种分类法并存,目前以技术类型学与动态类型学为相对主流。

除"标准化石"外,其他分类法或类型学派别均未绝迹,仍被考古学家所运用。目前关于类型学的讨论主要集中在两个方面:(1)用哪一个标准更加合适呢? 形态、功能还是技术?(2)类型学究竟可以阐释什么问题呢? 文化的进化、差异、交流、生态限制还是其他?

二、不同分类法的对比与评估

目前石器研究中有多种分类法被运用,如形态类型学[48]、技术类型学、功能类型学、动态类型学及其他类型学等。从分析视野来看,这些方法或术语大体可以分为两组:静态性和动态性,两者是相对而言的。

(一)静态性类型学

静态性类型学包括以下几种,它们的名称表明了各自的分类标准。

1. 形态类型学(morphological typology)

形态类型学,指以石制品的外观和形态尺度为基准的分类法,以博尔德类型学为代表(见图 3-2)。博尔德提出以器物形态和标志(landmark)为依据来确立类型,认为多数类型是有意识的终极产品,而差异被认为是偏差或风格差异[49]。

此种类型学,简单易行,可操作性强,能够对石工业的组成、差异和结构作出大致的描述和整体分析[1],可简单对比不同人群的文化特征,深受广大考古学者的偏爱,而且为旧石器研究的进一步发展奠定了基础[50]。但是,形态类型学的缺陷也不容忽视:(1)分类者对形态标准的把握各异,命名很随意、很主观;(2)器物形态受到许多因素的影响,所以从某种程度上讲,形态同样是一个变化的参数,以之为分类标准并不准确;(3)形态类型学是静态性的,没有考虑到石器的生命史是一个动态过程[47],每个形态并不是终极产品,不能阐释石制品生产和人类行为。

石叶(blade)类型的划分属于典型的形态类型学。一般公认长宽比大于 2∶1 的石片就是石叶[46]。这一分类体系为世界上许多石器分析家所采用,但是不考虑技术或相对尺寸,单纯以形态尺度的比例为标准,很容易产生错误分类,并直接导致阐释结果的歪曲。著名的周口店尖状器类型有十几种,如钝尖形、长形、秀长形、宝剑头形,等等,形态之多,命名之多,不仅令外国学者难以理解,就是中国学者也不太清楚[51]。这种分类不仅无法反映出技术或文化的区别,而且为研究者彼此交流造成困扰。

2. 功能类型学(functional typology)

功能类型学,指以石制品的功能(根据形状所推测的功能)为基准的分类法,以北美的"使用石片"类型[52]最为典型。此外,还有人提出用微痕分析作为功能类型学的基本手段,根据石制品边缘的破碎和磨损情况来分类[53]。

例如,北美石器界习惯将"使用石片"作为一个单独的类型,与其他副产品类型

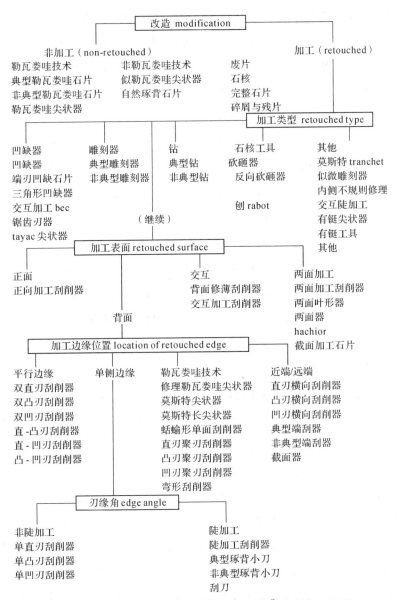

图 3-2 博尔德类型学示意图(依 Debenath & Dibble,1994)

分开论述。然而,"使用石片"的定义比较模糊,与形态分类法混用,使得分类标准不单一,不一致。基于微痕实验与分析,沈辰强烈建议不应该将"使用石片"作为石制品类型学分析中的一个类别[54]。刮削器的命名,也充分体现了功能类型学的影响。这个类别明显是分析者依据石器形状推测出"刮削"的功能,然后加以定名的。事实上,大量的微痕分析证明,多数"刮削器"名不副实[28]。

一定的功能的确可能与一定形式的工具相联系,将类型与器物功能联系起来,超越了单纯的以外观形态为主的分类标准,是类型学发展史上值得称道的进步。同时,这种分类方法的缺点也最为明显:(1)随着研究方法的更新,多数被推测的功能被证实与实际功能并不一致。(2)史前工具的功能情况很复杂,一件工具可能有多种功能,多个工具可能用于同一个用途,功能分类很容易混乱。(3)完全依靠微痕分析进行分类,看似很客观、很科学,但事实上费时费力,缺乏可操作性。如果没有合适的观察设备,或研究者缺乏相当的微痕分析水平,分类的可信度会受到影响。(4)不同时期的石制品,其使用功能的范围可能不尽相同[55],即便它们拥有相似的外貌和技术要素。简单的功能类型有可能约束分析者的阐释能力,影响其对石制品组合的准确理解。

3. 技术类型学(technological typology)

技术类型学,指以石制品工艺技术特征为基准的分类法,是相对于形态类型学而言的[56]。技术—类型分析,可以说是对形态类型学缺陷的纠偏,重视器物的加工设计与风格,从而可以了解人类的技术与思维。

陈淳对东亚和北美细石叶工艺技术的对比分析采用了技术—类型学方法,发现"作为亚美史前文化联系证据的楔形石核,实为由一批工艺技术差异甚大的亚类型组成"[38]。沈辰在对山东"凤凰岭文化"多样性和复杂性的技术—类型学分析中,将石制品组合分为石料类、石核类、工具器类、石片类和废品类(见图3-3)。遗址间对比不仅反映出不同的石制品组合,还清晰表明了不同的石工业传统体系,即细石叶石核工艺和石片—石核工艺[57]。显然,技术—类型分类体系所揭示的信

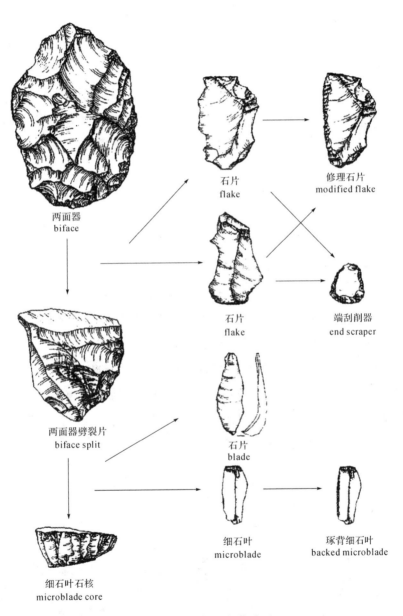

图 3-3　技术—类型学图示(依沈辰,2004)

57

息,远比单一的形态类型学或功能类型学所带来的内容宽广。

技术相对于形态更稳定、客观,比功能更准确、可信,是石制品诸多变量中比较恒定的因素之一,可以区分不同的技法与工艺,也可以区分时空序列。陈淳在关于类型学的精辟论述中指出:"类型学分析应当辅以工艺技术的鉴定,以便防止将半成品或废料也当作工具来分类,同时也可增强器物对比的可靠性。"[38]但有两点需要特别注意:(1)一些基本、简单的技术被史前人类广泛采用,不足以作为分类标准;(2)石器技术的加工方式有限,容易造成趋同现象,若单从技术出发,就很容易将相距甚远的相似工具类型判断为文化传播的产物。

4. 其他

还有一些类型学,以石制品组合的其他特征为基准进行分类,只为少数分析者所采用。例如,Ritscher 借鉴 Binford "精致加工"[58]的概念,将石制品分为精致品与非精致品(见表 3-1),前者指那些具有规整一致的形态和技术特征、为某种特殊目的而制作、被随身携带并丢弃于制作地点以外地方的器物;后者则指那些权宜的、缺乏标准形态和技术特征、使用历史较短、在制作地点被使用和废弃的器物[59]。

这种分类法应该算是石器类型分析的创新之举,涉及形态、技术、功能等多个因素,突出了工具精致加工的理念,可以对比不同文化中的精制品和粗制品。但是,精致加工这个概念比较模糊,是阐释人类技术和行为的一个中间程序,不易定性或定量,不适合作为基本的分类标准。

表 3-1　其他类型学(依 Ritscher,1998)

精致工具	非精致工具	非专门类工具
鸟喙状刮削器	凹缺器	石核
端刮器	平凸形工具	
石锛	两面器	
雕刻器	单面器	
投射尖状器	使用石片	
锛刀(锯齿刃器)	楔形析器	

(二)动态性类型学

动态类型学(dynamic typology),指以石器制造过程的工艺流程为基准的分类法,认为石制品一直处于形态的变化之中,将每件标本看作工艺流程中的一个片段。最早由 Schild 提出,并由盖培首先译为"动态类型学"一词[60]。经过不断发展与完善,这种分类体系旨在根据可分类的石片、石核、废品和终极产品在原料预制、开采和重塑方面的作用,重建石制品组合的生产程序。

Toth 的石片动态类型学,结合了技术、精致加工、形态等诸多因素,可谓动态类型学之代表[51](见图 3-4)。盖培的楔形石核动态类型学,论证了阳原石核发生形态变化的机制,将其工艺划分为四道工序:石核预制品的制造、石核预制品边缘的修整、台面的制成和改善、石叶的剥制[61]。

首先,动态类型学,符合石制品"操作链"分析的理念,将类型学推向了更高的层次,扭转了过去分类法固定、孤立的静止视野。一方面有利于复原工艺的动态流程,另一方面为阐释人类行为过程及认知能力提供了可靠的基础。然而,对于掌握多个石制品组合的分析者来说,以单个系统中的技术工艺流程为主线,不易区分不同的人群与文化,有"只见树木,不见森林"之嫌。第二,"动态"的理念虽然符合当今科学界的分析思维,但是该词比较模糊,操作起来有一定困难。第三,最大的问题是,目前的动态类型学事实上并没有将所有类型置于所谓的"动态"过程中,出现缺环现象,有点名不副实。

正像 Adams 和 Adams 坚称的那样,不可能有"万能的"类型学[62]。每种类型的确代表着分类者一定的目标和宗旨,因此没有正确与错误之分,只有合适与不合适之差别。一组器物往往具有不同的特征,类型学研究的关键在于标准特征的遴选与取舍[39]。不同的特征可以解决不同的问题,上述几种类型学(分类标准)并不完全孤立,而是互相渗透、各有利弊,适于解决不同的问题。例如,(1)描述文化成分可以使用形态类型学,简单明了;(2)对比文化的时空变化或是群体的差异、交流时,形态/技术类型学都比较有效;(3)复原生产技术流程,就要运用动态类型学;

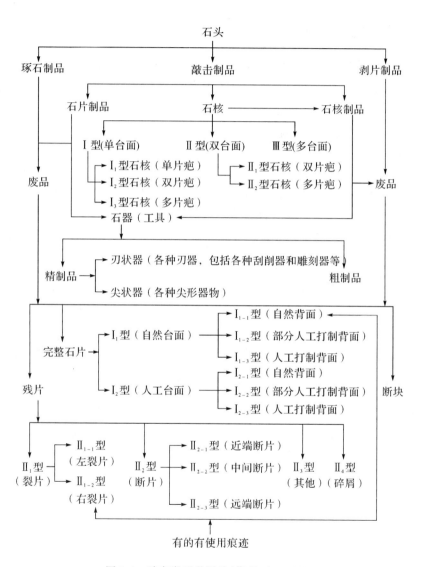

图 3-4　动态类型学图示(依 Toth,1982)

(4)运用功能类型学,结合技术类型学,可以了解人群的维生方式;(5)技术类型学和动态类型学可以探索人类的认知;(6)如果要考察人类的主观能动性(agency),

就要以概念形制为主要标准,特别是形态,了解工匠的个人喜好与风格,但由于石器打制是"减缩性"生产,能动性的研究比较困难。

石器类型学的发展影响着研究者对石制品的阐释。以楔形石核为例,该类型及名称由来已久,但是随着时间的推移,其内涵不断变化。最初,楔形石核(wedge-shaped microblade core)以形态为基准命名,划分为柱状、锥状等。后来考虑到功能因素,有人提出用石核刮削器一名来替代,其功能至今未得到证实。之后,Morlan提出用技术特征来定义楔形石核,确定了三个基本要素:台面、楔状缘、工作面[63]。陈淳从技术类型学角度,将楔形石核分为阳原技法、桑干技法、河套技法、虎头梁技法[64]。日本也有类似的分类法,如涌别技法、忍路子技法、西海技法等[65]。现在,对楔形石核的动态类型分析已经获得考古学家的基本赞同[61][66-67]。不同的类型学方法对同一类型的阐释有所不同:从形态上看,阿拉斯加"校园石核"与东北亚"久克台石核"十分相似;但是从技术上看,两者的区别甚大,前者与华北的"阳原技法"类似,而后者是用"涌别技法"制成[38]。

虽然为了便于交流,石器研究迫切需要建立"一套能够普遍应用于比较研究的标准描述术语和方法"[68],但这并不意味着要格式化与单一化,仍然可以运用不同的分类法,突出强调自己的侧重点。笔者认为在运用的时候首先要明确自己要解决什么问题,确定研究视野与目标,然后结合考古材料的情况,制定并运用合适的类型学。不同的视野,不同的分类法,必然得出不同的阐释。随着旧石器分析视野和理念的推进,各种类型学都存在着自身缺陷,因此笔者认为石器类型学是时候升级了。好的分类体系,除了要符合分类的逻辑原则,还应该突出自己的研究重点。

三、级差型动态分类体系

在参考了多种石制品分类体系之后,结合本文的研究目标,笔者认为应该以"操作链"概念为指导思想,在强调石制品动态过程的前提下,结合技术、形态、功能,建立由不同层次、不同阶段构成的"级差型动态分类体系"(hierarchical dynamic typology)。"级差型动态分类体系"应该经过理论假设——应用操作——实践验证的科学构建程序。首先,分析者可以建立假设的石制品"操作链"动态过程,为每个类型在动态流程中找到合适的位置,根据模拟位置进行分类,是为一级分类(GⅠ,GⅡ,GⅢ)。然后,以技术形制为首要标准,辅以原料、形态等因素,进行二级分类(例如,GⅠ-1,GⅡ-2)。三级分类,是以形态或其他便于操作的特征为标准,进行针对性的具体分类(例如,GⅠ-1-1,GⅡ-2-2)。最后,通过技术分析,验证最初对各类石制品在动态过程中的假设位置。该"动态分类体系"强调三点:(1)从动态的视野出发,从一开始就将分类置于动态过程之中;(2)整个分类体系强调各类型之间的整体关系与一体化,而非共性;(3)分级进行分类,不同的级别可以运用不同的标准,在同一级中要避免标准混用。

针对华北地区旧石器时代晚期的石制品组合,下面将对"动态分类体系"加以说明。根据上一节对"操作链"概念的阐述,以及石制品在动态过程中的假想位置,一级类型可以分为 4 组:制备类型(preparation)、制作类型(manufacture)、使用类型(use)、废弃类型(discard)(见图 3-5)。以下类型的定义均只适用于本研究。

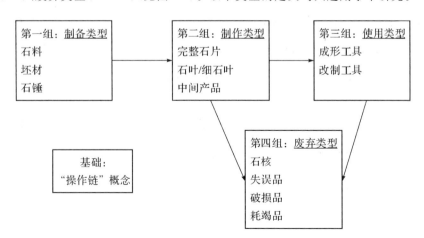

图 3-5　级差型动态分类体系示意图

(一)制备类型(prepared type，Group I)

石料开采或预备生产石制品的早期阶段类型,包括石料、坯材、石锤。对石料的选择和开发,是史前人类制作石器的首要条件和第一步骤。石料的种类、质地、形状、大小等因素,都将直接影响其后的每一步。有类型学意义的"石料"(raw material)(GI—1)是指遗址内和石制品同类的石质原料[57],形状不限,可大可小。"坯材"(blank)(GI—2)是指具有合适尺寸或形状的、适合被进一步加工改造的、有初级人工整形痕迹的毛坯。"石锤"(hammer)(GI—3),即用于剥取石片、进行二次加工的生产性工具,可能带有破损痕迹。

(二)制作类型(manufactured type，Group Ⅱ)

石制品生产过程中形成的中间类型,没有经过人工使用,包括完整石片、石叶/细石叶、中间产品/副产品。

"完整石片"(flake)(GⅡ—2)是经过有意识打制或砸击石核产生的、未经加工的、可被加工成工具或直接使用的片状半成品,可能形成于石制品制作过程的各个阶段。根据石片可能的形成先后,将石片分为:(1)初级石片(primary flake，GⅡ—2—1),指背面带有30%以上石料原始面(石皮)的石片,形成于石核剥片过程的早期阶段;(2)次级石片(secondary flake，GⅡ—2—2),带有少量石料原始面(石皮),但少于30%的石片;(3)普通石片(plain flake，GⅡ—2—3),指没有石料原始面(石皮)的内层石片;(4)两极石片(bipolar flake，GⅡ—2—4),砸击技术产生的石片,两端表现出相对的打击点,腹面有方向相对的同心波;(5)石核修理石片(core trimming flake，GⅡ—2—5),对石核台面或核身进行修理所产生的石片,其背面通常保留原来石核的一部分;(6)两面器修薄石片(bifacial thinning flake，GⅡ—2—6),是制作两面器的副产品,石片的台面与背面成极小的锐角,保留有两面器刃缘的特点。

"石叶/细石叶(blade/microblade)"(GⅡ—3)是具有特定长宽比例(2∶1)的特殊石片。可以根据形状和尺寸分为:(1)初级石叶/细石叶(blade with cortex),指带

有部分石料原始面(石皮)的石叶/细石叶,表明石叶/细石叶生产的早期阶段;
(2)普通石叶/细石叶(plain bladelet/microblade),指没有石料原始面(石皮)的内层
石叶/细石叶。它们的基本特点是两侧边大致平行,至少有一条长脊。相比较而
言,石叶比细石叶宽大,中国旧石器研究中习惯称之为长石叶。由于标准多样,本
文以 10mm 为界限区分两者。

"中间产品/副产品(interminate/by-product)"(GⅡ—4)是剥片过程中无意识
产生的崩块或断片,带有明显的人工打击痕迹。根据形状和人工要素的多少,这个
类型可以细分为:(1)断块(chunk,GⅡ—4—1),不规则小型崩块,可能带有剥片留
下的阴性片疤;(2)残片(debris, GⅡ—4—2),残断的石片或石叶,可根据保留部位
的人工要素继续划分为近端残片、中段残片、远端残片、左裂片、右裂片;(3)碎屑
(chips,GⅡ—4—3),带有完整人工打制要素的极小石片(最大长度小于 10mm),锤
击或压制技术都有可能形成此类产品。

(三)使用类型(utilized type,Group Ⅲ)

经过使用或具有被使用潜能的石制品类型,也涵盖经过翻新处理的石制品类
型及副产品,包括成形工具、改制工具、使用石片。

"成形工具"(formed tool)(GⅢ—1)是经过二次加工并可以被使用的成品,带
有明显的、有意识的二次加工痕迹。所谓"成形",是因为它是依据特定目标、依照
专门化设计加以制造的,或者被用于特定目标或专门化用途。根据技术—类型学
原则,分为尖状器、刮削器、钻形器、锥形器、两面器、投射尖状器(箭镞)、修理石片
等。对多数类型的定义,可参见沈辰对加拿大安大略省和山东旧石器的类型定
义[28][57],此处不再赘述。那些经过刻意修理却未成为可分类式样的石片,被定义
为"修理石片"(modified flake)。需要指出的是,"两面器"(biface)特指两面剥片、不
能归入其他类型的器物。该类器物的加工痕迹不局限于周边,而是表面加工。根
据 Callahan 定义的阶段性剥片,将两面器分为三个亚类型:(1)初级修边两面器(in-
itial edging biface),轮廓呈现锯齿状或曲线状,边缘散布基本对称的片疤,宽厚比

率为 2 : 1 或更大;(2)初级修薄两面器(primary thinning biface),边缘开始呈现规则化,中部棱脊渐直,宽厚比率为 3 : 1 或 4 : 1;(3)成形两面器(formed biface),两面器成品,边缘平直,片疤紧密并穿越标本表面中心部分,宽厚比率大于 4 : 1[69]。

"改制工具"(reshaped tool)(GⅢ-2)是将失去效能或不符合任务需求的工具改造成其他形式的类型。Frison 就曾指出:某些石器在使用中形态是发生变化的,被观察到的式样与原来十分不同,特别是一些残破或废弃的工具被再加工成其他类型的工具,即著名的"弗立森效应"[70-71]。例如,一件边刮器可能经过多次断裂和维修之后变成了端刮器,或者经过反复维修后变成两面器。当然,此类工具可能留有前一种工具形制的特征,也可能完全被掩盖掉,单纯依靠类型学分析尚显论证不充分,还需结合废片分析、拼合研究等方法。

(四)废弃类型(discarded type,Group Ⅳ)

因某种原因被人类刻意废弃、不再使用的石制品,可能是制作中途因技术失误而不能继续剥取石片/石叶的废品,也可能是因使用而破损或失去效能的器物。广义地说,今天呈现在石器分析者面前的所有石制品都是史前人类丢弃的物品;然而,此处定义的"废弃类型"是狭义概念,专指某个石制品组合中位于"操作链"末尾阶段的器物类型。

"失误品"(rejected type),指打制石器过程中,因石料劣质(如影响巨大的节理或裂纹)或工匠技术不佳导致器物无法遵循"概念型板"[30][50]形成一定形制,且无法改制成其他工具的中途废品,亦称"荒坯"[72]。此类石制品缺少最终加工成形的痕迹,而且没有使用痕迹。

"破损品"(broken type),指因使用造成破损的器物,不仅可以清晰辨认出破损、断裂部位,而且可以辨认出被反复使用的痕迹[73]。

"耗竭品"(exhausted type),指那些最终失去使用效能、使用寿命合理终结的石制品。石核是此类型的主要构成,此外还有部分耗竭的工具,可能表现出被反复维修的痕迹以及陡直刃角等特征[74]。在本文中,耗竭型工具主要针对指甲盖形刮削器。

"石核"(core),指剥离石片的母体。一般为说,在发挥需要的作用之后,即剥取尽可能多、尽可能合适的石片或石叶之后,石核就失去了效用。废弃后遗留下来的石核充分展示了剥片过程的步骤,以及制作工艺的特点。石核数量众多,次级分类要根据石核的打击台面和表面片疤特征所反映出的打制技术,而不只是外表形状:(1)非定型石核(amorphous core,GⅡ－1－1),即简单剥片石核[28][75],形状不规则,又可分为石片石核与两极石核;(2)预制石核(prepared core,GⅡ－1－2),特定剥片工艺的产物,形状规则,可按照技术特点继续划分为细石叶石核、石叶石核、特殊石核(如勒瓦娄哇石核);(3)石核断块(core fragment,GⅡ－1－3),是剥片过程中崩裂的块状物,至多带有一小部分打击台面[28]。

第三节　微痕分析

　　石器功能研究,是了解史前人类生存方式、行为模式的重要途径,也是石器时代考古学研究的重大课题之一。其中炙手可热的一种方法就是微痕分析,即通过显微观察技术对石器标本上肉眼不易辨别或无法辨别的痕迹进行观察,进而推测出工具可能的使用部位、运动方式及加工对象。自 1964 年 S. A. Semenov 的《史前技术》(*Prehistoric Technology*)英译本[76]出版至今,微痕分析一方面算是发展顺利,另一方面又可谓举步维艰,颇受质疑与争议。研究者们通过半个多世纪的严格实验、应用与完善,证实了微痕分析的准确性与有效性,现已被公认为一种常规、有效的分析手段,在石器研究报告和分析文中占有相当分量。

一、方法论概述

　　微痕分析是一门痕迹学。其理论依据是:石器在使用时,其使用部位因力学作用而发生不可逆转的物理变化,会在石器表面留下各种不同的使用痕迹,诸如破损、磨圆、光泽、擦痕等。不同的使用方式和不同的加工对象所对应痕迹的大小、形态、影像等不尽相同。分析者通过模拟实验认识各种不同类型的使用痕迹及其因果关系,以此为据,与考古学材料进行对比,反推其具体的使用功能,进而提炼有关人类活动和行为方面的珍贵信息[77]。使用痕迹与打制修理痕迹不同,尺寸较小,肉眼不易观察,需要借助显微镜才能被辨认。微痕研究的基本模式与流程如图 3-6 所示。[78]

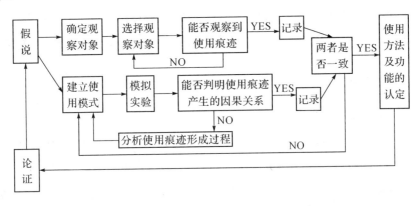

图 3-6 石制品微痕研究的模式与流程图(依王小庆,2008:14)

根据所采用显微镜的性质与放大倍数的区别,微痕分析一般可以分为高倍法和低倍法两种。两者都能准确识别石器是否被使用过或使用的部位,但在鉴定加工方式和加工对象上各有长短。使用放大倍数为 100～500 倍显微镜的微痕分析方法被称为高倍法,为 L. Keeley 所开创,可使用金相显微镜(metallurgical microscope)、扫描电子显微镜(scanning electron microscope)或环境扫描电子显微镜(environmental scanning electron microscope)等设备。高倍法关注石制品刃缘使用所造成的不同光泽,便于鉴定加工对象的种类。但是由于所用设备的特殊性,高倍法的观察范围限于相对平面的局部,观察对象限于颗粒致密的石料,且制备手续繁复,代价较高,难以作为一种常规分析手段。低倍法的倡导者 G. Odell 承袭了 Semenov 的技术体系,以 10～100 倍的体式立体显微镜(stereoscopic microscope)为设备,根据片疤形态和磨圆特征来判断工具的使用方式,但是疏于准确分辨表面光泽,不适于解读加工对象。相对于高倍法,低倍法的优点较为明显,不仅可以观察较大范围的表面,而且对于观察对象的材质要求较低,制备手续简单,经济性高,便于一般分析者普及推广。

两种方法的倡导者曾经一度水火不容、"一争高低"[79]。经过十几年的质疑与争鸣,新一代研究者凭借各自学派的技术进步和理论完善,最终达成共识:认为两种方法各具尺寸之长短,应该相互结合、彼此印证、取长补短[80-82]。很多考古学家主张,以低倍法观察为基础,然后进一步取样做高倍法观察,以求获得最佳效果。

二、研究史评述

石制品微痕研究历史悠久,主要流行于欧美考古学界。早在 19 世纪中叶,R. W. Greenwell 就曾尝试观察 Yorkshire Wolds 遗址出土端刮器加工刃缘的磨圆现象[83]。Greenwell 和后来的研究者 J. Evans 都提出,刃缘的磨圆与擦痕可能和材料之间的摩擦有关[84]。1880—1930 年间,一些研究者出于对欧洲和近东新石器时代遗址出土小石叶上的光泽感到困惑,开始尝试摸索与使用痕迹相关的实验[85]。F. C. J. Spurrel 通过加工木头、骨角等,试图复原光泽的生成[86],可谓微痕实验的先行者。1930 年左右,E. C. Curwen 等人努力开展系统的功能研究,虽然仍以石镰刀上的光泽为主要考察项目,但研究重心已经由分辨加工材料转向探讨光泽的形成机制[87-88]。

20 世纪 60 年代,S. A. Semenov 带领他的痕迹学实验团队,历经 23 年的系统工作,开创了采用显微镜观察的全新功能分析技术(介于低倍法与高倍法之间)。随着代表作《史前技术》英译本的出版,史前考古学界犹如注入了一支强心剂。Semenov 的研究以观察、分析线状擦痕为中心,判断工具的使用部位和使用方式,同时观察光泽、磨圆、片疤等,尝试推测加工对象的种类[76]。微痕分析在欧美兴起初期,发展相当有限。例如,英国的 C. B. McBurney 尝试辨认伊朗 Ali Tappeh 洞穴出土圆头刮削器上的使用痕迹[89];美国的 G. C. Frison 和 H. J. Shafer 观察了不同遗迹中石制品刃部的使用痕迹,并结合其平面、空间的分布研究[68][90];法国的 S. Kantman 对部分莫斯特石器进行了显微观察和实验研究[91];澳大利亚的 R. A. Gould 等人研究并论证了当地土著石器的使用功能[92];美国的 R. Tringham 等人试图通过实验来验证石器在各种作用任务中形成的边缘破损,涉及不同的运动方式、加工材料、其他外界作用等因素[93]。这些研究报告,实证准确性低,在理论探索上又毫无建树,令学界对之大失所望,甚至产生怀疑。但有些热衷于微痕分析的学者并没有气馁,对研究方法、技术手段和理论阐释进行反思和改良[94-95]。

20 世纪 70 年代后期,随着 G. Odell[96]、L. Keeley[97] 和 J. Kamminga[98] 各自关于微痕研究的博士论文同时面世,微痕分析在石制品研究中局面大开。这一时期,"盲测"的开展,证明了这种方法的科学性和准确性[99]。1978 年,第一届石器微痕研究学术讨论会的召开以及会议论文集《石器微痕分析》(Lithic Use-Wear Analysis)的出版[100],很好地总结了此前微痕研究的发展,并提出一些标准化建议。20 世纪 80 年代以后,欧美越来越多的学者接受并参与到这一分析领域,在引发争议和思考的同时,促成了大量的实验和测试。Odell 以片疤与磨损为分析核心,研究了荷兰某中石器时代文化中石制品的使用方式和加工对象的硬度[101-102];Lewenstein 结合民族志学与微痕分析方法,讨论了 Cerros 遗址出土石制品的功能与使用方式[103];Yerkes 在研究伊利诺伊州 Labras Lake 遗址时,运用微痕分析来判断石器功能和人类维生策略,进而推测各时期的遗址功能[104]。在亚洲,以阿子岛香为代表的日本微痕研究小组开展了对各种石料的普及应用和石器使用痕迹的形成过程的探索,为微痕研究的理论提供了新的视野和材料[105]。

20 世纪 90 年代开始,微痕分析日渐成为石制品研究不可或缺的部分,成为广泛流行的功能研究手段。一方面,部分学者继续开展大量实验,深化微痕分析方法论,积累数据库。Odell 公布了对工具装柄痕迹的实验结果[106];Lohse 进行了踩踏实验,指出这种痕迹容易混淆于加工软性物质所产生的使用痕迹[107];Hurcombe 针对黑曜石单种石料进行微痕实验,提供大量比照数据[108-109];原子力显微镜、激光轮廓测量和三维数字影像技术也开始被某些学者用来记录和量化处理使用痕迹[110-111]。另一方面,微痕分析技术在考古学中的实际应用广泛。Grace 通过微痕分析,深入了解勒瓦娄哇文化的内涵,超越了技术和类型观察的局限性[112];Schick 和 Toth 针对奥杜韦和阿舍利石器开展了一系列研究[113];Kazaryan 根据莫斯特遗址中部分黑曜石石片和聚刃刮削器上的使用痕迹,确定它们用于屠宰动物,而且推论工具使用率很高,反映出当时充分利用资源的经济性策略[114];Tomenchunk 和 Storck 运用实验和微痕技术,在古印第安 Fisher 遗址内识别出两种具有专门功能的雕刻器新类型,并引发深入思考[115];Bradbury 通过微痕分析,支持了他对肯塔基州某处遗址的功能判断[116]。

进入 21 世纪,新型显微镜、图像合成软件、统计软件的开发和应用,加速了微痕技术的科学化、客观化进程[117-118]。一些学者继续通过模拟实验来拓展并完善微痕分析的技术方法,例如,Anderson[119]、Lerner 等人[120] 分别从摩擦学角度和石料的物理特性反思了微痕分析方法论上的不足。学者们还将微痕分析延伸到石器功能以外的课题上,来探讨生产关系、农业起源及社会组织形式等。沈辰对加拿大安大略省南部 Princess Point 文化的石制品进行技术和功能分析,结果证实定居会导致石器非专门化生产,而狩猎活动则会促成石器专门化生产[28]。Dubreuil 观察 Levant 地区磨制石器时识别出加工谷物和豆类的使用痕迹,揭示了当地农业出现的可能性[121]。

在中国,微痕研究的发展较为滞后。《史前技术》俄文版一经发表,便被当时与苏联关系甚好的中国翻译成中文,予以介绍[122]。可惜后来由于历史原因,中国学者与微痕研究渐行渐远。直至 20 世纪 80 年代中期,个别学者才借途欧美考古学向中国同行介绍了这种业已成熟的石器分析技术[123-124]。20 世纪 90 年代,实质性的微痕研究崭露头角,侯亚梅[125]、王幼平[126]、李卫东[127]、夏竞峰[128]等年轻学者相继开展微痕模拟实验。在此基础上,学者尝试将微痕分析手段应用于真正的考古学材料,辅助复原史前人类的生计模式[129-132]。尽管中国史前考古学界的期望和呼声愈来愈高[133-134],微痕分析在中国却一直"引而不发,起而不飞……化作引人望梅止渴的幻境"[135]。

21世纪之初的中国考古学,搭乘新世纪的翅膀腾空飞翔。擅长低倍法微痕研究的沈辰博士回国开展合作研究,系统介绍了微痕分析(低倍法)的理论与方法[77],而且与陈淳、卫奇等人合作,将微痕分析应用于中国的石器材料[22][136]。留学日本的王小庆博士几乎同时开始向国内同行大量介绍高倍法微痕技术[137-138],而且应用到考古学研究中[139-141],推动了微痕研究在中国的发展。

2004年,在中外考古学家的不懈努力下,中国首届"石器微痕分析培训研讨班"在中国科学院古脊椎动物与古人类研究所开办[142]。《石器微痕分析的考古学实验研究》一书的出版[55],系统普及了微痕研究的理论与概念,以实例演示了微痕分析的方法、规范和流程,提供了可对比的实验标本与数据,推动了石器微痕分析在中国的实质性应用与发展[143]。王小庆的著作《石器使用痕迹显微观察的研究》[78],标志着中国考古学在石器微痕研究领域的发扬光大,更加肯定了微痕研究不可磨灭的特殊意义。

作为特殊的考古学分支,微痕分析的科学性、有效性和准确性有目共睹。但是,微痕研究绝不应该仅仅停留于认定石制品的使用方式或用途上,还应该以此为据,尽可能完整、全面地复原史前人类行为的各个层面,以及人类经济生产类型的转变与发展轨迹。

三、分析变量及定义

本研究涉及以下几个分析要素:使用单位、使用部位、片疤破损及磨蚀痕迹。

使用单位(employable unit/EU),是微痕定量分析的基本参数之一,用于记录石制品上被使用位置及其个数,按顺序编号[28]。"使用单位"最初由R. Knudson根据行为机理的概念提出[144-145],后由G. H. Odell继续使用并改善,用Functional Unit(FU/功能单位)来表示石器上可观察到确定的改造痕迹的位置,不仅包括使

71

用痕迹,还包括手握或装柄等非使用痕迹[146]。同一件石制品可能有多个部位经过使用,且可能被用于不同任务或是被重复使用,每个使用过的位置被编为一个使用单位,一件标本上因此可能有一个或多个使用单位。本书采用 EU 来表示"使用单位",但是赋予该术语较为广泛的内涵,实际上与 Odell 所提出的"功能单位"更相近。

使用部位(employable location/PC),一般以坐标的形式描述石制品上二次加工和使用痕迹的具体位置,各位置之间及它们与石制品整体的相对关系[147]。本书采用 G. H. Odell 的"八分极坐标定位法"(8-polar coordinate grid),以石制品中心点为圆心,从中心轴顶端顺时针依 45 度等分为八个区段,用 PC1—PC8 来记录石器使用(微痕)的位置[148][55](见图 3-7)。

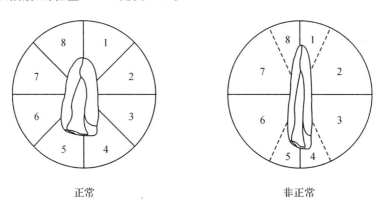

正常   非正常

图 3-7 "八分定位法"示意图(依 Odell,1979)

片疤破损(scarring/SR),亦称微疤,是使用痕迹的主要特征之一,通常较小。本文的考察项目包括大小、分布、终止、形态等,定义与标准仅适用于本研究。微疤大小(scarring size/S),即单个微疤的尺寸,根据放大倍数可分为大(10 倍以下即可观察到的,large/L)、中(10～20 倍可观察到的, medium/M)、小(20～40 倍,small/S)、极小(40 倍以上方可观察到,tiny/T)。微疤分布模式(scarring distribution/Dis.),指微疤相互之间的状态和关系,可分为分散式(scattered/Sd)、丛簇式(clustered/C)、连续式(run-together/R)、间隔式(denticular/D)。微疤终止(scarring ter-mination/Ter.),指片疤的终止形状,借鉴 Ho Ho 分类法则,分为羽翼状(feather/F)、卷边状(hinge/H)、阶梯状(step/S)、折断状(break/B)[149](见图 3-8)。

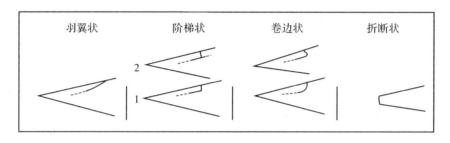

图 3-8　微疤终止形状示意图(Ho Ho 分类法则,1978)

磨蚀痕迹(abrasion),是使用过程中因反复接触摩擦在工具表面产生的痕迹,包括光泽、磨圆和擦痕。这两种特征常常相伴出现,但又不是必然的,其组合形态和匹配模式受到多种因素的影响。根据程度轻重,磨圆(rounding/Rdg.)分为四级:零磨圆(absent rounding/AR)、轻度磨圆(light rounding/LR)、中度磨圆(medi-um rounding/MR)、严重磨圆(heavy rounding/HR)。光泽(polish/Pol.)依据分布形态分为零光泽(absent polish/AP)、散漫光泽(diffused polish/DP)、点状光泽(pointed polish/PP)、片状光泽(slice polish/SP),其程度依次递增。擦痕(striation/Str.)是因摩擦产生的磨痕,结合位置与程度可分为零擦痕(absent striation/AS)、平行擦痕(striations parallel to the edge/LS)、垂直擦痕(striations perpendicular to the edge/RS)、斜交擦痕(striation diagonal to the edge/DS)等。

在描述使用痕迹的位置时,还涉及三个术语:接触面、非接触面和刃脊。接触面(contact surface/C)是指石制品使用边缘与加工材料直接接触的表面;非接触面(non-contact surface/NC)是指和接触面相对的表面,不和加工材料发生接触或摩擦;刃脊(edge ridge/E)是指接触面与非接触面相交的侧刃,范围狭长,近似一线,和加工材料发生直接的接触,而且是作用力的主要着力区。

四、实验基础

微痕分析取得的每一个进步,都离不开模拟实验。目标明确、程序规范、控制严谨、处理完备的实验,不仅推进了微痕分析的不断完善,而且为以后的工作和深入的思考奠定了基石。

(一)石器装柄痕迹的实验研究

关于石器装柄痕迹的观察,Keeley 最先提出,装柄会在工具上留下可以识别的痕迹,而直接插入与捆绑式装柄比粘合装柄更容易产生明显痕迹[150]。随后,不少学者陆续展开对装柄痕迹的讨论。例如,装柄痕迹与工具形状和工具刃缘相关的分布位置[151],对装柄痕迹的形态、位置等多项特征的确认[148],以及对装柄残余物的分析[152]。Rots 曾对装柄痕迹观察分析手段展开讨论[153],并系统进行了实验研究,涉及各种执握方式,提出手握痕迹与装柄痕迹的组合特征[154]。

2004 年,作为中国首届"石器微痕分析培训研讨班"成员之一,笔者参加了全程培训,并参与完成了实验报告《石器捆绑实验与微痕报告》[155]的撰写。为了验证装柄痕迹产生与否、考察装柄痕迹的特征与规律、探索装柄痕迹的发生机制,并运用于对考古标本装柄痕迹的判断,笔者所在的研究小组开展了一组设计周密、控制性强的实验。实验包括两个项目,共计 22 件标本。第一类项目,部分装柄标本,不经过任何使用便将柄拆除,直接观察装柄部位的痕迹变化;第二类项目,部分装柄标本,针对不同加工对象进行不同的动作,之后再将柄拆除,观察装柄部位的痕迹变化。具体实验步骤和情况,参见附录 1。

实验的微痕结果显示,22 件标本均可在相应部位辨认出与装柄有关的痕迹,共计 47 处使用单位(附录 1;表附 2)。主要形态特征包括疤痕、磨圆、光泽等痕迹的组合,概括如下:(1)在标本与绳子接触的部分,通常在刃脊部分形成连续分布或者不均匀分布的疤痕,常呈锯齿状排列,一般为小型、形态浅平,疤痕的横剖面呈特殊的柳叶形或梯形;疤痕的内部由于使用而产生轻微的磨圆和微弱光泽。

(2)在标本与木柄的接触部分,通常在棱脊或凸起部位形成被木柄压迫所产生的疤痕,有小型也有中型,呈层叠分布或者分散分布,有时还会形成不同程度的磨圆和光泽。

通过对疤痕、光泽、磨圆和擦痕四个要素的数理统计,可以得知,装柄痕迹是一类特殊的微痕,具有自身的基本特征与组合规律。一般来说,装柄痕迹主要表现为前三个要素,没有擦痕出现(见图3-9)。疤痕主要分布于刃脊上,另一些分布在背脊、棱脊和底端;终端形态以折断状和羽状为主;分布多为不均匀或连续分布,没有紧密分布或交互式分布;以小片疤为最多。磨圆和光泽经常伴生,磨圆产生的几率很低,中度以上磨圆少见;光泽程度不高,明亮光泽很少。

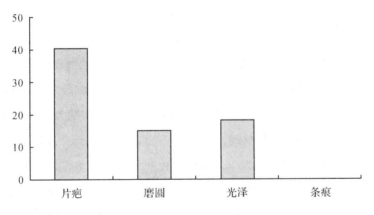

图 3-9　装柄痕迹各项参数对比

对比未经使用和经过使用的两类装柄标本发现(见图3-10),装柄痕迹的产生是一个动态过程,受到装柄和使用两个过程的影响。装柄痕迹在捆绑时即可产生,是由于捆绑时绳索和标本边缘相互接触、挤压造成的。使用过程使得之前形成的装柄痕迹更加明显,改变部分片疤的终端形态,加速了磨圆和光泽的形成。

(二)使用痕迹形成动态轨迹的实验研究

2007—2009年,笔者有幸获得国家教育留学基金委"建设高水平大学"项目

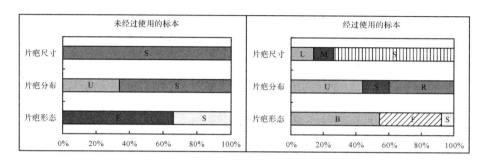

图 3-10　未经使用与经过使用标本的微痕结果对比

的资助,前往加拿大多伦多大学和皇家安大略博物馆访问学习。访学期间,除广泛学习北美旧石器分析理论与方法外,还和导师沈辰教授、中科院古脊椎动物与古人类研究所博士生张晓凌一起,设计并开展了系列微痕模拟实验。其中有关尖状器多次使用的微痕实验,由张晓凌负责,结果公布在她的博士论文里。该实验针对尖状器这一特殊类型工具,将运动方式限定为刻划/雕刻(graving)、钻孔(drilling/boring)两种,加工对象限于皮革和骨头,以观察尖状器在不同使用阶段和多功能使用方式下的使用痕迹。在对 10 件实验标本进行分段使用和观察后,详细记录了使用痕迹在两个以上工作时间段和经历两种动作之后的表现:使用对刃部损耗严重,形态发生明显变化,尖锐的头部经过使用变为圆钝的小头;石制品在复合使用过程中,前后两次的使用会互相影响彼此所产生的痕迹;而且,使用痕迹是动态变化的,破损微疤可能会在后来的使用中被磨蚀消失,而磨圆随着使用而加强[156]。

　　另一项实验由笔者负责,旨在通过一系列的分阶段使用实验以及对电子照片的处理,详细、直观地认识并记录石制品刃缘使用痕迹的最初形成与发展动态。该次实验中,选定的 7 件标本全部采用加拿大安大略省本地 Onondaga 燧石制成,此种燧石质地均匀,偶带玻璃质感,贝壳状断口,偶尔产生小碎片,是剥片实验和微痕实验的良好选材[157]。其中有两件标本各有两个工作刃,全部用于单一"作用任务"[28]刮熟骨——即,工具的工作刃缘以较大角度(70°～90°)与被加工物体垂直相交进行单向的横向运动于干熟骨(一般硬性动物类物质 1H)(见图 3-11)。在标本可能使用的刃缘,实验者涂抹了粉色指甲油,在每阶段观察后用普通洗甲水清洗,以突出每阶段使用痕迹的产生,包括片疤和磨圆。

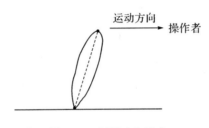

图 3-11　"刮"动作示意

　　为了详细记录并评估使用痕迹形成的过程和速率,实验设计多阶段操作程序。整个实验共分三个操作阶段,"阶段"是根据行为持续的不同时间段来定义的。至实验结束,每件工具使用时间累计 21 分钟。每一阶段实验包括涂刷指甲油、刮骨、清洗指甲油、清洗标本、微痕观察五个步骤。显微数码照片经过特别处理。首先将工作刃缘每阶段产生的使用痕迹部位分段拍摄,然后使用 Photoshop 照片管理软件将同一阶段、同一边缘的分段部位顺序拼接,最后将三个阶段、同一边缘的照片自上而下地拼接在一张图版内,相互对比。

　　7 件标本共计 9 处使用单位(EU)经过使用,工具的有效性和效率均正常。对9 个使用单位的片疤和磨圆的微痕观察表明(见表 3-2),单一使用任务所产生的使用痕迹具有相似性、一致性和规律性,偶有差别但不明显。

表 3-2　9 个使用单位的微痕观察结果(片疤与磨圆)

使用单位	标本序号	阶段	片疤破损				磨蚀痕迹		
			位置	尺寸	分布	终止	位置	磨圆	光泽
EU 1	201	S1	NC	L/M/S	R	F/H/S	E	LR	AP
		S2	NC	L/S	C/R	H/S/F	E/C	MR/LR	AP
		S3	NC	T	R	F	E/C	HR/MR	SP
EU 2	202	S1	NC	M/S/L	R	F/H	E/C	LR/LR	AP
		S2	NC	L/M/S	R	F/H	E/C	MR/MR	AP
		S3	—	—	—	—	E/C	HR/MR	SP
EU 3	204—1	S1	NC	L/M/S	R	F	E	LR	AP
		S2	NC	L/S	C/R	F/H/S	E/C	LR/LR	AP
		S3	NC	M	S	F	E/C	MR/MR	SP
EU 4	204—2	S1	NC	L/M/S	R/C	F/H	E	LR	AP
		S2	NC	L/S	R	F/H	E/C	LR/LR	DP
		S3	NC	S/L	R	F	E/C	MR/MR	PP
EU 5	206	S1	NC	L/M/S	R	F/H	E/C	MR/LR	DP
		S2	NC	L/S	D/R	F	E/C	MR/MR	PP
		S3	NC	T	S	F	E/C	MR/HR	SP
EU 6	208—1	S1	NC	M/S	D/R	F/S/H	E	LR	DP
		S2	NC	L/S	R	F/H	E/C	MR/MR	PP
		S3	NC	T	R	F/H	E/C	HR/MR	SP
EU 7	208—2	S1	NC	M/S/L	R/C	F/H	E	LR	AP
		S2	NC	S/L	R/S	H/F	E/C	MR/MR	PP
		S3	NC	L	S	F/S	E/C	HR/HR	SP

续表

使用单位	标本序号	阶段	片疤破损				磨蚀痕迹		
			位置	尺寸	分布	终止	位置	磨圆	光泽
EU 8	209	S1	NC	L/M/S	R	F/H	E	LR	AP
		S2	NC	L/M/S	R/C	F/H/S	E/C	MR/LR	DP
		S3	NC	T	S	F	E/C	MR/MR	PP
EU 9	210	S1	NC	S/L	R/S	F	E/C	LR/LR	AP
		S2	NC	S/L	R/C	F/H/S	E/C	MR/MR	PP
		S3	—	—	—	—	E/C	HR/HR	SP

　　多阶段实验的图像对比和数据统计表明,和其他动作相比,刮骨的确会在石制品边缘形成明显的片疤破损、磨圆以及光泽。使用痕迹的确随着使用时间长度的递增发生十分复杂的动态变化,这一变化轨迹在实验中清晰可辨(图版一、二)。使用痕迹的发展与使用时间之间并非简单的正函数关系,其规律性和可靠性比较明确:

　　第一,前两个阶段(S1,S2)的使用痕迹以微疤为主,磨蚀痕迹不太明显。其中,S1以羽翼状终止为多,卷边状终止较少,阶梯状偶尔出现;S2的卷边状和阶梯状终止明显增多。可以推测,片疤的破损并不是随使用时间的延长而递增,而是在一定时间段内(例如,0～9分钟)集中产生,过了某个时间点(第9分钟)便几乎停止生成。磨圆自S1就有所表现,光泽自S2才开始出现,两者均逐渐发展并加重,但不十分明显。

　　第二,后一个阶段以磨蚀痕迹为主,微疤几乎不再继续产生。刮骨所产生的磨圆和光泽较其他动作明显,特别是在S3时,磨圆与光泽基本发育,主要出现在侧刃。接触面也表现出少量磨蚀痕迹,但是没有侧刃的磨蚀程度高,几乎很少有光泽出现。由此可知,磨圆从工具使用初期便开始产生并逐渐增强,而光泽在最初的时间段里没有形成,直至某一时间点方开始出现,然后逐渐发展,最终形成较大范围的片状光泽。

第三，不同大小的微疤，终止形状的出现频率不同。实验结果显示，虽然各阶段都有可能产生大、中、小三种尺寸的使用片疤，但是它们的终止形态却存在很大差异。例如，S1 的大、中型片疤以羽翼状为多，而小型片疤则羽翼状、卷边状和阶梯状伴生；S2 的大型片疤开始出现个别卷边状，中型片疤开始出现个别阶梯状，小型片疤则羽翼状、卷边状和阶梯状伴生。根据片疤破裂机制，终止形状和片疤大小之间确实存在一定的关系。羽翼状的片疤，由于作用力延伸较远，片疤尺寸普遍比较大；卷边状和阶梯状片疤，作用力在中途发生弯曲，受到阻碍，片疤尺寸因此较小。

此外，对实验各阶段的刃缘角[①]、片疤侵入距离[②]、使用刃缘长度[③]的测量结果显示，几乎所有标本在 S1 和 S2 之后，其刃缘角呈现出增长趋势，一般增大 3°～5°；经过 S3 后，多数刃缘角保持 S2 时的水平，个别继续增大。刃缘角、片疤侵入距离和使用时间长短之间存在相应比例关系。刃缘角一定时，两者成正比关系；工作角一定时，两者也成正比关系。随着使用时间的增长，两者逐渐失去明显的对应关系（见表 3-3）。

[①] 此处测量的刃缘角，指直接作用于加工材料的使用边缘两表面之间的夹角。刃缘角的测量方法见仁见智，本实验的刃缘角是在距离石片腹面和背面交线 1mm 处测得的。

[②] 片疤侵入距离，是指一系列微疤在与刃缘垂直方向上、向石片内部延伸的纵深距离。微疤形成的时间、速率、形状以及破裂机制不等，片疤侵入可能呈现出单层或多层，侵入距离也因而不等。鉴于本次实验采用指甲油作为辅助，故片疤侵入距离测量的是每阶段指甲油剥落纵深，不考虑片疤分布层次；下一个阶段产生的片疤侵入距离，可能覆盖了上一阶段产生的片疤侵入距离，也可能在上一阶段片疤侵入距离范围之内。

[③] 使用刃缘长度，指因直接与加工材料接触摩擦并产生使用痕迹的刃缘部分，平行于边缘的长度。

表 3-3 刃缘角和侵入距离的测量结果

使用单位	标本序号	阶段	刃缘角	侵入距离平均值（μm）	侵入距离最小值（μm）	侵入距离最大值（μm）	标准偏差
EU 1	201	S1	30°	110.6	59.47	193.7	40.85
		S2	35°	110.16	30.58	331.33	73.76
		S3	35°	12.32	9.35	15.29	4.18
EU 2	202	S1	70°	79.87	27.24	173.31	53.59
		S2	77°	61.17	32.28	78.16	18.08
		S3	80°	10	6.52	15.25	2.43
EU 3	204—1	S1	40°	180.28	112.14	271.86	57.57
		S2	45°	131.34	20.39	181.81	54.39
		S3	45°	57.61	10.19	178.41	65.04
EU 4	204—2	S1	50°	163.34	40.78	261.66	75.69
		S2	55°	160	101.1	130.83	34.23
		S3	55°	49.03	10.19	232.78	76.76
EU 5	206	S1	40°	155.98	57.77	293.95	67.02
		S2	45°	136.78	25.49	246.37	76.49
		S3	45°	48.4	22.09	67.96	15.08
EU 6	208—1	S1	52°	95.32	11.89	183.51	54.03
		S2	55°	175.69	71.36	256	79.41
		S3	55°	15.87	11.89	25.54	3.87
EU 7	208—2	S1	60°	114.63	23.79	229.38	69.62
		S2	63°	117.42	68.05	166.51	36.25
		S3	63°	19.84	10.19	86.65	18.83

续表

使用单位	标本序号	阶段	刃缘角	侵入距离平均值(μm)	侵入距离最小值(μm)	侵入距离最大值(μm)	标准偏差
EU 8	209	S1	45°	102.54	64.57	132.53	18.41
		S2	50°	146.35	101.95	198.8	27.91
		S3	50°	12.32	10.19	15.29	1.77
EU 9	210	S1	70°	273.39	27.95	347.47	88.05
		S2	75°	289.53	207.29	361.92	51.71
		S3	75°	41.49	22.15	78.16	14.86

第四节　标本采样与数据处理

一、标本信息及来源

本书涉及的标本选自五个旧石器时代晚期典型遗址,包括山西南部的下川遗址[158]、柴寺(丁村77：01地点)遗址[159]、柿子滩遗址[160]、薛关遗址[161]和河北泥河湾盆地的虎头梁遗址[162]。

标本信息的来源有两个:一是直接信息,即笔者亲自重新考察并开展详细研究的标本,例如下川组合、柴寺(丁村77：01地点)组合以及柿子滩组合中的部分标本;二是间接信息,即从原报告或其他研究材料获得的文献信息,例如薛关组合与虎头梁组合。

下川标本选自20世纪70年代出土的上文化层细石器制品,共计1715件。部分标本经过重新观察和测量,具体分析请参见第四章。柴寺标本共计213件,1977年出土,王建、王益人等学者曾对其中一部分进行过详细分析,本文将借鉴其部分成果。柿子滩石制品标本选自柿子滩遗址群[163]的S1地点,该地点发掘于1980

年,细石器制品均出自上文化层,共计 1775 件,这部分标本信息由原报告间接获得。具体分析请参见第四章。

薛关标本和虎头梁标本均属间接讨论,信息皆引自其他学者的研究。

二、特征与变量

特征分析是一种重要的石器研究方法。"特征"(attribute)是器物上可观察或可测量的特点,可以是连续变量,也可以是单个变量[82]。一件石制品可以有许多特征,所以特征的选择应该符合研究者的分析目标[28]。"变量"(variable),从统计学借鉴而来,包含了特殊子集特征的特点,可以是任意的名词、序数、区间或比率[82]。变量及变量的选择体现了研究者的目标与概念,可以通过掌控性测量与分析实现作用。在具体分析中,两者常被等同起来。

有学者曾经通过剥片实验提出一系列有效的单个石片分析变量,包括重量、尺寸、石皮面的位置、石皮面覆盖量、台面大小、台面角、背面片疤数、台面片疤数、砸击痕迹等[164-166]。Odell 后来发展出 13 个典型特征:重量、打击台面宽、打击台面厚、唇状缘、台面修整情况、最大长、最大宽、1/4 宽、1/4 厚、打击泡、远端终止形状、中轴位置、背面片疤覆盖率、背面片疤数及石皮面。他通过实验证明,最大长度和最大宽度是区别石片石核剥片和两极石核剥片的最佳特征,中间宽度是表明两面器剥片阶段的有效指标[167]。石皮面、背面片疤数和台面特征被认为是分辨石核剥片从早到晚顺序的指标[168-169]。

关于二次加工,基于博尔德[46]和 Tixier[170]的早期工作,Inizan 等人[171]总结出 7 个常见的二次加工变量,值得借鉴。其中,加工类型、加工位置、加工形态被认为是较好的风格指标[172-173]。

本研究旨在对比相关的石制品组合,试图从中解读不同生态环境下的人类行为和文化适应的异同性。借鉴中外学者的经验,本研究选择以下观察、测量特征/变量,作为分析讨论的基础(见表 3-4、3-5)。

表 3-4 观察特征/变量及定义

整体特征

完整性:石制品完整或残缺,y＝完整;n＝不完整。

热处理:是否有加热处理的痕迹,y＝经过热处理,n＝未经热处理。

台面:台面的形态。pn＝素台面,l＝线台面,n＝自然台面,s＝单片疤台面,f＝多片疤台面,a＝缺失台面,pt＝点台面。

打击泡:有无打击泡。y＝有,n＝无。

终端形态:破裂远端的形态。f＝羽状,h＝卷边状,s＝阶梯状,b＝折断状。

中轴位置:纵向中轴的位置。C＝中,L＝左,R＝右。

石皮面:石皮面的有无、位置、覆盖量。y＝有石皮,n＝无石皮;$n\%$表示石皮面的覆盖量。

石锈:水冲或埋藏在石制品表面遗留的痕迹,颜色类似铁锈。y＝有石锈,n＝无石锈。

坯材:未经修理,但能够被预制、加工成定型工具的石片、石叶或断块。f＝石片,tf＝厚石片,bd＝石叶,bf＝两面器,bc＝细石核,bk＝石块,tb＝石板。

原料:石制品的石料类型。

质地:原料的整体优劣品质。f＝优,m＝中,p＝劣。

颗粒:构成原料的晶体颗粒的状况。f＝优,m＝中,p＝劣。

光泽:原料外表的光泽度。0＝无光泽,1＝轻微光泽,2＝中度光泽,3＝重度光泽。

透明度:原料的透明程度。0＝不透明,1＝略透明,2＝半透明,3＝透明。

加工特征

加工位置:二次加工部分在石制品上位置。依据"八分法"定位。

加工方向:二次加工的剥片方向。v＝正向,由腹面向背面剥片;d＝反向,由背面向腹面剥片;b＝两面,两面器打法;bi＝交替,正反向交替。

加工部位形状:即加工部分的轮廓。s＝直,cv＝凸弧,cc＝凹弧。

表 3-5　测量特征/变量及定义

最大长:石制品最长部位两端之间的距离。
最大宽:石制品最宽部位两端之间的距离。
最大厚:石制品最厚部位两端之间的距离。
1/4 宽:石制品距打击台面 1/4 处的最大宽度。
1/4 厚:石制品距打击台面 1/4 处的最大厚度。
1/2 宽:石制品中间部位的最大宽度。
1/2 厚:石制品中间部位的最大厚度。
3/4 宽:石制品距打击台面 3/4 处的最大宽度。
3/4 厚:石制品距打击台面 3/4 处的最大厚度。
台面长:台面最长部位两端之间的距离。
台面宽:台面最宽部位两端之间的距离。
最大厚的位置:自台面向远端将石制品分为四个部分,最大厚度所处的部位。SR1=1/4 处,SR2=2/4 处, SR3=3/4 处,SR4=4/4 处。
最大宽的位置:自台面向远端将石制品分为四个部分,最大宽度所处的部位。
台面位置:自台面向远端将石制品分为四个部分,台面所处的部位。
加工长度:二次加工部位的长度。
侵入度:二次修理片疤越过剥片边缘,延伸至内部的距离。

三、数据收集与处理

标本的数量和取样策略,将直接影响分析和讨论的结果。如何取样,取哪些样,取决于研究者的目标和方法。概率学的取样方法一般分为简单随机采样、分层采样和系统采样三种。

简单随机采样,指从含有 N 个个体的总体中逐个、单次抽取 n 个个体作为样本($n \leqslant N$),每个个体被抽取的机会相等;适用于个体数量适中的标本群。沈辰(2001)在研究加拿大安大略省南部 Princess Point Complex 的石器工业时,采取了随机采样法,选择了全部的定型工具和石核以及部分石片[28]。

分层采样,指将总体分成互不交叉的层次,按照一定的比例,从各层次中独立抽取一定数量的个体,然后合并作为样本;适用于内部个体有明显差异的标本群。Yerkes 在研究伊利诺伊州的 Labras Lake 遗址时,为了解各时期遗址的功能,采用了分层采样法。他按照石制品的出土单元选取一定比例的研究标本:从古代期晚期(Late Archaic)单元中抽取 376 件,从伍德兰晚期(Late Woodland)单元中抽取 100 件,从密西西比期(Mississippian)单元中抽取 533 件,然后合并,共计 1009 件[104]。

系统采样,指将总体分成均衡的几个部分,按照预先设定的规则,从每一部分抽取一个个体,然后合并作为样本;适用于个体数较多的标本群。

本研究旨在通过对比各石制品组合来讨论华北地区旧石器时代晚期的工艺水平和文化适应,因此采用分层采样方法,分别从五个石制品组合中选择不同数量的标本(见表 3-6)。由于考古标本自身的特殊性,采样受到标本可获性的限制。

表 3-6 研究标本的采样

组合名称	标本(考察)	标本(微痕)	出土地点	年代测定	来源性质
下川组合	1,715	19	下川盆地	36,000—13,000BP	直接+间接
柴寺组合	213	74	丁村柴寺村	26,450±800B.C	直接+间接
柿子滩组合	1,784	0	S1 地点	—	间接
薛关组合	4,777	0	蒲县薛关	13,550±150BP	间接
虎头梁组合	5,123	254	泥河湾盆地	14,000—10,000BP	间接

Mauldin & Amick 和 Tomka 提出"两两特征分析"(paired attribute analysis),交叉对比成对的变量,来考察两个相关变量之间的关系[167][174]。例如,台面片疤 VS 打击泡形状,石片尺寸 VS 背面片疤数量,运动方式 VS 加工材料,器物类型 VS 运动方式。相对单个变量分析而言,这种方法对于行为推测特别有效。

对于所获数据,运用 Excel 软件进行求和、求差、筛选、公式函数等多项数理统计,并借助其图表功能绘制频率散点图、数量曲线图及对比柱状图。具体运用散见于第四至七章。

注释

［1］ Howell，C.（1994）. Forward. In：Debenath，A. & Dibble，H. *Handbook of Paleolithic Typology*. Philadelphia：University of Pennsylvania. pp. vii—viii.

［2］ Jelinek，A.（1991）. Observation on reduction patterns and raw materials in some Middle Paleolithic industries in the Perlgord. In：Montet-White，A. & Holen，S. *Raw Material Economies among Prehistoric Hunter-Gatherers*. Lawrence：University of Kansas. pp. 7—31.

［3］ 陈淳:《"操作链"与旧石器研究范例的变革》,载邓涛、王原主编:《第八届中国古脊椎动物学学术年会论文集》,海洋出版社 2001 年版。

［4］ Darvill，T.（2002）. *The Concise Oxford Dictionary of Archaeology*. New York：Oxford University Press Inc. p. 78.

［5］ Sellers，G.（1885）. Observations on stone-chipping. *Annual Report of the Smithsonian Institution*，Part 1，pp. 871—891.

［6］ Brezillon，M.（1968）. *La denomination des objets de pierre taillee. Materiaux pour un vocabulaire des prehistoriens de langue francaise*. Paris：Editions du CNRS.

［7］ Tixier，J.（1978）. *Methode pour l'etude des outillages lithiques*. Paris：Universite Paris 10-Nanterre.

［8］ Balfet，H.（1991）. *Observer l'action technique-Des chaines operatoires，pour quoi faire?* Paris:Editions du CNRS.

［9］ Leroi-Gourhan，A.（1964）. *Le geste et la Parole I：Technique et language*. Paris:Editions Albin Michel.（Translated by Boerger，A.（1993）. Gesture and Speech. Cambridge：MIT Press.）

［10］ Perles，C.（1987）. *Les industries lithiques taillees de Franchthi，Argolide：*

Presentation generale et industries Paleolithiques. Terre Haute: Indiana University Press. P. 23.

[11] Sellet, F. (1993). *Chaine operatoire*: the concept and its applications. *Lithic Technology*, 18, pp. 106－112.

[12] De Bie, M. (1998). Late Paleolithic tool production strategies: Technological evidence from Rekem (Belginm). In: Milliken, S. & Peresani, M. *Lithic Technology: From Raw Material Procurement to Tool Production*. Forli: M. A. C. srl. pp. 91－96.

[13] Bar-Yosef, O. & Vandermeersch, B. , Arensburg, B. , Belfer-Cohen, A. , Goldberg, P. , Laville, H. , Meignen, L. , Rak, Y. , Speth, J. D. , Tchernov, E. , Tillier, A-M. & Weiner, S. (1992). The excavations at Kebara Cave, Mt. *Carmel. Current Anthropology*, 33(5), pp. 497－550.

[14] Geneste, J-M. & Maury, S. (1997). Contributions of multidisciplinary experimentation to the study of Upper Paleolithic projectile points. In: Knecht, H. *Projectile Technology*. New York and London: Plenum Press. pp. 165－189.

[15] Rahmani, N. (2007). From mitred cores to broken microlithes: in search of specialization during the Capsian. *Lithic Technology*, 32(1), pp. 79－97.

[16] Hahn, J. (1991). *Erkennen und Bestimmen von Stein-und Knchenartefakten: Einfuhrung in die Artefaktmorphologie*. Tubingen: Archaeologica Venatoria 10.

[17] Turq, A. (1992). Raw material and technological studies of the Quina Mousterian in Perigord. In: Dibble, H. & Mellars, P. *The Middle Paleolithic: Adaptation, Behavior, and Variability*. Philadelphia: University of Pennsylvania. pp. 75－87.

[18] Milliken, S., La Rosa, M. & Peretto, C. (1998). An experimental approach to the reconstruction of the "chaine operatoires" in a Lower Paleolithic pebble industry from West-central Italy. In: Milliken, S. & Peresani, M. *Lithic Technology: From Raw Material Procurement to Tool Production*. Forli: M. A. C. srl. pp. 23—31.

[19] Fontana, F. & Nenzioni, G. (1998). The pebble industry from Bel Poggio (Bologna, Italy): reconstruction of the techniques and "chaine operatoires" by means of experimentation. In: Milliken, S. & Peresani, M. *Lithic Technology: From Raw Material Procurement to Tool Production*. Forli: M. A. C. srl. pp. 31—36.

[20] Kempcke-Richter, C. (1998). Sequences of blade production from the Late Paleolithic open-air site of Jerxen-Orbke (Stadt Detmold). In: Milliken, S. & Peresani, M. *Lithic Technology: From Raw Material Procurement to Tool Production*. Forli: M. A. C. srl. pp. 97—102.

[21] Desrosiers, P. (2007). Paleoeskimo lithic technology: constraints and adaptation. *Lithic Technology*, 32(1), pp. 17—38.

[22] 陈淳、沈辰、陈万勇、汤英俊:《小长梁石工业研究》,《人类学学报》2002年第1期。

[23] Pelegrin, J., Karlin, C. & Bodu, P. (1988). Chaines operatoires: un outil pour le prehistorien. In: Tixier J. *Technologie prehistorique*. Paris: Editions du CNRS. p. 153.

[24] Schlanger, N. (1994). Mindful technology: Unleasing the chaine operatoire for an archaeology of mind. In: Renfrew, C. & Zubrow, E. *The Ancient Mind, Elements of Cognitive Archaeology*. Cambridge: Cambridge University Press. Cambridge: Cambridge University Press. pp. 143—151.

[25] Sackett, J. (1991). Straight archaeology French style: The phylogenetic paradigm in historical perspective. In: Clark, G. *Perspectives on the Past: Theoretical Biases in Mediterranean Hunter-Gatherer Research*. Philadelphia: University of Pennsylvania Press. pp. 109—139.

[26] Collins, M. (1974). *A Functional Analysis of Lithic Technology among Prehistoric Hunter-Gatherers of Southwestern France and Western Texas*. Arizona: University of Arizona. p. 3.

[27] Geneste, J-M. (1988). Les industries de la Grotte Vaufrey: tchnologie du debitage, economie et circulation de la Matiere Premiere. In: Rigaud, J. *La Grotto Vaufrey: Paleoenvironnement, chronologie, activites humaines*. Paris: Societe Prehistorique Francaise. pp. 441—518.

[28] Shen, C. (2001). *The lithic production system of the Princess Point Complex during the transition to agriculture in Southwestern Ontario, Canada*. Oxford: BAR International Series 991.

[29] Renfrew, C. (1994). Towards a cognitive archaeology. In: Renfrew, C. & Zubrow, E. *The Ancient Mind, Elements of Cognitive Archaeology*. Cambridge: Cambridge University Press. Cambridge: Cambridge University Press. pp. 3—12.

[30] Deetz, J. (1967). *Invitation to archaeology*. New York: National History Press.

[31] Fodor, J. (1983). *The modularity of mind*. Cambridge: MIT Press.

[32] Bleed, P. (2001). Trees or chains, links or branches: Conceptual alternatives for considerations of stone tool production and other sequential activities. *Journal of Archaeological Method and Theory*, 8(1), pp. 101—127.

[33] Schiffer, M. (1972). Behavioral chain analysis: Activities, organization, and

the use of space. *Field Anthropology*，65，pp. 103－119.

[34] Schiffer，M. (1976). *Behavior Archaeology*. New York：Academic Press. p. 49.

[35] 陈虹、沈辰:《石器研究中"操作链"的概念、内涵及应用》,《人类学学报》2009 年第 2 期。

[36] Binford，L. (1979). Organization and formation processes：Looking at curated technologies. *Journal of Anthropological Research*，35，pp. 255－273.

[37] 李英华、侯亚梅、Bodin，E.:《法国旧石器技术研究概述》,《人类学学报》2008 年第 1 期。

[38] 陈淳:《谈旧石器类型学》,《人类学学报》1994 年第 4 期。

[39] 陈淳:《再谈旧石器类型学》,《人类学学报》1997 年第 1 期。

[40] Whittaker，J. C. (1994). *Flintknapping*：*Making and Understanding Stone Tools*. Austin：University of Texas Press.

[41] Chang，K. C. (1967). *Rethinking Archaeology*. New York：Random House.

[42] Whallon，R. & Brown，J. A. (1982). *Essays on Archaeological Typology*. Evanston：Center for American Archaeology Pres.

[43] Klejn，L. S. (1982). *Archaeological Typology*. Oxford：BAR International Series 153.

[44] Dunnell，R. C. (1986). Methodological issues in Americanist artifact classification. In：Schiffer，M. B. *Advances in Archaeological Method and Theory Vol.* 9. New York：Academic Press. pp. 149－207.

[45] Sackett，J. R. (1981). From de Mortillet to Bordes：a century of French Paleolithic research. In：Daniel，G. *Toward a History of Archaeology*. London：Thames and Hudson. pp. 85－99.

[46] Bordes，F. (1961). *Typologie du Paleolithique ancient et Moyen. 2 vols.*

Bordeaux Delmas：Memoires de I'stitut Prehistoriques de I'Universite de Bordeaus 1.

[47] Dibble，H. L. (1987). The interpretation of Middle Paleolithic scraper morphology. *American Antiquity*, 52, pp. 109－117.

[48] Sackett，J. R. (1989). Statistics, attributes, and the dynamics of burin typology. In：Henry，D. O. & Odell，G. H. *Alternative Approaches to Lithic Analysis*. USA：American Anthropological Association. pp. 51－82.

[49] Debenath，A. & Dibble，H. L. (1994). *Handbook of Paleolithic Typology*. Philadelphia：University Museum, University of Pennsylvania.

[50] 陈淳:《旧石器类型学的理论与实践》,载《庆祝贾兰坡院士九十华诞国际学术讨论会论文集》,科学出版社 1999 年版。

[51] 卫奇:《西侯度石制品之浅见》,《人类学学报》2000 年第 2 期。

[52] Storck，P. (1974). Two probable shield Archaic sites in Killarney Provincial Park，*Ontario. Ontario Archaeology*, 21, pp. 3－36.

[53] Read，D. & Russell，G. (1996). A method for taxonomic typology construction and an example：Utilized flakes. *American Antiquity*, 61, pp. 663－684.

[54] Shen，C. (1999). Were 'Utilized Flakes' utilized? An issue of lithic classification in Ontario archaeology. *Ontario Archaeology*, 68, pp. 63－73.

[55] 高星、沈辰:《石器微痕分析的考古学实验研究》,科学出版社 2008 年版。

[56] Hayashi，K. (1968). The Fukui microblade technology and its relationship with Northeast Asia and North America. *Arctic Anthropology*, 5(1), pp. 128－190.

[57] 沈辰:《山东旧石器晚期石器工业传统的多样性和复杂性——类型学分析》,《东方考古第 1 集》,科学出版社 2004 年版。

[58] Binford，L. R. (1973). Interassemblage variability- the Mousterian and the

"functional" argument. In: Renfrew, C. *The Explanation of Culture Change*. Pittsburgh: University of Pittsburgh Press. pp. 227－254.

[59] Ritscher, H. H. (1998). *Spatial Analysis of Artifacts from the Red Wing Site, an Early Paleo-Indian Chert Procurement Site in Southern Ontario*. Toronto: Department of Anthropology, University of Toronto.

[60] Schild, R. (1969). Proba ustalenis listy form zwiazanych z procesem przygotowania oblupni i rdzeniowanien w cyklu mazowszanskim. In: Ⅲ *Sympozium paleolityczne*, z. 2. Krakow: Dyskusja. pp. 3－15.

[61] 盖培:《阳原石核的动态类型学研究及其工艺思想分析》,《人类学学报》1984年第 3 期。

[62] Adams, W. & Adams, E. (1991). *Archaeological Typology and Practical Reality: A Dialectical Approach to Artifact Classification and Sorting*. Cambridge: Cambridge University Press.

[63] Morlan, R. E. (1970). Wedge-shaped core technology in North America. *Arctic Anthropology*, 2(2), pp. 17－19.

[64] Chen, C. (2007). Techno-typological comparison of microblade cores from East Asia and North America. In: Kuzmin, Y. , Keates, S. & Shen, C. *Origin and Spread of Microblade Technology in Northern Asia and North America*. Vancouver: Archaeology Press, Department of Archaeology, Simon Fraser University. pp. 7－38.

[65] Kato, S. & Tsurumaru, T. (1994). *Sekki Nyumon Jiten (An Introductory Dictionary of Stone Tools)*. Tokyo: Kashiwa Shobo.

[66] 朱之勇:《虎头梁遗址楔型细石核研究》,《人类学学报》2006 年第 2 期。

[67] 梅惠杰:《楔形石核系统分类的相关认识》,载北京大学考古文博学院编:《考古学研究(七)》,科学出版社 2008 年版。

［68］Jelinek，A. J.（1979）. Comments on Paleolithic culture and culture change：experiment in theory and method. *Current Anthropology*，20，pp. 13－15.

［69］Callahan，E.（1979）. The basics of biface knapping in the Eastern Fluted Point Tradition：A manual for flintknappers and lithic analysis. *Archaeology of Eastern North America*，7(1)，pp. 1－180.

［70］Frison，G. C.（1968）. A functional analysis of certain chipped stone tools. *American Antiquity*，33，pp. 149－155.

［71］Jelinek，A. J.（1976）. Form，function，and style in lithic analysis. In：Cleland，C. E. *Cultural Change and Continuity*. New York：Academic Press. pp. 19－24.

［72］Flenniken，J. J.（1984）. The past，present，and future of flint-knapping：an anthropological perspective. Annual Review of Anthropology，13，pp. 187－203.

［73］陈淳:《谈旧石器精致加工》,《人类学学报》1997 年第 4 期。

［74］Shott，M.（1989）. On tool-class lives and the formation of archaeological assemblages. *American Antiquity*，54(1)，pp. 9－30.

［75］王幼平:《石器研究:旧石器时代考古方法初探》,北京大学出版社 2006 年版。

［76］Semenov，S. A.（translated by Thompson，M. W.）.（1964）. *Prehistoric Technology：An Experimental Study of the Oldest Tools and Artifacts from Traces of Manufacture and Wear*. London：Cory，Adams & Mackay.

［77］沈辰、陈淳:《微痕研究(低倍法)的探索与实践——兼谈小长梁遗址石制品的微痕观察》,《考古》2001 年第 7 期。

［78］王小庆:《石器使用痕迹显微观察的研究》,文物出版社 2008 年版。

［79］Richards，T.（1984）. Searching high and low：A review and comparison of microwear analysis. *Western Canadian Anthropologist*，1，pp. 18－25.

［80］Yerkes，R. & Kardulias，P.（1993）. Recent developments in the analysis of lithic artifacts. *Journal of Archaeological Research*, 1, pp. 89—119.

[81] Odell, G. H. (2001). Stone tool research at the end of the Millennium: Classification, function, and behavior. *Journal of Archaeological Research*, 9(1), pp. 45—99.

[82] Odell, G. H. (2004). *Lithic Analysis*. New York: Kluwer Academic/Plenum Publishers.

[83] Greenwell, W. (1865). Notices of the examination of ancient grave-hills in the North Riding of Yorkshire. *Archaeological Journal*, 22, pp. 95—105.

[84] Evans, J. (1872). *The Ancient Stone Implements, Weapons and Ornaments of Great Britain*. London: Longmans, Green, Reader and Dyer.

[85] Barnes, A. S. (1932). Modes of prehension of some forms of Upper Paleolithic implements. *Proceedings of the Prehistoric Society of East Anglia*, 7, pp. 43—56.

[86] Spurrell, F. C. J. (1892). Notes on early sickles. *Archaeological Journal*, 49, pp. 53—59.

[87] Curwen, E. C. (1930). Prehistoric flint sickles. Antiquity, 9, pp. 62—66.

[88] Curwen, E. C. (1935). Agriculture and the flint sickle in Palestine. *Antiquity*, 9, pp. 62—66.

[89] McBurney, C. B. (1968). The cave of Ali Tappeh and the Epi-Palaeolithic in N. E. Iran. *Proceedings of the Prehistoric Society*, 34.

[90] Shafer, H. J. (1970). Notes on uniface retouch technology. *American Antiquity*, 35.

[91] Kantman, S. (1971). *Essai sur Problleme de la Retouche Dutilisation Dans Letude du Materiau Lithique*. Bulletin de la Societe Prehistorique Francaise, 68.

[92] Gould, R. A. , Koster, D. A. & Sontz, A. H. L. (1971). The lithic assemblage of the Western Desert Aborigines of Australia. *American Antiquity*, 36(2), pp. 149—169.

[93] Tringham, R. , Cooper, G. , Odell, G. , Voytek, B. & Whitman, A. (1974). Experimentation in the formation of edge damage: A new approach to lithic analysis. *Journal of Field Archaeology*, 1, pp. 171—196.

[94] Keeley, L. H. (1974). Technique and methodology in microwear studies: A critical review. *World Archaeology*, 5, pp. 323—326.

[95] Odell, G. H. (1975). Micro-wear in perspective: A sympathetic response to Lawrence H. Keeley. *World Archaeology*, 7, pp. 226—240.

[96] Odell, G. H. (1977). *The Application of Micro-wear Analysis to the Lithic Component of an Entire Prehistoric Settlement: Methods, Problems and Functional Reconstructions.* Unpublished PhD. Ann Arbor: Dissertation, Department of Anthropology, Harvard University. University Microfilms.

[97] Keeley, L. H. (1980). *Experimental Determination of Stone Tool Uses.* Chicago: The University of Chicago Press.

[98] Kamminga, J. (1982). *Over the Edge: Functional Analysis of Australian Stone Tools.* Anthropology Museum, University of Queensland, Occasional Papers in Anthropology No. 12.

[99] Keeley, L. & Newcomer, M. (1977). Microwear analysis of experimental flint tools: A test case. *Journal of Archaeological Science*, 4, pp. 29—62.

[100] Hayden, B. (1979). *Lithic Use-Wear Analysis.* New York: Academic Press.

[101] Odell, G. H. (1980). Toward a more behavioral approach to archaeological lithic concentrations. *American Antiquity*, 45, pp. 404—431.

[102] Odell, G. H. (1981). The morphological express at function junction: Searching for meaning in lithic tool types. *Journal of Anthropological Research*, 37, pp. 319—342.

[103] Lewenstein, S. M. (1987). *Stone Tool Use at Cerros: The Ethnoarchaeological and Use-wear Evidence*. Austin: The University of Texas Press.

[104] Yerkes, R. W. (1987). *Prehistoric life on the Mississippi floodplain: Stone tool use, settlement organization, and subsistence practices at the Labras Lake Illinois*. Prehistoric Archaeology and Ecology Serie. Chicago: The University of Chicago Press.

[105] 阿子岛香:《石器の使用痕》,ニュサーィェンス社1989年版。

[106] Odell, G. H. (1994). Prehistoric hafting and mobility in the North America midcontinent: Examples from Illinois. *Journal of Anthropological Archaeology*, 13, PP. 51—73.

[107] Lohse, E. S. (1996). A computerized descriptive system for functional analysis of stone tools. *Tebiwa*, 26, PP. 3—66.

[108] Hurcombe, L. (1992). *Use Wear Analysis and Obsidian: Theory, Experiments and Results*. Sheffield Archaeological Monographs 4. J. R. Collins Publications.

[109] Hurcombe, L. (1997). The contribution of obsidian use-wear analysis to understanding the formation and alteration of wear. In: Ramos-Millan, A. & Bustillo, M. A. *Siliceous Rocks and Culture*. pp. 487—497. Spain: Editorial Universided de Granada.

[110] Kimball, L., Kimball, J. & Allen, P. (1995). Microwear polishes as viewed through the atomic force microscope. *Lithic Technology*, 20, pp. 6—28.

[111] Anderson, P., Astruc, L., Vargiolu, R. & Zahouani, H. (1998). Contri-

bution of quantitative analysis of surface to a multi-method approach for characterizing plant-processing traces on flint tools with gloss. In: *Functional Analysis of Lithic Artefacts : Current State of the Research , XIII International Congress of Prehistoric and Protohistoric Sciences , Workshops ,* vol. Tome II. Forli: ABACO Edizioni. pp. 1151—1160.

[112] Grace, R. (1990). The limitations and applications of use-wear analysis. In: Graslund, B. *et al. The Interpretative Possibilities of Microwear Studies.* Uppsala: Societas Archaeologica Upsaliensis, AUN 14. pp. 9—14.

[113] Schick, K. D. & Toth, N. (1993). *Making Silent Stone Speak : Human Evolution and the Dawn of Technology.* New York: Simon and Schuster.

[114] Kazaryan, H. (1993). Butchery knives in the Mousterian sites of America. In: Anderson. P, *et al. Traces et function: Les gestes retrouv'es ,* ERAUL. pp. 79—85. Li'ege.

[115] Tomenchuk, J. & Storck, P. L. (1997). Two newly recognized paleoindian tool types: Single-and double-scribe compass gravers and coring gravers. *American Antiquity ,* 62(3), pp. 508—522.

[116] Bradbury, A. P. (1998). The examination of lithic artifacts from an Early Archaic assemblage: Strengthening inferences through multiple lines of evidence. *Midcontinental Journal of Archaeology ,* 23, pp. 263—288.

[117] Stemp, W. J. & Stemp, M. (2001). UBM Laser profilometry and lithic use-wear analysis: A variable length scale investigation of surface topography. *Journal of Archaeological Science ,* 28(1), pp. 81—88.

[118] Gonzalez-Urquijo, J. E. & Ibanez-Estevez, J. J. (2003). The quantification of use-wear polish using image analysis, first results. *Journal of Archaeological Science ,* 30(4), pp. 481—489.

[119] Anderson，P.，Georges，J.，Vargiolu，R. & Zahouani，H.（2006）. Insights from a tribological analysis of the tribulum. *Journal of Archaeological Science*，33(11)，pp. 1559—1568.

[120] Lerner，H.，Du，X.，Costopoulos，A. & Ostoja-Starzewski，M.（2007）. Lithic raw material physical properties and use-wear accrual. *Journal of Archaeological Science*，34(5)，pp. 711—722.

[121] Dubreuil，L.（2004）. Long-term trends in Natufian subsistence：A use-wear analysis of ground stone tools. *Journal of Archaeological Science*，31(11)，pp. 1613—1639.

[122]（苏）D. 戈尔耶夫:《史前时代技术的研究》,《考古》1959 年第 1 期。

[123] 童恩正:《石器的微痕研究》,《史前研究》1983 年第 2 期。

[124] 张森水:述评《石器使用的试验鉴定——微痕损分析》一书,《人类学学报》1986 年第 4 期。

[125] 侯亚梅:《石制品微磨痕分析的实验研究》,《人类学学报》1992 年第 3 期。

[126] 王幼平:《雕刻器实验研究》,载《考古学研究》,文物出版社 1992 年版。

[127] 李卫东:《燧石尖状器实验研究》,载《考古学研究》,文物出版社 1992 年版。

[128] 夏竟峰:《燧石刮削器的微痕观察》,《中国历史博物馆馆刊》1995 年第 1 期。

[129] 侯亚梅:《考古标本微磨痕初步研究》,《人类学学报》1992 年第 4 期。

[130] 黄蕴平:《沂源上崖洞石制品的研究》,《人类学学报》1994 年第 1 期。

[131] 顾玉才:《海城仙人洞出土钻器的实验研》,《人类学学报》1995 年第 3 期。

[132] Huang. Y. & Knutsson, K.（1995）. Functional analysis of Middle and Upper Paleolithic quartz tools from China. *Tor*，27，pp. 7—46.

[133] 陈淳:《旧石器时代考古学的昨天与今天》,《第四纪研究》1999 年第 2 期。

[134] 张森水:《近 20 年来中国旧石器考古学的进展与思考》,《第四纪研究》2002 年第 1 期。

[135] 高星、沈辰:《石器微痕分析在中国考古学中的应用与发展前景》,载高星、沈辰主编:《石器微痕分析的考古学实验研究》,科学出版社 2008 年版。

[136] Shen, C. & Wei, Q. (2004). Lithic technological variability of the Middle Pleistocene at the eastern end of the Nihewan Basin, Northern China. *Asia Perspectives*, 43(2), pp. 281−301.

[137] 王小庆:《石器使用痕迹显微观察(高倍法)的研究》,《中国文物报》2002 年 2 月 1 日。

[138] 王小庆:《石器使用痕迹显微观察的研究》,载中国社会科学院考古研究所编:《21 世纪中国考古学与世界考古学》,中国社会科学出版社 2002 年版。

[139] 王小庆:《赵宝沟文化细石叶的微痕研究——兼论赵宝沟文化的生业形态》,载邓聪、陈星灿编:《桃李成蹊集——庆祝安志敏先生八十寿辰》,香港中文大学中国考古艺术中心 2004 年版。

[140] 王小庆:《兴隆洼与赵宝沟遗址出土细石叶的微痕研究——兼论兴隆洼文化和赵宝沟文化的生业形态》,《西部考古(第一辑)》,三秦出版社 2006 年版。

[141] 王小庆:《赵宝沟遗址出土石器的微痕研究——兼论赵宝沟文化的生业形态》,《考古学集刊 16》,科学出版社 2006 年版。

[142] 陈福友:《中国科学院古脊椎动物与古人类研究所举办"石器微痕分析培训研讨班"》,《人类学学报》2004 年第 3 期。

[143] 高星、裴树文:《中国古人类石器技术与生存模式的考古学阐释》,《第四纪研究》2006 年第 4 期。

[144] Knudson, R. (1973). *Organizational Variability in Lake Paleo-Indian Assemblages*. p.17. Washington. D. C. : Seattle.

[145] Knudson, R. (1979). Inference and imposition in lithic analysis. In: Hayden, B. *Lithic Use-wear Analysis*. London: Academic Press. pp. 269−281.

[146] Odell, G. H. (1979). A new improved system for the retrieval of functional in-

formation from microscopic observations of chipped stone tools. In: Hayden, B. *Lithic Use-wear Analysis*. London: Academic Press. pp. 329—344.

[147] 陈虹、陈淳:《微痕分析中的使用单位与使用部位》,《中国文物报》2009 年第 7 期。

[148] Odell, G. H. (1996). *Stone Tools and Mobility in the Illinois Valley: From Hunter-Gatherer Camps to Agricultural Villages*. Michigan: International Monographs in Prehistory.

[149] Ho Ho Committee. The Ho Ho classification and nomenclature committee report. In: Hayden, B. *Lithic Use-wear Analysis*. London: Academic Press. pp. 133—135.

[150] Keeley, L. H. (1982). Hafting and retooling: Effects on the archaeological record. *American Antiquity*, 47(4), pp. 798—809.

[151] Gijn, A. L. (1990). Functional differentiation of Late Neolithic settlements in the Dutch coastal area. In: Graslund, B. *The Interpretative Possibilities of Microwear Studies, Proceeding of the International Conference of Use-wear Analysis*, 15th—17th *February* 1989 *in Uppsala, Sweden*. AUN, 14, pp. 77—87.

[152] Sobolik, K. D. (1996). Lithic organic residue analysis: An example from the Southwestern Archaic. *Journal of Field Archaeology*, 23, pp. 461—469.

[153] Rots, V. (2002). *Hafting Traces on Flint Tools: Possibilities and Limitations of Macro-and Microscopic Approaches*. Unpublished PhD Thesis. Belgium: Katholieke Universiteit Leuven.

[154] Rots, V. (2004). Prehensile wear on flint tools. *Lithic Technology*, 29(1), pp. 7—32.

[155] 赵静芳、宋艳花、陈虹、朱之勇:《石器捆绑实验与微痕分析报告》,载高星、沈辰主编:《石器微痕分析的考古学实验研究》,科学出版社 2008 年版。

[156] 张晓凌:《石器功能与人类适应行为:虎头梁遗址石制品微痕分析》,中国科学院古脊椎动物与古人类研究所博士学位论文,2009 年。

[157] Fox,W. A. (1978). *Southern Ontario chert sources*. Paper presented at the Canadian Archaeological Association Meeting,Quebec City.

[158] 王建、王向前、陈哲英:《下川文化——山西下川遗址调查报告》,《考古学报》1978 年第 3 期。

[159] 王建、陶富海、王益人:《丁村旧石器时代遗址群调查发掘简报》,《文物季刊》1994 年第 3 期。

[160] 山西省临汾行署文化局:《山西吉县柿子滩中石器文化遗址》,《考古学报》1989 年第 3 期。

[161] 王向前、丁建平、陶富海:《山西蒲县薛关细石器》,《人类学学报》1983 年第 2 期。

[162] 盖培、卫奇:《虎头梁旧石器时代晚期遗址的发现》,《古脊椎动物与古人类》1997 年第 4 期。

[163] 石金鸣、宋艳花、阎雅枚:《吉县柿子滩旧石器遗址群考古取得新进展》,《中国文物报》2002 年 4 月 12 日。

[164] Magne,M. P. R. (1989). Lithic reduction stages and assemblage formation processes. In:Amick,D. & Mauldin,R. *Experiment in Lithic Technology*. Oxford:BAR International Series 528. pp. 15−32.

[165] Shott,M. (1994). Size and form in the analysis of flake debris:Review and recent approaches. *Journal of Archaeological Method and Theory*,1,pp. 69−110.

[166] Amick,D. S.,Mauldin,R. P. & Binford,L. R. (1989). The potential of

experiments in lithic technology. In: Amick, D. &. Mauldin, R. *Experiment in Lithic Technology*. Oxford: BAR International Series 528. pp. 1—14.

[167]Odell, G. H. (1989). Experiments in lithic reduction. In: Amick, D. &. Mauldin, R. *Experiment in Lithic Technology*. Oxford: BAR International Series 528. pp. 163—198.

[168] Mauldin, R. &. Amick, D. (1989.)Investigating patterning in debitage from experimental bifacial core reduction. In: Amick, D. &. Mauldin, R. *Experiment in Lithic Technology*. Oxford: BAR International Series 528. pp. 67—88.

[169] Magne, M. R. S. (1985). *Lithics and Livelihood: Stone Tool Technologies of Central and Southern Interior British Columbia*. Archaeological Survey of Canada Paper No. 133. Ottawa: National Museum of Man.

[170] Tixier, J. (1974). Glossary for the description of stone tools, with special reference to the Epipaleolithic to Maghreb. *News-letter of Lithic Technology*, Special Publication 1.

[171] Inizan, M., Roche, H. &. Tixier, J. (1992). *Technology of Knapped Stone*. Meudon: Publie avec le Concours du Centre National de la Recherche Scientifique.

[172] Henry, D. O. (1973). *The Natufian of Palestine: Its Material Culture and Ecology*. Unpublished PhD dissertation. Southern Methodist University: Department of Anthropology.

[173] Close, A. E. (1989). Identifying style in stone artifacts: A case study from the Nile Valley. In: Henry, D. O. &. Odell, G. H. *Alternative Approaches to Lithic Analysis*. Archaeological Papers of the American Anthropo-

logical Association No. 1. pp. 3—26.

[174] Tomka，S. A. (1989). Differentiating lithic reduction techniques：An experimental approach. In：Amick，D. & Mauldin，R. *Experiment in Lithic Technology*. Oxford：BAR International Series 528. pp. 137—162.

第四章

下川石制品分析

下川文化是华北地区细石器文化的典型代表,处于旧石器时代晚期[1],表现出高度的独特性,对于研究旧-新石器时代过渡和转变具有重要的意义和价值。本章将对 1970 年代出土的下川石制品组合展开类型学和微痕分析,重点讨论细石叶产品的技术工艺和功能用途,并结合生态环境,探究下川石制品组合表现出的文化适应性。

第一节　研究背景

一、发现与发掘

下川遗址(112°02′E,35°27′N),位于山西南部中条山东端,地跨垣曲、沁水、阳城三县,石器地点密集,遗物丰富(见图 4-1)。其中沁水县下川地区石器遗存丰富,地层保存较好。碳-14 测年数据显示,下川遗址的绝对年代为 36,200～13,900 BP[2-3]。

下川遗址开展的考古学工作如下:

1970 年,垣曲县文化馆吕辑书最早在下川采集到石器材料。

1972 年秋,山西省文物考古工作者在下川开展第一次田野调查,找到了含石器的原生地层。

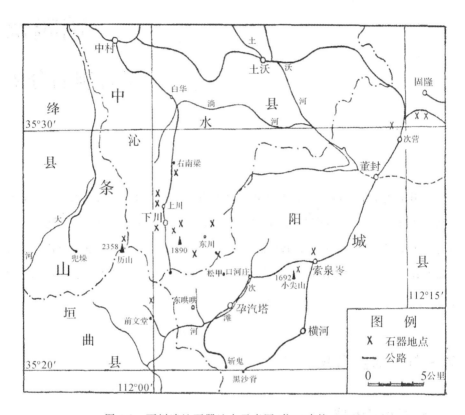

图 4-1　下川遗址石器地点示意图(依王建等,1978)

1973 年秋,在下川的富益河圪梁和水井背两个地点进行试掘。从灰褐色亚黏土层中获得大量石制品,少数木炭碎屑及兽骨残片;从微红色亚黏土层中发现用砂岩打制的粗大石器。

1973 年冬,进行广泛的田野调查。初步了解遗址分布范围,确定石器地点16 处。

1974 年秋,在富益河圪梁再次试掘。对处于叠压关系的灰褐色亚黏土层和微红色亚黏土层所含的两种石器有了进一步的认识,并将灰褐色亚黏土层称为上文化层,微红色亚黏土层称为下文化层。

1975 年秋,邀请地质学者对下川地层进行观察。

1976—1978 年,山西省文物工作委员会与中国社科院考古研究所合作,在下川盆地及其附近 6 个地点进行较大规模发掘,并进行了相关的年代测定与环境分析[4]。

1978 年,发表调查报告,将以沁水下川盆地为代表的 16 处石器地点统称为"下川文化遗址",将该文化类型称为"下川文化",将其代表的时代或阶段称为"下川文化期"[1]。

1989 年,石兴邦发表《下川文化研究》,将下川盆地的文化发展分为两个阶段。把下层 2.6 万～2.3 万年之间含有少量文化遗物的红土与红色亚黏土层称为"前下川文化"(以砾石器和粗大石器为主),将上层 2.3 万～1.2 万年之间富含细石器文化遗物的灰色亚黏土层称为"下川文化"[5]。

1996 年,在富益河与牛路两个地点,采集 25 个不同层位的土壤标本,进行孢粉测试。测出 10 种植物孢粉,对当时的生态环境有了较全面的反映[6]。

二、生态环境与古气候

下川地区地处黄土高原,地势差异颇为显著。西部山峦起伏,东部地势较低,山脊略缓。下川盆地位于历山脚下,海拔 1550 米,四周环山,形狭长,呈现出侵蚀为主、沉积为辅的山区特色。现代植被属于桦树森林景观[6]。

下川盆地的堆积与典型的黄土显著不同[7-8],基底大部分为灰岩,喀斯特漏斗和竖井相当发育。盆地内及附近的土状堆积,为深红色黏土,时代可能为上新世晚期,厚度不过二三米。上更新统(Q_3)较发育,为第二级阶地,厚达 30 余米;全新统(Q_4)为第一级阶地,厚约 2～3 米;不见下、中更新统(Q_{1-2})。根据岩性,上更新统自下而上分为三段五层,上部土状堆积与马兰黄土同期异相,下部可能与马兰黄土底砾层相当。下川盆地周围的老地层中,含有石英砂岩、燧石及石英晶洞,是当地石制品原料的来源。

107

孙建中等人对下川孢粉的分析结果表明,下川植物多为温带常见植物,以草本植物花粉占多数,乔木植物花粉较少,灌木植物花粉和蕨类植物孢子不多。其孢粉组合的变化韵律基本符合末次冰期孢粉和气候花粉模式[9]。

综合来看,整个下川文化期处于末次冰期,气候较现在寒冷。距今3.6万～1.2万年间,下川遗址的气候经历了6次变化,特点是干冷和温湿相间(见表4-1)。3.6万～3.2万年、3万～2.8万年、2.3万～1.3万年分别是3个相对干冷的时期,植被以草甸草原为主,耐旱的草本植物偶尔占优势地位。3.2万～3万年、2.8万～2.3万年、1.3万～1.2万年则分别是3个相对温湿的时期,植被表现为草甸草原伴有少数树木。和晚更新世黄土高原区的耐旱草本植物(如蒿、藜、菊等)相比,下川剖面的植被略显喜湿和繁盛。由于该遗址位于黄土高原东北部,地处山间盆地,利于水流汇集,利于阻挡北方冬季寒流侵袭和滞留南方夏季暖湿气流,所以成为天然的"植物避难所",出现喜暖植物和中生草本。

表 4-1 下川遗址古植被、古气候对比(依孙建中等,2000)

孢粉带	亚带	小带	年龄 (ka. BP)	植被 富益圪梁	植被 牛路圪梁	气候	气候期
III		b	12～13	森林草甸草原	森林草甸草原	较温湿	坟庄间冰阶
III		a	13～23	疏林草原	疏林中生草原	干冷	北庄村冰阶
II	II₃	de	23～28	森林草甸草原		较温湿	山根屯间冰阶
II	II₃	c	28～30	草甸草原		湿冷	山根屯间冰阶
II	II₃	ab	30～32	疏林草甸草原		稍温湿	山根屯间冰阶
II	II₂		32～36	干草原间夹草甸草原		干冷	阿什河冰阶

第二节　类型—技术分析

一、原料及来源

《下川文化》[1]（以下简称原报告）显示，1800件下川石制品可分为两大类，细石器多用燧石以间接打制法制成，粗大石器多用砂岩、石英岩等直接打制而成。细石器的主要原料是燧石，其中以黑色燧石为绝大多数（78.38％），灰、白、紫、绿等色燧石次之（14.11％），少数水晶（0.17％）、脉石英（2.61％）、石英（1.38％）、石英砂岩（2.33％）等。

燧石、水晶等原料，产自下川盆地周围的奥陶系灰岩，致密坚硬，质地均一，杂质与裂隙少，略带温润感光泽，属燧石中质地上乘者。石英、石英砂岩、砂岩等原料，在下川的河滩里俯拾皆是。当地丰富的石料来源，为下川先民提供了便利的生存资源，是下川文化形成的重要基础。

二、石制品的类型

根据级差型动态类型体系，笔者对原报告中的1715件细石器制品重新观察和分类。分类结果见表4-2。

表4-2　下川石制品的级差动态类型分析

类别	类型	名称	式样	亚式样	数量（件）	百分比（％）	合计（件）	合计（％）
制作类型	石片	石片	—	—	301	61.4	490	28.6
		石核修理石片	—	—	3	0.6		
	石叶/细石叶	石叶	—	—	101	20.6		
		细石叶	—	—	85	17.4		

续表

类别	类型	名称	式样	亚式样	数量（件）	百分比（％）	合计（件）	合计（％）
使用类型	成形工具	两面器	—	—	20	2.3	878	51.2
		楔形析器	—	—	71	8.0		
		尖状器	—	—	75	8.5		
		钻形器	—	—	14	1.6		
		刮削器	边刮器	—	153	17.4		
			端刮器	—	219	24.9		
		雕刻器	—	—	74	8.4		
		琢背小刀	—	—	22	2.5		
		锯齿形器	—	—	9	1.0		
		凹缺器	—	—	1	0.1		
		石核式刮削器	—	—	217	24.7		
		改制工具	—	—	6	0.6		
废弃类型	耗竭品	失误品	—	—	3	0.9	347	20.2
		破损品	—	—	28	8.1		
		指甲盖形刮削器			16	4.6		
		石核	非定型石核	锤击	81	23.3		
			细石核	锥柱形	100	28.8		
				漏斗形	24	6.9		
				半锥形 —	51	14.7		
				柱形 —	10	2.9		
				宽楔形	25	7.2		
				窄楔形	9	2.6		
总计							1715	100

下川石制品组合的"操作链"复原见图 4-2。

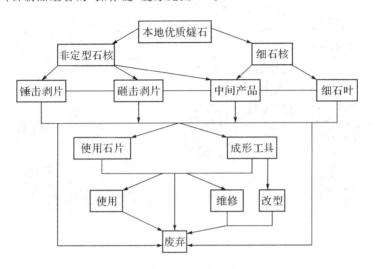

图 4-2　下川石工业"操作链"复原图

三、细石核与细石叶的技术特点

细石核是了解下川细石器工艺的重要信息来源。结合形状与技术两方面因素,下川的细石核主要分为锥形、半锥形、柱形、楔形、船形等亚类型(见图 4-3)。

锥形细石核,核身或圆或扁圆,周身剥片,底部为尖,绝大多数经过台面预制和修整,少数利用合适的自然面(层面或节理面)做台面。修整台面反映出石核工作面迭次剥片、台面反复修整、核体逐渐变短的动态过程。有些锥形石核核身较长,横剖面呈窄长等腰三角形,俗称铅笔头形石核。有些则核身短,台面大,横剖面近似等边三角形,曾被研究者归为漏斗形石核。由于这两种亚型形状近似,笔者将之放入一类。但是,它们实质上分别代表了两种不同的剥片技术和剥片意图:前者台面经过预制,周身片疤分布规则且均匀,采用压制法,能够很好地控制片疤走向和长度,获得狭长形细石叶;后者台面多为自然面或劈裂面,周身片疤短小,分布略显

111

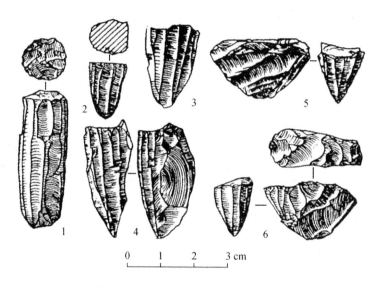

图 4-3　下川细石核（依王建等，1978）

1－3.锥形　4.窄楔形　5－6.宽楔形

粗糙,可能采用直接打制法或间接打制法,以生产小石叶或小石片为主。两种亚型之间的源流关系,目前还不能肯定。

半锥形细石核,外形似锥形细石核的一半,以弧形宽面为工作面,底部有的呈尖状,有的呈刃缘状。此类石核以板状石块或厚石片为坯,工作面两侧常有横向修理痕迹,使工作面形成上宽下窄的形状[10]。研究者认为,剥片工作面相对的一面(打制平面或节理面),先于剥片工作面形成,并非由锥形石核剖开而成,是一种独具风格的类型。

柱形细石核,数量很少,双台面,器形相对不规整,外形差异较大。山西地区仅见于下川。如果从一端剥片,将最终形成锥形细石核[11];如果从两端相对轮番剥制,则可能保持稳定的柱状形态。其中一件标本两端粗细不同,研究者认为是由锥形细石核截断尖部,改制而成[1]。

楔形细石核,在下川组合中十分常见,体积较小,均以燧石块为坯,不见晚期工

112

艺中常见的两面器毛坯[12]。依核身宽度可分为宽楔形与窄楔形。从楔形细石核的三大基本要素[13-14]来看:(1)台面大多经过预制和修整,平面近似梯形或柳叶形,总体预制风格单调。部分楔形细石核台面表现出"前高后低"的斜坡,即台面在靠近窄端处向下倾斜降低,从侧面观察,台面有一个折角。这种做法,是为了更新有效台面①,继续工作面剥片[10]。(2)楔状缘是楔形细石核的辨别特征,旨在控制石叶及细石叶的走向与长度[15]。在下川细石核中,楔状缘均为单向修理,不见晚期楔形石核的两面修薄(虎头梁工艺)[16-17]。宽楔形细石核的楔状缘较长,从核身后缘延伸至工作面底端,单向修理多位于底缘,后部基本不修理。窄楔形细石核的底部似锥形底,故楔状缘较短,偏于核身整体的后半部,单向修理仅出现于后缘。(3)有效剥片面往往位于宽端,窄楔形细石核的工作面(3~4cm)远远长于宽楔形细石核的工作面(1.2~2.5cm)[18]。

　　有研究者将宽楔形与窄楔形细石核分置于石核剥片的中期与末期,认为宽楔形经过不断剥片与台面更新,最终将发展为窄楔形[19]。目前的实验尚不能支持这种观点[15],就技术分析而言,这种判断无法成立。许多宽楔形细石核形体非常小,工作面显示出有效剥片,显然已处于废弃阶段,不可能继续剥片或改型成窄楔形细石核。陈淳对下川细石核的细致分析显示,这两种亚类型明显是为了生产不同长度的细石叶[18]。笔者也倾向于此观点,认为宽、窄楔形细石核取决于石核毛坯的形状,是工匠对可获石料的适应性改造。

　　船形细石核,形状与楔形细石核相近,在下川有一定数量,但原报告中未有描述。与楔形细石核相比,底端为一小平面或钝棱,为节理面或打制而成。核身由台面向底部修理,被认为与楔形石核由楔状缘向台面、工作面方向修制相反[10][18]。对比发现,情况并非如此,楔形细石核核身的一侧由台面向楔状缘修理,另一侧则

---

　　① 细石核的台面,一般可分基础台面和有效台面两部分。基础台面构成台面的主体,有效台面是指与剥片面对应并适于剥片的部分,或在剥制石叶过程中,当台面角不适于剥制石叶的情况下,在基础台面上再修理而成。有的石核基础台面本身就是有效台面。

由台面和楔状缘彼此相对修理。

　　细石叶,数量较石片少,形状多呈狭长的三角形,梯形者较少(见图 4-4)。背面有两条纵脊者,断面呈梯形;背面有一条纵脊者,断面呈三角形。细石叶中完整者很少,绝大多数为残断品,或一头或两头被打断,可类比新石器时代某些骨刀和短剑上镶嵌的断头细石叶[20]。

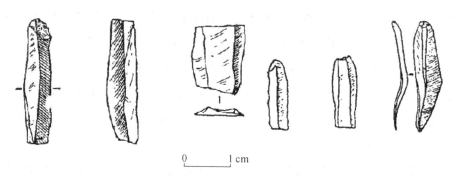

0 ____ 1 cm

图 4-4　下川石叶/细石叶(依王建等,1978)

　　细石叶工具,以细石叶为坯进一步加工成器。细石叶尖状器,在一端的两侧或一侧正向修理,形成锐尖(见图 4-5)。由于毛坯本身尺寸很小,所以加工部位显得

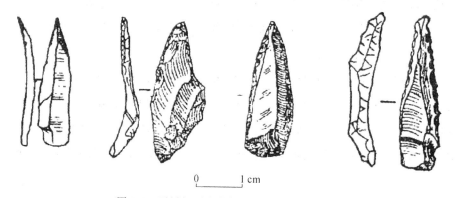

0 ____ 1 cm

图 4-5　下川细石叶尖状器(依王建等,1978)

114

非常精细,尖部细长犀利,可与昂昂溪遗址中的尖状器相媲美[1][21]。细石叶刮削器,仅在垂直于背脊的远端修制端刮器刃口。细石叶工具的出现,可能说明细石叶的生产和加工已经成为下川石工业中稳定、独立的产品分支,而且也指示出细石叶并不一定是细石叶工艺的最终产品[22],二次加工反映出下川细石叶工艺的水平不可低估。

四、其他典型石器的技术特点

《下川文化》中选择的是典型标本,工具比例异乎寻常地高(>50%)[22],其中最具代表的是圆头刮削器、琢背小刀、雕刻器、三棱小尖状器、两面器、楔形析器、石核式工具和细石叶工具。

刮削器,特别是圆头刮削器,是下川石器中的一大类型,共计 392 件。这些标本,大小、长短、厚薄不同,但都是以石片为坯,将其远端或一边正向加工成凸刃,个别器身的一侧边或两侧边也经过二次加工。多数标本器身较厚,刃部表现出陡加工,背部形成隆凸。按照底部的形制,可分为平底圆头、尖底圆头两个亚型。平底圆头刮削器,形似长方形者,底部与刃部等宽;形似梯形者,底部比刃部窄。尖底圆头刮削器,形似三角形。刃部以外边缘的二次加工与否、加工位置各异,可能是为了便于装柄和捆绑,没有特定的风格限制。指甲盖形刮削器,体形较小,多用厚石片制成,刃口压制整齐。器身长短不同,则可能反映出这些刮削器处于不同的维修阶段[23-25](见图 4-6)。此外,还有直刃、凸刃、凹刃等边刮器,特点不很突出,此处不再多论。

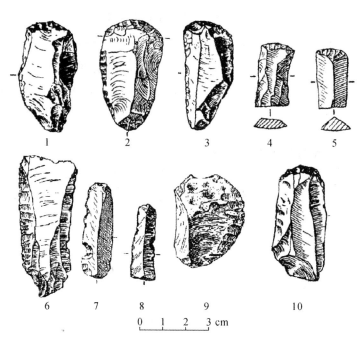

图 4-6　下川刮削器(依王建等,1978)

1－5,10.端刮器;6－9.边刮器

　　琢背小刀,根据形制和加工部位,可分为五大类型,分别为三角形、长方形、鸟喙形、有肩斜刃、刃缘修整的琢背小刀(见图 4-7)。共同特点是石片的一边,正向修整成通长的钝圆厚边,片疤平行并紧密分布。与其相对的一边,或天然或经二次加工成比较锋利的边缘,被认为是工作刃。三角形琢背小刀,另一边敲掉一角在刃部形成一个尖,如何使用尚未可知。

　　雕刻器,在下川石制品中是非常典型的一个类型,学者已经对其进行了深入研究[25],以打击方向(雕刻器小面的走向)为特征,分为纵刃、斜刃、横刃、交刃、两端刃以及许多亚类型(见图 4-8)。少数以石叶为坯,绝大部分是用石片加工而成的,还有部分雕刻器系其他类型工具改制而成。下川雕刻器技术中包含了压制修理技术、制动技术和多次削尖技术,各个类型的雕刻器在坯材选择、器身整形和雕刻器刃打制三个阶段都有自己的特点,显示出比较固定的打制程序和形制模式[26]。

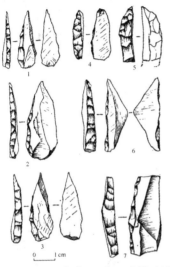

图 4-7　下川琢背小刀(依王建等,1978)

1—3.三角形;4、7.长方形;5.鸟喙形;6.有肩斜刃

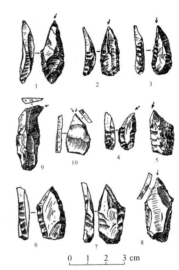

图 4-8　下川雕刻器(依王益人,1998)

1—8.斜刃;9.横刃;10.交刃

尖状器,在此只讨论采用单面通体修理、单面边缘修理、双面边缘修理形成的尖状器,以区别于下文的两面器。根据尖部的位置和器形,分为三棱小尖状器、宽尖尖状器、长尖尖状器及锥钻形器。三棱小尖状器是下川组合中的特色类型,似迷你型的丁村三棱大尖状器,多以厚石片为毛坯,少数用薄板燧石块为坯,两侧正向加工而成。锥钻形器的尖部较长尖尖状器的更加细长。下川尖状器的共同特点是,破裂面相对扁平,背部隆凸,有些凸起严重成脊,横截面呈梯形;边缘正向加工,有些标本背面通体单面加工;底部比较薄,形状有平底、圆底、尖底三种,偶尔修整修薄,可能为了便于装柄(见图 4-9)。

两面器,本节定义所有采用两面通体压制、修薄技术成形的器型为两面器。此类器物的共同特点是,以厚石片为坯,两面通体加工修薄,剥片到达或穿越标本中心。亚类型的划分,以底部为依据,可分为平底、尖底、圆底、有铤四种(见图 4-10)。

117

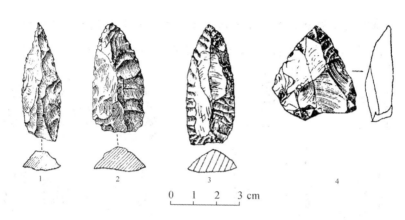

图 4-9　下川尖状器(依王建等,1978)

1.长尖尖状器;2-3.三棱小尖状器;4.宽尖尖状器

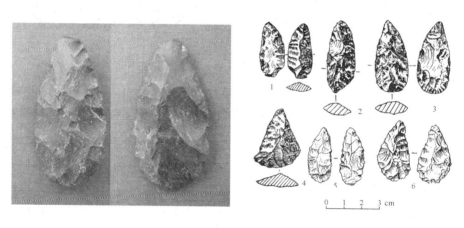

图 4-10　下川两面器

1.有铤;2.尖底;3-6.圆底

从尺寸上看,体形略大的可能是矛头,体形偏小的可能是箭头。要注意的是,下川两面器与西方公认的两面器并不完全一样[27]。侧面观察发现,两表面轮廓并不对称,一面扁平,一面略凸起,可能反映了与当地单面器制作传统的关系。尽管下川两面器的尖部和底部修整不够稳定,两面不够对称,但是两面修薄技术的出现,反

118

映出下川的石镞可能是由单面剥片的小型尖状器发展而来，而且表现出从一般、简单、随意到特化、复杂、定型的相对趋势。

　　楔形析器，是王益人先生观察下川石制品时辨认出来的一类工具。顾名思义，该类器型指那些置于被加工物之上，通过砸击楔入并析裂物体的工具，简称析器（见图 4-11）[28-29]。可分为一端刃、两端刃、四端刃及析器破损片，具有类似两极制品的砸击痕迹。王益人先生认为，其上的砸击痕迹并非制作石器所产生，而是使用过程中反复砸击遗痕的叠加。技术特征并非很有特点，却反映了丰富的使用信息[30]。

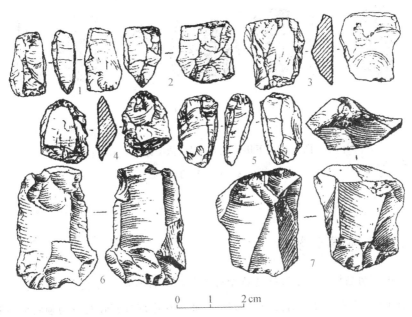

图 4-11　下川楔形析器（均为一端刃析器）

　　石核式工具，是下川组合中另一个独特的类型，数量很大。既非石核，亦非传统工具器型，以厚石片或板状燧石为坯，其上有类似细石核工作面的连续细石叶片疤。根据边缘形态，被分为斜刃、平刃、圆刃、两端圆刃、尖刃、两面刃等亚类（见

图 4-12）。究竟是一种用于切割的特殊工具，还是一种特殊的二次修理方式，下节将通过微痕分析予以检验。

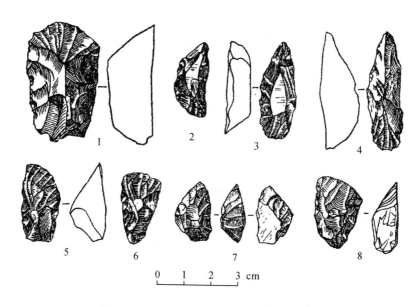

图 4-12　下川石核式工具（依王建等，1978）
1. 圆刃；2—5、7. 斜刃；6、8. 平刃

第三节　微痕分析

下川石制品均为高度选择的典型标本。由于标本散落于博物馆、考古所多位研究员手中，笔者只接触到其中一部分，因此选择小部分石叶及较为独特的石核式刮削器进行了详细的微痕观察和分析，希望借此窥解下川细石叶工艺的功能与使用意图。

一、微痕观察结果

表 4-3 下川石制品微痕观察记录

标本编号	类 型	使用与否	使用单位	使用部位	运动方式	加工材料
SP00971	石核式刮削器	Y	1	pc8－1	刮	AS
SP01307	石核式刮削器	N				
SP01465	石核式刮削器	N				
SP02232	石核式刮削器	N				
SP02337	石核式刮削器	N				
SP02346	石核式刮削器	N				
SP02348	石核式刮削器	N				
XC2010001	石核式刮削器	N				
SP00611	石叶	Y	1	pc2－4	切/锯	AS
		Y	2	pc6	执握痕	
SP00649	石叶	Y	1	尖部	切/片	AS
SP00695	石叶	N				
SP00794	石叶	N				
SP01162	石叶	Y	1	琢背对刃	片	AS
SP01211	石叶	Y	1	pc5－6	切/锯	AS
SP01382	石叶	N				
SP01431	石叶	Y	1	pc1－2	切/片	AS
		Y	2	pc6－7	切/片	AS
SP01706	石叶	N				
SP02240	石叶	N				
SP02296	石叶	N				

本组选择标本 19 件,包括 8 件石核式刮削器和 11 件石叶(见表 4-3)。6 件标本上发现明确的微痕,其中两件标本上有 2 处微痕,共计使用单位 8 处。在 1 件标本上同时识别出装柄痕迹或手握痕迹 1 处(见表 4-4)。

表 4-4 下川石制品微痕统计结果

项　　目	观察结果	标本(件)	百分比(%)	使用单位(EU)
微痕 microwear	明确 Y	6	31.6	7
	疑似 M	0	0	0
	无 N	13	68.4	0
使用痕迹 use-wear	明确 Y	6	31.6	7
	疑似 M	0	0	0
	无 N	13	68.4	0
执握痕迹 prehensile	明确 Y	1	5.3	1
	疑似 M	0	0	0
	无 N	18	94.7	0

根据微痕观察推测,这组标本对应的使用方式比较相似,可以分辨出 4 种:切割(cutting/sawing)、片(slicing)、刮削(scraping)、执握(prehensile),切割的比例较高,高达 62.5%(见表 4-5)。

表 4-5 下川石制品使用方式统计(使用单位)

使用方式	切　割	片	刮　削	执握痕	总　　计
使用单位	5	1	1	1	8
百分比	62.5%	12.5%	12.5%	12.5%	100%

根据微痕的组合特征,可识别加工材料的类型也比较相近,均为动物性物质,硬度略有差异,包括肉、骨、鲜皮和干皮。结合使用方式与加工材料来看,肉类加工和皮革处理为主要任务,其中 1 处使用单位可能同时碰触肉/骨(见表 4-6)。

表 4-6　下川石制品的使用方式与加工材料统计(使用单位)

项　　目	肉	骨/肉	鲜　皮	干　皮	总　　计
切割	1	1	2	1	5
片	1	0	0	0	1
刮削	0	0	1	0	1
总计	2	1	3	1	7

二、微痕特征描述

6 件带有使用痕迹的标本分别为 1 件石核式刮削器和 5 件石叶,具体的微痕特征和形态特点如下:

SP00971,石核式刮削器,圆身,黑色燧石质。pc8-1 处,有明显的使用痕迹,刃缘呈突弧状;背面连续分布小型片疤,由腹面向背面破裂,终端以羽翼状为多,少数为卷边状和阶梯状,片疤没有方向性;重度磨圆,刃缘有片状光泽,可观察到明显擦痕,擦痕方向与刃缘垂直。(图版三:1、2)——推测为刮削干皮的痕迹,可能用作圆头端刮器。

SP00611,完整石叶,黑色燧石质。有两处明确的微痕:(1)pc2-4 处,两面分布小片疤,片疤浅平,外形多为半卵圆形,终端有羽翼状/卷边状,片疤有时不连续,略显方向性;刃缘轮廓为锯齿状;磨圆轻度。(图版三:3)——推测为切/锯动物性物质,可能为肉类。(2)pc6 处,边缘有极小片疤,分布不均匀;磨圆中度,有散漫光泽——推测为手握痕迹。

SP00649,完整石叶,黑色燧石质。尖部有小片疤连续分布,终端多为卷边状,两侧刃两面也有中、小型片疤连续分布,略显方向性;磨圆中度。(图版三:4、5、6)——推测为切/片动物性物质,可能是从骨头上剔肉,主要接触肉类,但偶尔碰触骨头。

SP01162,石叶中段,灰色燧石质,一侧边琢背加工。与琢背相对的刃缘有微痕:两面丛簇分布中、小片疤,背面片疤多于腹面,片疤浅平,有方向性;磨圆中度。(图版四:1、2)——推测为单向切割动物性物质,可能为片肉。

SP01211,石叶中段,深棕色玉髓质。pc5-6处,两面连续分布小片疤,片疤外形呈半圆形,终端多为羽翼状,少数卷边状,片疤有方向;刃缘轮廓呈锯齿状;磨圆中度,刃缘有散漫光泽。(图版四:3、4)——推测为切/锯动物性物质,可能是干皮。

SP01431,完整石叶,黑色燧石质。有两处明确的微痕:(1)pc1-2处,两面连续分布中、小片疤,片疤较深,形似四边形,破裂点清晰可见,片疤交错分布,终端多为卷边状;刃缘呈小锯齿状;磨圆轻度,局部中度。(图版四:5)——推测为切/片动物性物质,可能是鲜皮。(2)pc6-7处,两面连续分布中、小片疤,小型片疤丛簇分布,片疤较深,外形似梯形,交错分布,终端多为卷边状和阶梯状,有方向性;磨圆轻度。(图版四:6;图版五:1、2)——推测为切/片动物性物质,可能是鲜皮。

三、功能分析

对 19 件标本的微痕观察结果显示,"石核式刮削器"基本上都未经过使用。过去的研究者之所以将此类器物与石核区分开,命名为工具,是因为其刃部有剥落碎屑的阴痕。微痕观察表明,这些碎痕明显是硬物互相碰触或摩擦产生的,目的是为了进一步剥片,修脊顶去掉悬突(overhang)①留下的痕迹,并非使用所致。因此,从功能角度判断,此类器物仍然应该归入"细石核"类别,不能算作工具类。

石叶的使用率为 27.8%,低于预期的判断结果。通过高倍法观察,吕列丹曾经提出,在下川的一些薄长石片(石叶)上,可识别出类似中东细石器上切割谷物或芦苇所形成的"石镰光泽"[31]的使用痕迹[3]。大量的"高倍法"研究结果证实,中东石器上出现的"镰刀光泽"与加工谷物或草籽的行为有关[32]。至于中国石器上的"镰刀光泽",还有待进一步实验和微痕研究的证明。

---

① 细石核台面前缘与剥片面交界处,两条细石叶纵脊顶部之间的转折点,称为悬突。应用压片工具刮去,使下一轮剥片能有坚固的台缘。

此次的微痕观察表明,与石叶相对应的加工对象,多数为软性动物物质,例如肉、皮,少数为硬性动物物质,例如骨。结合当时的生态环境与动植物群背景,下川文化期人类可开拓的食物资源或加工资源主要为动物类,植物类很少见。这与部分学者的推测一致,即细石叶很可能代表了一种人类开拓动物资源为主的工艺技术[33-34]。考古学和民族学研究表明,石叶/细石叶是复合工具的部件,是被镶嵌在木柄或骨柄中使用的[20][35-39]。但是此组标本中,仅在一件标本上发现执握痕迹,而且可能是手握痕迹。这很可能是由于标本数量过少造成的,尚不能明确指示石叶/细石叶的捆绑和执握方式。

　　此外,下川石制品组合中,有不少破损器物(28件),器型多样,包括两面器、端刮器、尖状器、琢背小刀、钻形器等。虽然未对这些器物进行微痕分析,但是破损似乎指示这些器物是经过使用而导致破损的。破损的两面器数量最多,占破损品的50％,多为尖部或底部,反映出两面器确实是一种刻意设计、复合装柄、强化使用的工具类型,使用时因穿刺或碰触,容易从中间断裂。破损的端刮器数量也不少(17.9％),说明这类工具的使用率很高。

第四节　工艺与功能

　　下川文化,被认为是中国旧石器时代晚期早段时代最早、内涵最丰富、技术最典型的细石器工业之一[40]。通过对下川石制品组合的原料来源、主体特征、打制技术、类型组合和微痕的分析,将从以下几个方面来探讨其工艺特点和功能用途。

　　对精细原料的高度选择,以优质燧石为主要石料。下川石制品中93％左右的原料为优质燧石,良好的剥片性能非常适合制作石器,表明史前人类对此种石料的高度开发和利用。下川遗址范围内燧石矿脉的丰富程度相对柴寺、薛关等地高,但其比例在当地的多种石料类型中仍然有限(砂岩、页岩、石灰岩更为丰富)[27]。该遗址距离燧石产地阳城不远,部分原料也可能系搬运而来,目前尚不确定。对优质原料的选择和开发策略,反映出当时当地人类对石器原料的特殊要求,更反映出搜寻和开发优质原料亦是加工任务的重要组成部分。

较为成熟的石核预制技术,同时显现出一定的原始性。下川细石核数量大(占石核类的73%),类型多种多样,以锥形、柱形和楔形为典型(见图4-13)。细石核本身的生产过程包括核坯打制和石叶剥制两个阶段,涉及单一固定台面、棱锥状剥片面和特定底部三个要素,对核身的预制和修理技术普及到各类细石核[10]。在剥制

图 4-13   下川预制石核

细石叶的过程中不断修理台面,虽然下川标本多为选择性典型标本,但石核修理石片仍达18.7%。然而,和晚段以后的细石器遗存相比,下川细石核的体量普遍较小,形态规整度不高。相当一部分细石核以节理面、自然面或石片疤为台面,不加修整,核身预制朴拙、单一,显现出较为古老、原始的表征。以楔形细石核为例,下川楔形石核是"将小石块和石片作单面或双面加工修出一楔状缘。台面为一自然

面(节理面或石片疤)或横向修整之平面,然后由纵向对台面角施以局部调整",被命名为"下川技法"或"下川型石核"[41];而"虎头梁技术"或"虎头梁楔形石核"则是以两面器为核坯,纵向剥离几个雪橇形石片形成台面,从一头沿着台面剥落细石叶[42-43]。

以石叶/细石叶工艺为主,少量石片石器为辅。组合以石叶/细石叶为多(20.3%),石器往往用石片或石叶加工,少数用细石叶加工,表明石叶/细石叶工艺的主导地位和成熟程度。多数石叶/细石叶从两端截断,原研究者推测它们未经二次修理便被直接使用,微痕分析一方面也证实了这种推测,但另一方面也证明此类器物的使用率并没有预测得高(27.8%)。同时,下川许多石器类型以石片为坯,经过压制修理,此外还有一些非细石器组分的石制品。石叶技术虽在欧洲旧大陆和西伯利亚地区并存了很长一段时间,但在中国不发达。目前公认的石叶遗存仅水洞沟一处[44-46],但是分析表明,下川存在相当数量的石叶及以石叶为坯制作的工具,推测石叶与细石叶工业可能并存。

部分定型工具的规范化、专门化程度高。刮削器在下川石制品组合中是数量最大的一类,亚类型较少,形态比较接近、稳定。特别是圆头刮削器,比例高达42.4%,坯材、器型大小、加工部位、修理方式都非常相似,反映出工匠在制作工具时可能已有"概念型板"。刃部加工长度∶宽度的比率分布相近,显示出加工方式的标准化程度。使用过程中存在维修和翻新现象,刃部再生导致器身不断缩短。尖状器和两面器(石镞)比例约14.1%,形态的稳定性、规范化程度也相对较高。

压制修整与直接打击修整并存,以边缘正向加工为主,无反向加工;存在单面通体压制与两面器修薄技术。绝大多数石器经过正向修整,包括压制法和直接打击法两种,均为正向加工,无反向加工,多集中在器物的边缘。存在单面通体压制与两面器修薄技术,多用于尖状器或石镞,数量不多,形制较为稳定,规范化程度较高。与晚期细石器遗存中的两面器相比,底部仅有圆形或圆尖形两种,缺少平底、凹底、有铤、有肩等形式。宽厚比率大约为2∶1~3∶1,根据两面器剥片阶段的定义,基本介于初级修边和初级修薄两个阶段之间,没有典型的成形两面器。与西方典型的两面器相比,两表面轮廓并不对称,一面扁平,一面略凸起,可能为显示一定的地域特色。

琢背技术发达,出现在不同器形上。琢背小刀是下川的典型器物,制作精细,特点显著,即将薄石片的一边压制或琢制钝化,形成厚边,相对一边则不做加工,保留锋利刃缘。其实,琢背技术(backing)在下川组合中成熟且发达,见于多种不同类型工具之上,例如琢背小刀、琢背锥钻形器、琢背雕刻器等。有的学者根据西方琢背细石叶等镶嵌工具,认为下川琢背小刀是中国镶嵌工具的一个标志[27]。但是,石器分析显示,如此厚钝的“背”并不适于“被镶嵌”,反之更适合于徒手持握,说明手持仍然是下川主要的持握方式。

改制工具占一定比例,灵活改型现象显著。发现部分改制工具(6 件),终极形态包括雕刻器和琢背小刀两种。雕刻器 SP00643,SP01435,SP02450 系由破损的圆头端刮器改制而成;雕刻器 XC2010003 与琢背小刀 SP00656 则是以破损的两面器为坯,改制而来。

残断器比例高,以两面器为多。共辨认出残断器 28 件(8.1%),以两面器为最多(14 件),然后依次为端刮器(5 件)、尖状器/锥钻形器(4 件)等,反映出这几类工具的使用率较高,而且使用过程中存在破损、维修、翻新、改制等现象。尖状器和两面器的底部、尖部破损比例高,端刮器普遍表现为刃缘破损,表明这些工具类型的使用方式——前者多为远程投射,尖部与底部容易断裂;后者主要使用端刃,底部由于捆绑而破损率低。

以上分析表明,下川石制品组合的技术含量高,工具设计的标准化程度较高,表现出一定的专门化。原料选择精细,利用广泛。改制工具的存在,既反映出工匠技艺的灵活,也反映出对优质原料的珍视。下川石器的细化与特化,表明在旧石器时代晚期,我国的细石器工业已开始向器型标准化、体积小型化、功能专门化的方向发展。

注释

[1] 王建、王向前、陈哲英:《下川文化——山西下川遗址调查报告》,《考古学报》1978 年第 3 期。

[2] 中国社会科学院考古研究所:《中国考古学碳-14 年代数据集 1965-1981》,文物出版社 1983 年版。

[3] Lv,T. L. D. (1999). *The Transition from Foraging to Farming and the Origin of Agriculture in China*. Oxford:BAR International Series 774.

[4] 石兴邦:《下川文化的生态特点与粟作农业的起源》,《考古与文物》2000 年第 4 期。

[5] 石兴邦:《下川文化研究》,载《纪念苏秉琦考古五十五周年论文集》编辑组编:《庆祝苏秉琦考古五十五年论文集》,文物出版社 1989 年。

[6] 孙建中、柯曼红、石兴邦、张子明、陈哲英、吴加安、张素琳:《下川遗址的古气候环境》,《考古》2000 年第 10 期。

[7] 刘东生、张宗钴:《中国的黄土》,《地质学报》1962 年第 1 期。

[8] 刘东生:《黄河中游黄土》,科学出版社 1964 年版。

[9] 孙建中、赵景波等:《黄土高原第四纪》,科学出版社 1991 年版。

[10] 王建、王益人:《下川细石核形制研究》,《人类学学报》1991 年第 1 期。

[11] 贾兰坡:《中国细石器的特征和它的传统、起源与分布》,《古脊椎动物与古人类》1978 年第 2 期。

[12] 陈胜前:《细石叶工艺起源研究——一个理论与生态的视角》,载北京大学考古文博学院编:《考古学研究(七)》,科学出版社 2008 年版。

[13] Morlan,R. E. (1970). Wedge-shaped core technology in North America. *Arctic Anthropology*,2(2),pp. 17-19.

[14] 朱之勇、高星:《虎头梁遗址楔型细石核研究》,《人类学学报》2006 年第 2 期。

[15] 赵海龙:《石叶及细石叶剥制实验研究》,吉林大学硕士学位论文,2005 年。

[16] 杜水生:《楔形石核的类型划分与细石器起源》,《人类学学报》2004 年增刊。

[17] 何锟宇:《关于细石器技法起源的一点看法》,《四川文物》2008 年第 2 期。

[18] 陈淳:《中国细石核类型和工艺初探——兼谈与东北亚、西北美的文化联系》,《人类学学报》1983 年第 4 期。

[19] 胡钰:《晋冀地区旧石器时代晚期的细石叶工业研究》,吉林大学硕士学位论文,2007 年。

[20] 甘肃省博物馆文物工作队、武威地区文物普查队:《永昌鸳鸯池新石器时代墓地的发掘》,《考古》1974 年第 5 期。

[21] 梁思永:《昂昂溪史前遗址》,载梁思永著:《梁思永考古论文集》,科学出版社 1959 年版。

[22] 陈胜前:《细石叶工艺产品废弃的文化过程研究》,《人类学学报》2008 年第 3 期。

[23] Frison, G. C. (1968). A functional analysis of certain chipped stone tools. *American Antiquity*, 33, pp. 149—155.

[24] Dibble, H. L. (1987). The interpretation of Middle Paleolithic scraper morphology. *American Antiquity*, 52, pp. 109—117.

[25] 陈淳:《谈旧石器类型学》,《人类学学报》1994 年第 4 期。

[26] 王益人:《下川雕刻器研究》,《文物季刊》1998 年第 3 期。

[27] 王益人:《关于下川文化的几个问题》,载陕西省文物局、陕西省考古研究所、西安半坡博物馆编:《中国史前考古学研究——祝贺石兴邦先生考古半世纪暨八轶华诞文集》,三秦出版社 2003 年版。

[28] Callahan, E. (1979). The basics of biface knapping in the Eastern Fluted Point Tradition: A manual for flintknappers and lithic analysis. *Archaeology of Eastern North America*, 7(1), pp. 1—180.

[29] 冈村道雄：ピコス・ェスクーコ，楔形石器，载《绳纹文化の研究（卷7）》，熊山阁1983年版。

[30] 王益人：《下川楔形析器研究》，《文物季刊》1993年第1期。

[31] Unger-Hamilton，R.（1997）. Micorscopic striations on flint sickle-blades as an indication of plant cultivation：preliminary results. *World Archaeology*，17（1），pp. 121—126.

[32] Unger-Hamilton，R.（1988）. *Method in Microwear Analysis：Prehistoric Sickles and Other Stone tools from Arjoune，Syria*. Oxford：BAR International Series 435.

[33] 陈淳：《东亚与北美细石叶遗存的古环境》，《第四纪研究》1994年第4期。

[34] Odell，G.（1981）. The morphological express at function junction searching for meaning in lithic tool·types. *Journal of Anthropological Research*，37，pp. 319—342.

[35] （法）米歇尔·余莲著，孙建民译：《旧石器时代社会的民族学研究试探——以潘色旺遗址的营地为例》，《华夏考古》2002年第3期。

[36] （法）克洛迪娜·卡蓝著，孙建民译：《从燧石打制技术问题的分析导向社会问题的探讨——以潘色旺遗址营地中的燧石打制为例》，《华夏考古》2002年第3期。

[37] 北京大学考古文博学院、北京大学考古学研究中心、北京市文物研究所：《北京市门头沟区东胡林史前遗址》，《考古》2006年第7期。

[38] Chard，C.（1974）. *Northeast Asia in Prehistory*. Wisconsin：University of Wisconsin Press.

[39] 陈淳：《几何形细石器和细石叶的打制及用途》，《文物季刊》1993年第4期。

[40] 王幼平：《中国远古人类文化的源流》，科学出版社2005年版。

[41] 陈淳、王向前：《从细石核谈华北与东北亚及北美的史前文化联系》，载山西省

考古研究所编:《山西旧石器时代考古文集》,山西经济出版社 1993 年版。

[42] Chen,C. (2007). Techno-typological comparison of microblade cores from East Asia and North America. In:Kuzmin,Y. V. , Keates,S. G. & Shen, C. *Origin and Spread of Microblade Technology in Northern Asia and North America*. Vancouver:Archaeology Press, Department of Archaeology, Simon Fraser University. pp. 7－38.

[43] Smith,J. W. (1974). The Northeast Asia-North-West microblade tradition. *Journal of Field Archaeology*,1(3/4).

[44] 汪宇平:《水洞沟的旧石器文化遗址》,《考古》1962 年第 11 期。

[45] 贾兰坡、盖培、李炎贤:《水洞沟旧石器时代遗址的新材料》,《古脊椎动物与古人类》1964 年第 1 期。

[46] 杜水生:《中国北方的石叶遗存》,《中国历史文物》2005 年第 3 期。

第五章

柴寺(丁村 77：01 地点)石制品分析

丁村 77：01 地点,是丁村旧石器时代遗址群中的晚期文化遗存,分布于汾河西岸柴寺村丁家沟口第Ⅱ级阶地底部的河蚌砾石层中,又称为"柴寺地点"。该石制品组合的特点是,上承丁村旧石器时代早、中期风格,同时融入了与下川文化相似的典型细石器成分,与丁村文化内涵有质的区别,或被称为"新丁村文化"[1]。该组合中许多类型与下川遗址的极为相似,对于探讨山西南部旧石器时代晚期文化的适应性具有重要意义。

第一节　研究背景

丁村旧石器时代文化遗址发现于 1953 年,是中国一处非常重要的遗址。1954 年的田野调查共发现 11 处旧石器地点,在其中 9 处进行了不同程度的发掘,获得石制品 2005 件,可鉴别哺乳动物化石 27 种,人牙化石 3 枚[2]。1976—1980 年,在山西省文物工作委员会的主持下,多次在丁村诸地点开展试掘和调查,文化面貌日渐清晰。由于地点扩及汾河两岸,地点又多达 26 个,有学者建议改称"山西襄汾县丁村旧石器时代遗址群",简称"丁村遗址"(见图 5-1)。

丁村,地处临汾盆地南端,依山傍水,土地肥沃,从地貌学上讲,是典型的黄土沟谷和河流阶地相结合的双相结构。柴寺(丁村 77：01)地点,位于与丁村隔河相望的柴寺丁家沟口的汾河右岸,属于二级阶地。阶地自上而下分别为灰黄色亚砂

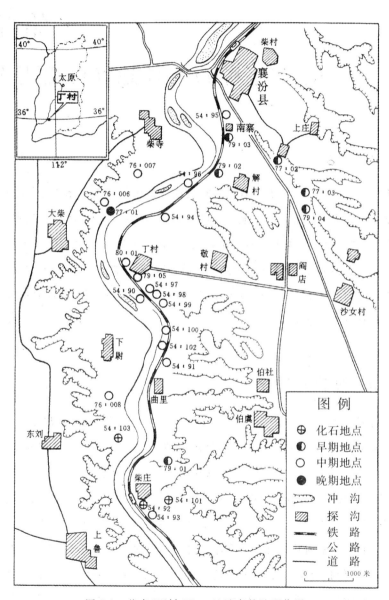

图 5-1　柴寺(丁村 77:01)地点的地理位置

土、泥灰质粉砂土和细砂土,底部为砂砾石层,属典型的湖相沉积。出土马、牛、鹿、象、犀的残碎化石,以及美带蚌。

根据地貌、石器和动物化石,该地点的地层被定为晚更新世晚期,文化时代为旧石器时代晚期,比下川细石器地层稍早。目前有两个碳十四测年数据:26,400(±800)BC 和 40,000BP,分别获自河蚌化石与炭粒,均由中国科学院古脊椎动物与古人类研究所实验室测定并公布[3-4]。多数学者同意第一个数据,认为相对合理[5];而第二个年代被认为偏早,与石制品内涵不符,应谨慎对待[6]。

第二节　类型—技术分析

一、石制品原料及类型

77：01 地点的细石器,主要以燧石为原料,用石英岩、石英和角页岩等制作的为数极少。调查显示,在汾河的河床相堆积中有燧石类原料,可能是柴寺石制品的原料来源之一[7]。

根据级差型动态类型体系,笔者对柴寺 213 件细石器制品重新观察和分类,包括《丁村简报》中曾经报道的若干件。分类结果见表 5-1。

表 5-1 柴寺石制品组合的级差动态类型分析

类别	类型	名称	式样	亚式样	数量（件）	百分比（%）	合计（件）	合计（%）
制作类型	石片	石片	—	—	58	43.3	134	62.9
		石核修理石片	—	—	3	2.2		
	石叶/细石叶	完整石叶	—	—	24	17.9		
		完整细石叶	—	—	10	7.5		
	残片	—	—	—	37	27.6		
	断块	—	—	—	2	1.5		
使用类型	成形工具	两面器	—	—	1	1.5	66	31.0
		楔形析器	—	—	1	1.5		
		尖状器	—	—	3	4.5		
		钻形器	—	—	2	3.0		
		刮削器	边刮器	—	9	13.7		
			端刮器	—	19	28.9		
		雕刻器	—	—	4	6.0		
		琢背小刀	—	—	4	6.0		
		砍斫器	—	—	1	1.5		
		凹缺器	—	—	1	1.5		
		石核式刮削器	—	—	11	16.7		
		修理石片	—	—	9	13.7		
		几何形石器	—	—	1	1.5		

续表

类别	类型	名称	式样	亚式样	数量(件)	百分比(%)	合计(件)	合计(%)
废弃类型	破损品	—	—	—	2	15.4	13	6.1
	耗竭品	石核	非定型石核	—	3	23.1		
			细石核	锥形	1	7.7		
				船形	3	23.0		
				楔形	2	15.4		
			石核断块	—	2	15.4		
总计							213	100

　　柴寺细石器类型不如下川组合丰富,不见半锥状细石核;尖状器、石镞的修理比较简单,两面器极少;琢背器少,且加工简单,器形不稳定。

二、细石器的技术特点

　　细石核仅有 6 件,可分为锥形、楔形和船形三种亚类型(图 5-2),基本性质与下川细石核相同。其中,2 件楔形细石核均为宽楔形细石核,虽然为角页岩质地,但形制及剥下的石叶均与燧石石核者相同。

　　石叶和细石叶,由燧石或角页岩制成。石叶一般较完整,少数缺头断尾,个别石叶两侧边缘有使用或加工痕迹。细石叶完整者极少,多数为中段部分。

　　石核式石器,与下川文化中典型的石核式石器相似,研究者认为它们之间有着传统的渊源关系。原报告中分为石核式斜刃小刀和石核式两面刃小刀两个亚类型(见图 5-3)。

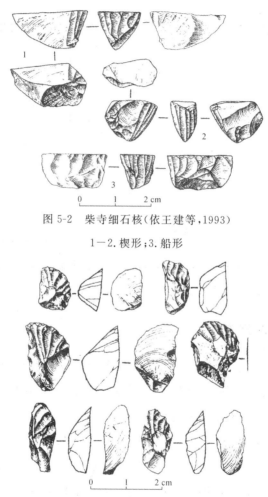

图 5-2　柴寺细石核(依王建等,1993)

1—2.楔形;3.船形

图 5-3　柴寺石核式刮削器(依王建等,1993)

第三节　微痕分析

根据本文针对细石叶工艺的讨论,此次选择 74 件标本进行微痕观察与分析,同下川石制品组合类似,包括石叶 34 件(见图 5-4),细石叶 29 件(见图 5-5),石核式刮削器 11 件。

图 5-4　有微痕的柴寺石叶　　　　图 5-5　有微痕的柴寺细石叶

一、微痕观察结果

微痕观察结果发现,20 件标本上识别出微痕,14 件标本为明确微痕,其中 3 件标本上有两处微痕;6 件标本为疑似微痕,其余 54 件未发现微痕。共计使用单位 24 处,确定 EU 为 15 处,疑似 EU 为 9 处。在 3 件标本上同时识别出可能的装柄痕迹或执握痕迹各一处(见表 5-2 和 5-3)。11 件石核式刮削器均无微痕发现,经过使用的石叶/细石叶数量不少,使用率为 31.7%。

139

表 5-2　柴寺石制品微痕观察记录

标本编号	类　型	使用与否	使用单位	使用部位	运动方式	加工材料
JP0039	细石叶	Y	1	pc2－3	切	AS(肉类)
JP0056	石核式刮削器	N	－	－	－	－
JP0057a	石核式刮削器	N	－	－	－	－
JP0057b	石核式刮削器	N	－	－	刮	－
JP0058	石核式刮削器	N	－	－	－	－
JP0059	石核式刮削器	N	－	－	－	－
JP0060	石核式刮削器	N	－	－	－	－
JP0062	石核式刮削器	N	－	－	－	－
JP0063	石核式刮削器	N	－	－	－	－
JP0064	石核式刮削器	N	－	－	－	－
JP0065	石核式刮削器	N	－	－	－	－
JP0071	石核式刮削器	N	－	－	－	－
JP0107	细石叶	Y	1	字上侧刃	切/锯	AS(鲜皮)
		M	2	字下侧刃	镶嵌	1H(骨/鲜木)
JP0109	石叶	N	－	－	－	－
JP0110	细石叶	N	－	－	－	－
JP0111	细石叶	Y	1	字下侧刃	片	AS(肉)
		M	2	字上侧刃	镶嵌	1H(骨)
JP0112	石叶	Y	1	pc2－3	切/锯	1H(骨)
		Y	2	pc6－7	镶嵌	1H(骨)
JP0115	石叶	Y	1	pc2－3	切	VS 植物
JP0116	石叶	Y	1	pc6－7	切/片	AS(肉/皮)
JP0117	细石叶	M	1	pc1－4	切	AS(肉/皮)
JP0118	细石叶	Y	1	pc7	片	AS(肉/皮)
JP0119	细石叶	Y	1	pc6－8	切/锯	AS(皮)

续表

标本编号	类　型	使用与否	使用单位	使用部位	运动方式	加工材料
JP0120	细石叶	N	—	—	—	—
JP0121	细石叶	N	—	—	—	—
JP0122	细石叶	M	1	pc2—3	削	AS(肉)
JP0123	细石叶	N	—	—	—	—
JP0126	石叶	M	1	pc1—2	切	AS(肉类)
JP0127	细石叶	Y	1	pc1—4	切	植物
JP0128	细石叶	Y	1	pc2—3	切	1H(干皮)
JP0129	细石叶	N	—	—	—	—
JP0132	细石叶	Y	1	pc6—7	切/锯	AS(肉类)
JP0134	石叶	Y	1	pc2—3	刮	1H(鲜骨)
JP0135	细石叶	N	—	—	—	—
JP0136	细石叶	N	—	—	—	—
JP0138	细石叶	M	1	pc6—7	切/片	AS
JP0140	细石叶	M	1	pc6—7	切	AS
JP0142	细石叶	N	—	—	—	—
JP0143	石叶	N	—	—	—	—
JP0144	石叶	N	—	—	—	—
JP0145	细石叶	N	—	—	—	—
JP0150	细石叶	N	—	—	—	—
JP0173	石叶	N	—	—	—	—
JP0215	石叶	N	—	—	—	—
JP0217	石叶	Y	1	pc6—7	刮	1H(骨)
JP1944	石叶	N	—	—	—	—
JP1945	石叶	N	—	—	—	—

续表

标本编号	类　型	使用与否	使用单位	使用部位	运动方式	加工材料
JP1946	石叶	N	—	—	—	—
JP1947	细石叶	N	—	—	—	—
JP1948	石叶	N	—	—	—	—
JP1949	石叶	N	—	—	—	—
JP1950	石叶	N	—	—	—	—
JP1951	石叶	N	—	—	—	—
JP1952	石叶	N	—	—	—	—
JP1953	石叶	N	—	—	—	—
JP1954	石叶	N	—	—	—	—
JP1955	石叶	M	1	pc1－2	切	AS
JP1956	细石叶	Y	1	直刃	切/锯	AS
JP1957	石叶	N	—	—	—	—
JP1958	石叶	N	—	—	—	—
JP1959	细石叶	N	—	—	—	—
JP1960	石叶	N	—	—	—	—
JP1961	石叶	N	—	—	—	—
JP1962	石叶	N	—	—	—	—
JP1963	石叶	N	—	—	—	—
JP1964	石叶	N	—	—	—	—
JP1965	石叶	N	—	—	—	—
JP1966	石叶	N	—	—	—	—
JP1967	细石叶	M	—	—	不明	—
JP1968	细石叶	N	—	—	—	—
JP1969	细石叶	N	—	—	—	—

标本编号	类　型	使用与否	使用单位	使用部位	运动方式	加工材料
JP1970	细石叶	N	—	—	—	—
JP1971	石叶	N	—	—	—	—
JP1972	石叶	N	—	—	—	—
JP1973	石叶	N	—	—	—	—

表 5-3　柴寺石制品微痕统计结果

项　目	观察结果	标本(件)	百分比(%)	使用单位(EU)	百分比(%)
微痕 microwear	明确 Y	14	18.9	15	62.5
	疑似 M	6	8.1	9	37.5
	无 N	54	73.0	—	—
使用痕迹 use-wear	明确 Y	14	18.9	15	62.5
	疑似 M	6	8.1	6	25
	无 N	54	73.0	—	—
执握痕迹 prehensile	明确 Y	0	0	—	—
	疑似 M	3	4.1	3	12.5
	无 N	71	95.9	—	—

根据微痕观察推测,这组标本对应的使用方式有四种:切割(cutting/sawing)、片(slicing)、刮削(scraping)、镶嵌装柄(hafting),切割的比例较高,高达 62.5%(见表 5-4)。

表 5-4　柴寺石制品使用方式统计(使用单位)

使用方式	切　割	片	刮　削	装柄痕	总　计
使用单位	15	2	4	3	24
百分比	62.5%	8.3%	16.7%	12.5%	100%

根据微痕的组合特征,可识别加工材料的类型多为动物性物质,硬度略有差异,包括鲜骨、肉、皮。屠宰动物、肉类加工和皮革处理可能是当时的主要任务,2处使用单位表现出同时碰触肉/骨的痕迹。少数标本的微痕特征微弱(8.3%),可能曾用于加工植物性物质(见表5-5)。

表5-5　柴寺石制品的使用方式与加工材料统计(使用单位)

项　　目	肉	骨/肉	鲜骨	肉/皮	皮	植物	不　明	总　　计
切割	3	1	1	2	3	2	5	17
片	1	1	—	—	—	—	—	2
刮削	—	—	2	—	—	—	—	2
镶嵌	—	—	2	—	—	—	1	3
总计	4	2	5	2	3	2	6	24

二、微痕特征描述

JP0039,完整细石叶,燧石质,正向琢背加工。pc2－3处,两面连续分布小片疤,外形似四边形,浅平,终端多为羽翼状,有方向性;磨圆中度。(图版五:3、4)——推测为切软性动物物质,可能是肉类。

JP0107,细石叶中段,玉髓质。识别出两处微痕(90X):(1)字上侧刃,两面连续分布微小片疤,紧贴边缘,浅平,外形为卵圆形,终端均为羽翼状,刃缘轮廓近平直,有方向,但不明显;磨圆轻度。——推测为切/锯软性动物物质,可能为鲜皮。(2)字下侧刃,两面有微小片疤,但不如另一侧刃的片疤规则,分布不十分连续,略有方向性;磨圆轻度。(图版五:5、6)——推测可能系镶嵌所致,接触物质硬度大约为1H,例如骨或鲜木。

JP0111,细石叶中段,燧石质。有两处微痕:(1)字下侧刃,正向与反向交替分布中、小型片疤,片疤浅平,偶尔较深,外形呈半圆形,终端多为羽翼状,略显方向

144

性;磨圆轻度。(图版六:1、2)——推测为片软性动物物质(肉)为主,偶尔碰触硬性物质(骨),可能是屠宰动物或剔骨。(2)字上侧刃,两面不均匀分布片疤,形态不规则,无方向性,刃缘局部呈粉碎状,片疤偶尔浅平且连续;磨圆中度。——推测可能系镶嵌所致,接触物质硬度大约为1H,例如骨。

JP0112,完整石叶,玉髓质。有两处微痕(40X):(1)pc2－3处,两面连续分布中、小片疤,外形半圆形,较深,终端多为羽翼状,少数卷边状,有方向性,刃缘呈小锯齿状;磨圆重度,初始光泽。——推测为切/锯硬性动物物质,可能为1H(骨)。(2)pc6－7处,两面有浅平片疤,分布与形态不规则,局部连续分布,局部呈粉碎状,无方向性;磨圆重度。(图版六:3、4)——推测可能系镶嵌所致,接触物质硬度大约为1H(骨)。

JP0115,完整石叶,燧石质。pc2－3处(90X),两面有浅平小片疤,近连续分布,终端为羽翼状,刃缘呈小锯齿状;中度磨圆,侧刃有点状光泽。(图版六:5)——推测为切软性植物类物质。

JP0116,完整石叶,燧石质。pc6－7处,两面连续分布小型片疤,终端以羽翼状为多,阶梯状/卷边状少,片疤浅平,外形呈卵圆形,紧贴边缘,略显方向性;磨圆中度。(图版六:6)——推测为切/片软性动物类物质,可能是肉/皮。

JP0117,细石叶,远端残,燧石质。pc1－4处微痕不明确,两面见微小片疤,紧贴边缘,似有方向,侧刃剖面呈柳叶状,边缘轮廓呈小锯齿状;磨圆轻度。——可能为切软性动物类物质,可能是肉/皮。

JP0118,细石叶,远端残,燧石质。pc7处,背面连续分布小型片疤,终端多为羽翼状,浅平,有方向,外套2~3个浅平大片疤;磨圆中度,侧刃似有擦痕。(图版七:1、2)——推测为片软性动物类物质,可能为肉/皮。

JP0119,细石叶,远端残,玉髓质。pc6－8处,两面连续分布微小片疤,终端多为羽翼状,片疤浅平,刃缘有轻微崩片,轮廓呈小锯齿状,有方向;磨圆轻至中度。(图版七:3、4)——推测为切/锯软性动物类物质,可能为皮。

JP0122，细石叶，燧石质，一侧刃缘经过二次加工。pc2－3处发现不确定微痕，单面似连续分布浅平小片疤，外形呈方形，垂直于边缘，刃缘轮廓呈凹状；磨圆轻度。——可能为削软性动物类物质，例如从骨头上剔肉。

JP0126，完整石叶，燧石质，覆盖25％自然石皮面。pc1－2处发现不确定微痕，两面似连续分布小片疤，浅平，外形呈半圆形，有方向，紧贴边缘；磨圆轻至中度，刃缘上有光泽。——可能为切软性动物类物质所致，例如肉类。

JP0127，细石叶，近端残，玉髓质。pc1－4处（90X），两面不连续分布微小片疤，侵入浅，紧贴边缘，浅平，局部片疤丛簇分布；磨圆轻度，局部中度。（图版七：5、6）——推测为切软性植物类物质，例如肉类。

JP0128，细石叶，近端残，玉髓质。pc2－3处，刃缘轮廓呈大波浪形，从刃侧看，每个凹形内均呈柳叶形剖面，边缘钝化，略显方向性；磨圆重度，边缘突起上偶见散漫光泽。——推测为切硬性动物类物质，可能为干皮。

JP0132，细石叶，远端残，燧石质。pc6－7处，两面连续分布小型片疤，终端为羽翼状，单层分布，有方向；磨圆中度。——推测为切/锯软性动物类物质，可能为肉类。

JP0134，石叶，燧石质，两侧刃缘经过二次加工。发现一处使用痕迹：pc2－3处，背面连续分布小片疤，终端为羽翼状，刃缘局部呈粉碎状，pc2处有阶梯状片疤层叠分布；磨圆中度。（图版八：1、2）——推测为刮硬性动物类物质（1H），可能为鲜骨。

JP0138，细石叶，远端残，燧石质。pc6－7处发现不确定微痕，两面分布小型片疤，略显方向；磨圆轻度。——可能为切/片软性动物类物质。

JP0140，细石叶，远端残，玉髓质。pc6－7处有不确定微痕，分布小型片疤，有方向；磨圆轻度。——可能为切软性动物类物质。

JP0217，石叶，燧石质，一侧刃缘经过二次加工。pc6－7处，背面连续分布中、小型片疤，终端多为羽翼状，少数为阶梯状，片疤浅平，局部层叠分布，有方向性，边缘呈锯齿状；磨圆轻至中度。（图版八：3）——推测为刮中等硬度动物类物质

(1H),可能为骨。

　　JP1956,石叶中段,玉髓质,经过截断处理和二次加工,形似中东截断细石器。直刃发现使用痕迹,两面连续分布中、小型片疤,外形呈半圆形,片疤浅平,局部较深,终端多为羽翼状和阶梯状,刃缘呈锯齿状;磨圆轻度。(图版八:4、5、6)——推测切/锯软性动物类物质。

　　JP1967,细石叶,燧石质。周身有轻到中度磨圆,有小片疤。——可能经过使用,但运动方式和加工材料不明。

第四节　工艺与功能

　　区别对待不同种类的石料,对优质石料充分利用。燧石在丁村当地属于稀缺石料,优质燧石更是难以获得。几乎所有经过二次加工的石制品,以及石叶/细石叶都是燧石质或玉髓质,反映出当地人不仅了解各种石料的性能,而且对各种石料予以不同程度的珍惜。柴寺石制品组合中,工具的体量小,加工精细,连块状燧石或玉髓都经过二次修理,反映出当时当地人对优质石料相当珍爱,可能通过贸易或交换等方式获得远方的优质石料来制作工具,并充分利用。

　　石核预制技术较为原始。细石核的数量少,类型少,形制单一,有锥形、楔形与船形,不见半锥形和柱形。6 件细石核的体形较小,核身形态粗糙,多以节理面或单石片片疤面为台面;石核修理石片 3 件,与细石核的比例为 1：2,表明虽然存在石核预制技术和理念,但核坯的打制与修整尚处于较原始阶段,不太明显。

　　石片技术与石叶技术共存,存在几何形细石器。石片比例较高,约 43.3％,是工具的主要坯材;石叶为 17.9％,其中小部分经过二次加工。标本 JP1956,类似西方定义的几何形细石器,以折断的四边形石叶中段为坯,斜边与一侧直边均经过压制修理,形状为梯形[8](见图 5-6)。过去普遍认为,几何形细石器主要分布于旧大陆、南亚和澳洲,细石叶主要分布于东北亚和北美,分别代表了不同的文化和技术[9-11]。这件标本似乎是例外,但由于是孤品,其意义还不甚明了。

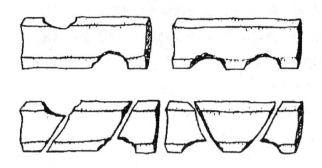

图 5-6　几何形细石器(依 Bordaz,1973)

器物的规范化与特化程度不高。工具类型的丰富程度适中,刮削器占主导地位(42.6%),其中又以端刮器为多(28.9%)。修理石片比例不低,存在权宜使用的现象,表明工具的特化程度不高。加工技术比较简单、原始,多为边缘加工,通体加工者少,两面器仅一件。存在琢背技术,但数量不多,集中体现在琢背小刀和琢背石叶等类型上。器物形态不够稳定,19 件端刮器形态各异,看不出工匠是否具备"概念型板"。有学者提出,柴寺石制品组合与下川石制品组合相似,但较之原始[12]。

石叶/细石叶的使用率较高,对形状和刃缘相当挑剔。石叶/细石叶的使用率略高于下川组合,其中石叶的使用率为 17.6%,细石叶的使用率为 48.3%,反映出对石叶与细石叶的区别对待。形状规则、尺寸适宜、具有合适的锋利刃缘,是石叶/细石叶被使用的必要前提;相反,弯曲、过厚、过小、无锋利直刃的标本,均不被使用。微痕分析推测,屠宰动物可能是当时人类的主要任务,动物类资源占主导地位,同时存在少量的植物加工,反映出可开拓资源的二元结构。3 处不确定的装柄痕迹分别出现在 2 件细石叶和 1 件石叶上,或许能够反映石叶/细石叶的镶嵌方式[13]。

综上,柴寺石制品组合的石片比例较高,细石核的预制程度、工具设计的标准化程度不高,表现出相当的原始性。二次修理技术比较简单,多为边缘加工,通体加工者少。柴寺细石器组合和下川组合较为相似,但是在石制品类型、加工技法等方面相对简单。可以说,柴寺石制品组合基本具备了典型细石叶工艺的特征,表现了华北地区细石叶工艺发展初期的状态。

注释

[1] 王建、陶富海、王益人：《丁村旧石器时代遗址群调查发掘简报》，《文物季刊》1994年第3期。

[2] 裴文中、吴汝康、贾兰坡、周明镇、刘宪亭、王择义：《山西襄汾县丁村旧石器时代遗址发掘报告》，科学出版社1958年版。

[3] 中国社会科学院考古研究所实验室：《放射性碳素测定年代报告（七）》，《考古》1980年第4期。

[4] Lv，T. L. D. (1999). *The Transition from Foraging to Farming and the Origin of Agriculture in China*. Oxford：BAR International Series 774.

[5] 王建：《关于下川遗址和丁村遗址群7701地点的时代、性质问题——与安志敏先生讨论》，《人类学学报》1986年第2期。

[6] 安志敏：《中国晚期旧石器的碳十四断代和问题》，《人类学学报》1983年第4期。

[7] 裴文中、贾兰坡：《山西省襄汾县丁村旧石器时代遗址发掘报告》，科学出版社1958年版。

[8] Bordaz，J. (1970). *Tools of the Old and New Stone Age*. Micigan：The Natural History press.

[9] 贾兰坡：《中国细石器的特征和它的传统、起源和分布》，《古脊椎动物与古人类》1987年第2期。

[10] 安志敏：《海拉尔的中石器遗存——兼论细石器的起源和传统》，《考古学报》1978年第3期。

[11] 陈淳：《几何形细石器和细石叶的打制及用途》，《文物季刊》1993年第4期。

[12] 张晓凌：《丁村77：01地点和下川遗址细石器制品的类型初探》，《文物春秋》2003年第1期。

[13] 甘肃省博物馆文物工作队、武威地区文物普查队：《永昌鸳鸯池新石器时代墓地的发掘》，《考古》1974年第5期。

第六章

柿子滩石制品分析

　　柿子滩遗址群位于黄土高原东部边缘,隶属于山西省吉县,是中国已知面积最大、堆积最厚、内涵最丰富的一处旧石器时代晚期遗址[1]。出土的石制品组合特色鲜明,形成了黄河中游地区独特的区域文化,即"柿子滩文化"[2],受到学术界的关注。本章将对柿子滩遗址群出土石制品组合展开类型学分析,通过对技术工艺、使用功能的探讨,结合生态环境,了解柿子滩石制品组合表现出的文化适应性。

第一节　研究背景

一、发现与研究

　　柿子滩遗址群,位于山西省吉县东城乡境内的清水河流域下游,西距黄河2公里(图6-1)。经历年调查,发现大量旧石器地点,经过试掘与发掘,获得丰富的文化遗物。其中S1地点和S12地点群的发掘工作开展全面,石制品遗存丰富。

　　柿子滩遗址考古学工作大事记如下:

　　1980年,吉县文管所的阎金铸在清水河畔的柿子滩第二级阶地发现旧石器遗存。

　　1980年4—8月,由临汾行署文化局主持,作进一步调查,对柿子滩遗址(2000年命名为S1地点)进行试掘[3],获得一批重要的文化遗物及动物化石,并进行了类

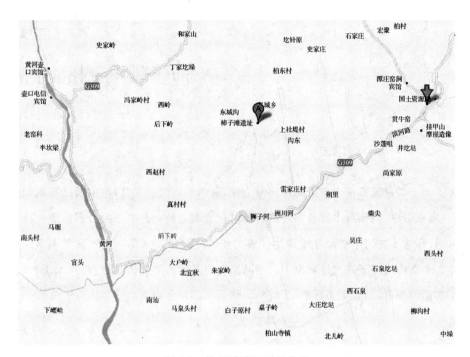

图 6-1 柿子滩遗址群的位置

型学研究[1]。

之后,阎金铸在清水河流域进行多次调查,在 S1 地点以东约 15 公里的沿河两岸发现十余处同时期遗址或地点,采集石制品数百件,基本界定了柿子滩遗址群的主要范围。

1993 年 11 月,北京大学考古学系考察并采集年代测试样品,公布上文化层加速器质谱碳十四的年代为距今 1.6 万~1 万年左右,即晚更新世晚期到全新世初期[4]。

1999 年,系统采集孢粉样品,中、下文化层所在的底砾层热释光年龄测定为距今3.5 万~1.7 万年,基本复原了遗址的气候背景[5]。

2000 年 7—8 月,山西省考古研究所、山西大学考古专业和吉县文管所组成的

152

联合考古队进行拉网式调查,核查并新发现石器和化石地点 25 处[6]。

2000—2001 年,选择 20 个地点进行定量探沟式发掘,基本搞清了遗址群内石器文化的分布范围、分布高程、分布密度、地质成因和遗址的埋藏性质,并确定"高楼河中心区域"的范围。

2001 年,"柿子滩旧石器考古工作研讨会"举行,认为柿子滩遗址的发现,对建立西部史前文化的时空构架,探索中国细石器时代文化的区系类型,攻克人类从旧石器时代晚期向新石器时代早期过渡,以及从采集经济到农耕文明的演进等一系列重大课题,都有着十分重要的学术意义[7]。

2001 年,柿子滩遗址群被评为"2001 年全国十大考古发现"之一,其中 S1 地点被定为国家级文物保护单位[8]。

2001—2007 年,对 S9、S12、S14 和 S24 四处地点进行发掘,共发现 20 余处用火遗迹和数以万计的文化遗物[9-12]。

二、考古发现

2000 年以来,为了重新认识柿子滩文化的内涵与时空分布,柿子滩考古队有计划地开展了考古工作,分为调查、试掘、重点发掘三个阶段。通过田野调查和初步研究,获得了大量重要的考古学资料。

(一)S1 地点[1]

原指柿子滩遗址(110°04′E,36°00′N),后更名为"S1 地点",位于吉县东城乡下岭村、清水河西北岸的阶地上。1980 年 4—8 月展开试掘,面积 100 平方米。地层自下而上分为五层:底砾层、灰褐色粉砂土层、灰黄色土层、黑垆土层和耕土层,中间三层包含人工制品和动物化石。可分辨动物化石有啮齿类、虎、鹿、牛、羚羊、猪、犀牛、鸵鸟和软体动物等。

文化遗物包括石制品和岩画两部分,石制品共计 1807 件,其中典型细石器 750 件[①],蚌器 2 件,两方岩画位于石崖南端的"岩棚"下,用赭红色赤铁矿绘制,风化严重。内容分别为裸体女性和狩猎舞蹈图,尚待进一步的辨识与研究。

根据陕西"洛川剖面黑垆土的碳-14 年龄测定值为 10,000 年,热发光年龄为 8,000±400 年",原报告认为 S1 地点的黑垆土与此年龄相近,"地质时代当为全新世之初,其底砾层应归入更新世晚期之末"。

(二)S12 地点群[11]

S12 地点群位于吉县高楼河村南,地处清水河与其支流高楼河交汇处的二级阶地,是"高楼河中心区域"的重要组成部分(见图 6-2)。

2000 年,在高楼河沟口附近调查与试掘发现多件石制品与动物化石,被命名为"S12 地点",该地点可能是原始人类频繁活动的地方。2001 年开始正式发掘,截止 2007 年,共发掘 7 个地点,依次命名为 S12A、S12B、S12C 等。除 S12B、S12G[②]地点外,其余几个地点的出土遗物经过系统整理(见图 6-3)。

S12A 地点属于"原生层位",发掘面积 75 平方米,深度 355 厘米。目前出土石制品 2364 件,动物化石 3174 件(含烧骨),装饰品 1 件,赤铁矿颜料 4 件,鸵鸟蛋皮 2 件,陶器 1 件,瓷片 1 件。动物化石多为碎骨片和残片,可鉴定动物种类与 S1 地点类似,尤以马类和小型偶蹄类为主。石制品原料以燧石比例为最高,其次是石英岩、石英砂岩和脉石英、硅质岩、片麻岩、辉绿岩、泥岩及砂岩等。石制品类型有石核、石片、细石叶、刮削器、尖状器、锥钻形器、雕刻器、锯齿刃器等。还陆续发现用火遗迹、石制品碎屑区、化石条带等遗迹现象。研究者推测,探方东部区域可能是屠宰、肢解动物的场所,而西部区域可能反映了烧烤食物、敲骨吸髓的场景[13]。整体来看,该地点可能是一处大营地,并经过一定的规划和使用,屠宰、食物加工和食物消费在不同区域进行。迄今两个测年数据分别为 16,050(±160)BP 和 18,180

---

① 原报告细石器 755 件,笔者统计结果为 750 件。
② 笔者曾对 S12G 地点进行发掘并整理,由于目前尚未正式公布材料,故本文不涉及该地点。

图 6-2 柿子滩 S12 地点群分布示意图(依赵静芳,2008)

(±270)BP,均来自 2001 年出土的骨制品。

(三)S14 地点[10]

S14 地点(110°32′40″E,36°02′11″N),位于吉县东城乡西角头村南。采用阶梯式探沟发掘,底部发现用火遗迹,出土石制品和骨制品。石制品共 202 件,绝大多数原料为燧石(77.7%),可分为非定型石核、石片、细石核、细石叶、刮削器、断块/碎屑等类型(见图 6-4)。

研究者定义"骨制品"为人类有意识作用于动物骨骼的产物,共计 50 件,多小而易碎,其中 15 件上有火烧痕迹;此外还有大量动物骨骼残渣。研究者认为,该地

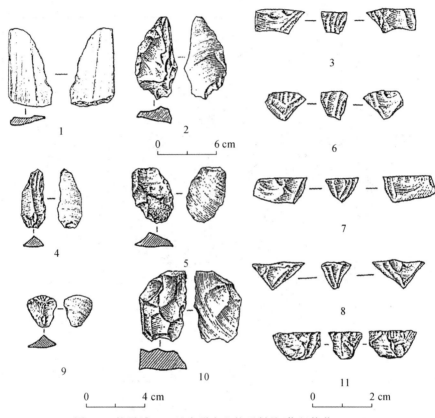

图 6-3　柿子滩 S12 地点群出土的石制品（依赵静芳,2008）

1. 蚌制刮削器;2. 石英岩尖状器;3、6、7、8、11. 燧石细石核;

4、5、10. 石英岩刮削器;9. 燧石端刮器

点可能是一次性使用的篝火遗迹。但是,S14 地点为水流冲击堆积,其性质仍存疑。

(四)S9 地点[12]

S9 地点(110°32′40″E,36°02′11″N),南距柏山寺乡高楼河村约 150 米。于 2000 年调查时发现,后经过三次发掘,总厚度达 455cm,面积达 25 平方米。出土文化遗物共计 2359 件,其中石制品 1652 件,化石 695 件,蚌制品 12 件,此外筛洗所得近

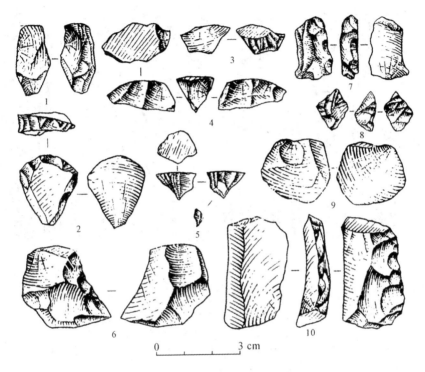

图 6-4　柿子滩 S14 地点出土的石制品(依柿子滩考古队,2002)

1、2. 端刮器;3、5. 细石核;4. 石核;6、7、8、10. 刮削器;9. 石片

5000 件。碳-14 加速器质谱测年数据有两个,分别为 20,000～10,000 BP[1] 和 8340 (±130)BP,后者标本为用火遗迹中心的炭块。

石制品类型丰富(见图 6-5),细石核有柱状、锥状、楔形和普通细石核[2]四类; 出土细石叶 144 件,完整者 44 件;石器包括刮削器、尖状器、小型砍砸器、石锤等, 其中以 2 件半月形刮削器比较特殊;此外,还有石磨盘和石磨棒各 2 件,颜料块和 研磨石各 1 件。

---

① 由北京大学提供。
② 普通细石核又称块体石核,以节理石片为毛坯。

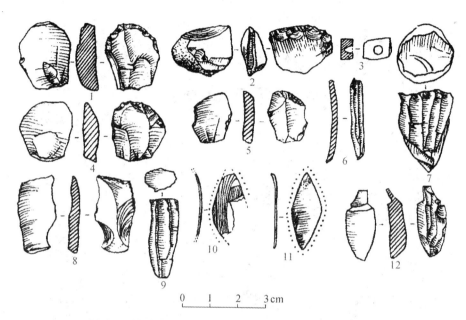

图 6-5　柿子滩 S9 地点出土遗物(依柿子滩考古队,2010)
1、4. 端刮器;2、7、9. 细石核;3. 鸵鸟蛋壳;
5、8. 刮削器;10、11. 蚌制品;12. 石片

在黑垆土下发现一处小型火堆,直径约为 10～20cm,遗迹现象集中,中心已碳化成块状。周围零星分布有炭屑,还出土许多小型啮齿类动物的头骨、肢骨和门齿,不少带有火烧痕迹,其中一件小型哺乳动物的椎骨被烧成黑色。推测为临时性的篝火地点[14]。

三、生态环境与古气候

柿子滩遗址群地处吕梁山西南麓,黄土塬、梁、峁及水流冲蚀的沟谷构成了中国中西部典型的黄土高原地貌。清水河发源于东部的高天山,沿高祖山与火炎山之间谷地流贯吉县全境,最终注入黄河。

遗址所在阶地的沉积物厚度近 9 米,顶部为一层褐色黑垆土层,富含有机物;

下部为质地疏松的灰黄色黄土和深灰黄色黄土,之间夹有两层颜色较深的弱成土古土壤层;底部为砂砾石层,直接覆盖在三叠纪砂岩之上(见图6-6)。

图 6-6　柿子滩遗址群的地貌

夏正楷等人对柿子滩剖面的孢粉分析表明,本地区在 3.5ka—9.4ka BP 期间始终是以蒿属为主的草原和荒漠草原植被。这一时段可分为三个亚期,不同时期植被的成分有明显变化:(1)3.5ka—17ka BP,末次盛冰期极盛期,气候干燥寒冷,环境恶劣,植被较差,不见落叶阔叶树,属寒冷干燥气候条件下的荒漠草原环境;后期蕨类植物明显增多,反映气候曾一度变湿,出现寒冷半湿润的草原环境。(2)17ka—11.9ka BP,末次冰消期早中期,蒿/藜与落叶阔叶树同步增多,反映当时气候存在一定的波动,出现温和干旱的草原环境和温和半干旱疏林草原的多次交替。

(3)11.9ka—10.5ka BP,冰后期开始,气候变暖,草本植物丰富,为典型的温和半干旱的草原环境,后期落叶阔叶树和蕨类植物增多,草原逐步过渡为温暖半湿润的落叶阔叶林草原环境[5]。

第二节 类型—技术分析

一、原料分析

原报告及相关的简报和研究文章显示,柿子滩石制品分为两组,粗大石器多用变质砂岩和角页岩打制而成,细石器则以石英岩和各色质地较差的燧石为主要原料,兼有角页岩、石英砂岩及硅质岩、泥岩等。

柿子滩遗址石制品原料的来源可能有两个:遗址地层底部为中生代三叠纪基岩,上层为棕红色砂质泥岩,易风化剥落;下层为灰褐色砂岩,质较密,具层理。组合中的砂页岩、砂岩、泥岩等原料,即产自此。质地略好的石英岩、燧石则来自几公里以外的黄河滩砾石,但较下川原料质地粗劣。

二、石制品的类型

根据级差型动态类型体系,笔者对 S1 地点上文化层的 1784 件石制品(原报告为 1793 件,计算有误)进行观察和分类。结果如表 6-1 所示。

表 6-1　柿子滩 S1 地点石制品的级差动态类型分析

类别	类型	名称	式样	亚式样	数量(件)	百分比(%)	合计(件)	合计(%)
制作类型	石片	普通石片	—	—	545	49.1	1110	62.2
		两极石片	—	—	20	1.8		
	细石叶	—	—	—	545	49.1		

类别	类型	名称	式样	亚式样	数量（件）	百分比（%）	合计（件）	合计（%）
使用类型	成形工具	尖状器	—	—	49	11.7	453	25.4
		细石叶尖状器	—	—	1	0.2		
		刮削器	边刮器	单/双边	84	18.5		
				半月形	3	0.7		
				聚刃刮器	7	1.5		
				细石叶刮削器	1	0.2		
			端刮器	端刮器	240	53.0		
		雕刻器	—	—	23	5.1		
		锥钻形器	—	—	2	0.4		
		锯形器	—	—	2	0.4		
		两面器	—	—	12	1.8		
		琢背石片	—	—	8	1.8		
		砍斫器	—	—	4	0.9		
		手斧			3	0.7		
		石锤	—	—	11	2.4		
		磨盘/磨石	—	—	3	0.7		
废弃类型	耗竭品	石核	非定型石核	锤击	7	3.2	221	12.4
				两极	6	2.7		
			细石核	锥形	65	29.4		
				楔形	79	35.7		
				船形	64	29.0		
总 计							1784	100

161

根据级差型动态类型分析,图 6-7 显示了对柿子滩石制品组合"操作链"的复原。

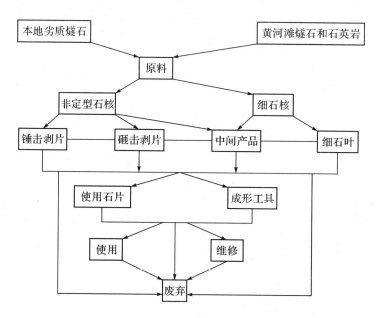

图 6-7　柿子滩石工业"操作链"复原图

三、细石核与细石叶的技术特点

以 S1 地点为代表的柿子滩细石核形体均较小,绝大多数台面经过预制修理。根据形态及工艺特点可分为锥形、楔形与船形三个亚类(见图 6-8、6-13)。对 S9 地点的最新发掘简报中还提到一类"普通细石核",又称块体石核,以节理石片为毛坯[12]。笔者认为,此类细石核称为"板状细石核"或"不规则细石核"更贴切,"普通"一词似有歧义。由于不规则细石核的出现仅为个案,本节不将之作为一个亚类型论述。

锥形细石核　核身分为铅笔头形和漏斗形两种。铅笔头形石核的台面顶视圆

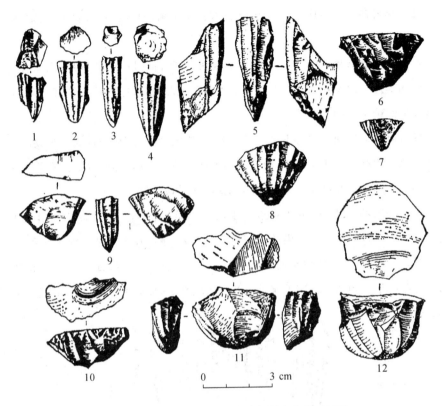

图 6-8　柿子滩细石核（依临汾行署文化局，1989）

1—4.锥形（铅笔头形）；5、9.楔形；6—8、12.锥形（漏斗形）；10—11.船形

形，多为横截面由外向内多次修整的石片疤面；沿台面翘棱周边剥片，片疤上宽下窄向底尖集中。核身分长短二亚型，短者居多。漏斗形石核的台面分为整圆与椭圆二型，系石片疤面或节理面；椭圆者一般为预制核坯，整圆者核体多留有部分自然面。

楔形细石核　台面经过预制，剥片端较宽厚，相对端修成弧刃，侧视呈楔形或扇形。台面预制或从宽厚面向窄面打片，或从一侧向另一侧打片。台面均呈陡坡状，自宽厚端台面向底端斜向压片，片疤直通底端弧刃。根据核身侧面形态，可分为宽窄二型。

船形细石核 台面均经预制修理,两端基本平衡,两端剥片者较少,底端圆弧,侧视呈船形或梯形。

细石核修理石片 S9 等地点发现修整细石核台面时产生的石片,背面有剥离细石叶的痕迹。因剥片面上方有横向节理或其他原因,对原石核修整打片,形成新的台面以继续生产细石叶。

细石叶 数量和石片差不多。完整者少,绝大多数为残断品,或一头或两头被打断。背面均有一至两条纵脊,断面呈梯形或三角形。形态或平或弯,有些还有使用痕迹。少数细石叶尺寸十分小,可能是压制时的副产品。

细石叶工具 以细石叶为坯进一步加工成器。细石叶尖状器,在石叶的两长边错向修理,形成平直边缘;尖端正向加工成歪尖,制作较为精细。细石叶刮削器,将石叶远端折断,在一侧边正向修理平直,成直刃刮削器。细石叶工具的出现,表明细石叶的生产和加工在柿子滩石工业中比较稳定,形成了标准化、专门化的产品(见图 6-9)。

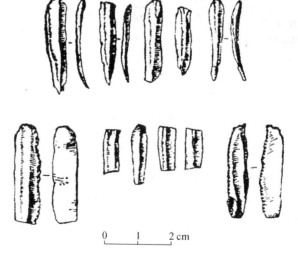

图 6-9 柿子滩细石叶/细石叶工具(依临汾行署文化局,1989)

上排:细石叶;下排:细石叶工具

164

四、其他典型石器的技术特点

刮削器,是柿子滩石器中的典型工具类型,数量300余件。按照加工部位和器型,可分为边刮器、端刮器、半月形刮削器、聚刃刮削器等亚型(见图6-10)。端刮器

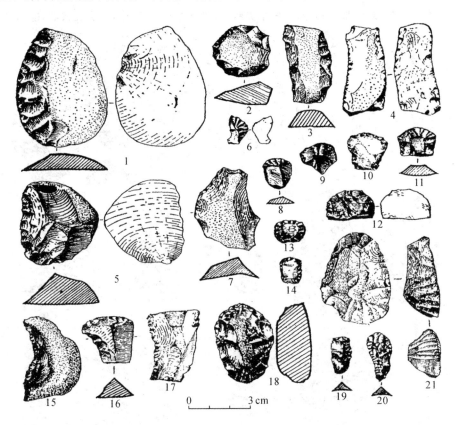

图6-10 柿子滩刮削器(依临汾行署文化局,1989)

1.半圆形刮削器;2、18-21.聚刃刮削器;3-7、15-17.边刮器;8-14.端刮器

和半月形刮削器,均为燧石质;其余亚型多为石英岩质地。其中,半月形刮削器体型较大,形态与技术皆与薛关同类制品一致[15]。端刮器形状有平底圆头、圆底圆

头、带铤圆头、短身圆头等式样,修整细致。

尖状器,是柿子滩石制品组合中较为典型且别具特色的器型,被称为"特色石器"[14]。在此只讨论采用单面通体修理、单面边缘修理、双面边缘修理形成的尖状器,以区别于下文的两面器。根据尖部的位置和器形,分为双尖尖状器、正尖尖状器、歪尖尖状器、心形尖状器、三棱小尖状器(见图6-11)。其中,双尖尖状器,也称"桂

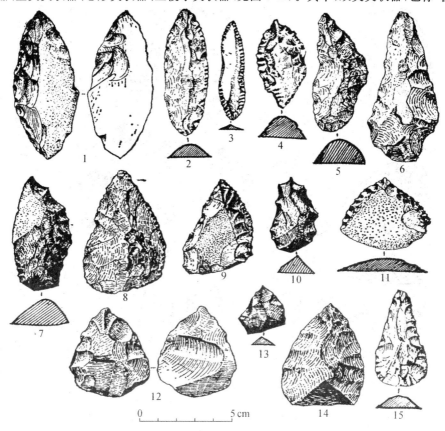

图 6-11　柿子滩尖状器(依临汾行署文化局,1989)

1—4.双尖尖状器;5—9.歪尖尖状器;10、13.三棱小尖状器;

11.心形尖状器;12、14、15.正尖尖状器

叶形尖状器",是该遗址最具风格的器型之一,多为石英岩质;部分为单面通体加工,部分为单面边缘加工。其余各式尖状器,形状与薛关的同类器物更为接近[16]。

两面器,本节定义采用两面通体压制、修薄技术成形的器型为两面器。此类器物的共同特点是,以厚石片为坯,两面通体加工修薄,剥片到达或穿越标本中心。以底部为依据,分为平底和圆底两种,尖部歪向一侧(见图 6-12)。尖及侧边锋利,器体两面修整平坦,体型较小,长 2.53~2.66cm。形制较为简单、随意。

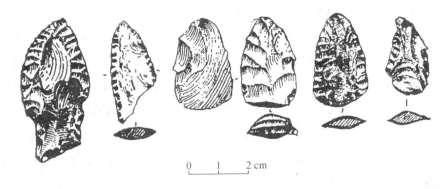

图 6-12 柿子滩两面器(依临汾行署文化局,1989)

第三节 工艺与功能

柿子滩遗址处于晚更新世晚期到全新世初期,被认为是分布于中国黄土高原东部边缘和黄河中游一种独特的区域性文化。通过对柿子滩石制品组合的原料来源、主体特征、打制技术、类型组合和微痕的分析,为探讨新旧石器时代过渡阶段人类的文化适应提供更多的认识与可能的解释。

对本地原料和外来原料的双重利用,以石英岩和劣质燧石为主要石料;原料与石制品类型存在一定的关系,反映出工具生产的原料选择。从目前已发表的材料来看,柿子滩多个地点的石制品原料情况相近:种类较多,以燧石和石英岩为主,其次为石英砂岩、石灰岩等。就质地而言,柿子滩遗址中的燧石又可分为两种类型:第一种是黑色燧石,质地不太致密,杂质较多,体形较大,有点近似于丁村文化中常见的角页岩,明显区别于下川的优质燧石,暂称之为劣质燧石。一些个体较小的细石器及其副产品是用另一种燧石制成的,质地较好,相对致密,颜色多样,有些呈半透明状。就来源而言,质地相对较好的燧石和石英岩,来自距离遗址几公里以外的黄河滩砾石,经过远距离运输,属于外来原料;劣质燧石和石英砂岩、变质泥岩等,则可能产自当地的岩石基座,属于本地原料。

结合工具类型来看,圆头端刮器和细石叶多采用燧石制成,而其他类型则多采用石英岩,表现出石料与器类之间存在一定的关系。一方面,这可能受制于石料的可获性,燧石个体偏小,不宜制造大型工具;石英岩砾石体型较大,虽然非本地原料,但数量较多,利用几率也相对较大。其他产自当地的劣质石料,则被随意开发,加工成不同器物。另一方面,本地石料和外来石料的采办,显然需要不同程度的成本和能量投入。对石料的选择和区别利用,可能反映出工匠对工具生产的设计性和选择性,以及一定的标准性。

石核的强化剥片和节约行为明显,反映出比较严重的石料紧缺现象。石制品体型普遍小巧,石核体型非常小(见图6-13),存在大量的石核断块、小石片以及废片。大量短身圆头刮削器的存在表明对石器的耗竭使用,多数工具直至失去效能方遭废弃。两极法的存在也说明为了节省原料,可能将某些废弃的工具或小型石料进行强化剥片,来增加可使用的石料数量。当时

图6-13　柿子滩小尺寸细石核

当地可能存在比较严重的紧缺现象,导致工匠为了节省原料,不惜投入更多的时间和能量来延长工具的使用寿命。

娴熟的石核预制技术。柿子滩细石核数量大（占石核类的 94.1％），类型单一，形制较一致，以楔形和船形为多，不见柱形和半锥形等式样。绝大多数细石核的台面经过预制，仅少数细石核以节理面或石片疤为台面。虽然原报告未提及，但是后来的研究及 S9 地点的发掘简报都显示，存在修理台面过程中产生的石核修理石片，体量小，可能是修理后期阶段的产物，通过调整核身或台面来减小台面角，维持石核的继续利用。与其他细石器遗存相比，柿子滩细石核的形态和技术特征，表现出相当娴熟。但是和虎头梁遗址相比，其预制法仍然有别：虎头梁细石核多经过有步骤、标准化的预制，形成特定的预制核坯；而柿子滩的预制较为随意，并没有追求刻意的形态或标准，似乎承袭了下川细石核的特色，只是更加成熟而已。

以细石叶工艺为典型，以石片石器为辅，不见石叶或石叶石核。配合大量的细石核，柿子滩的细石叶及细石叶工具数量较大。同时，没有发现石叶或石叶石核。大量的细石叶、细石叶尖状器和细石叶刮削器，表明了细石叶工艺的高度成熟和主导地位。

部分工具类型内部的稳定性和标准化程度不高；二次修理技术应用随意；琢背技术存在，但呈衰退趋势。柿子滩某些定型工具类型形态的随意性较大，成型不规整，例如圆头刮削器，亚式样多，端部仅经过些许修理，未形成典型的陡加工。二次修理技术应用随意且灵活，广泛应用于燧石以外的其他石料。可能是工匠技艺娴熟，可熟练控制操作程序和技巧。存在少数琢背技术，只应用于琢背小刀和雕刻器，与早期细石器遗址相比，呈现出衰退趋势。

遗址群内各地点石制品类型的差异性较大，反映出不同地点的不同活动性质，指示遗址的分区设计和协调作业（见图 6-14）。

S1 地点上文化层石制品类型多样，数量丰富。石核、细石核、石锤及大量石器表明史前人类在此地制作并维修大量石器。各式刮削器达 19.1％，说明人类在这里从事各种加工活动。端刮器的大量存在（240 件），暗示了加工皮革的工作量很大。细石叶数量不小，指示了复合工具的大量存在，人类可能在此处进行过动物屠

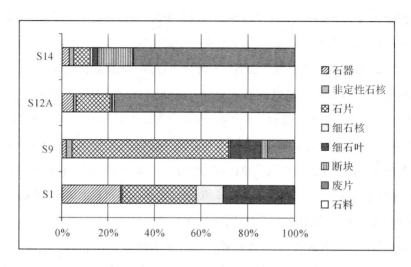

图 6-14 柿子滩各地点石制品类型分布情况

宰的活动。许多与原始艺术相关的物品(如石磨盘、石磨棒、赤铁矿、装饰品及岩画等),以及动物化石也具有相同的指示性。种种迹象表明这可能是一处全年性、日常性的基本营地,至少是一个群体的大本营。

S14 地点石制品数量不多,类型也较为简单,只出现一些最基本的器型。从篝火遗迹来看,火堆面积仅 70 平方厘米左右,呈弧形,圆心大约在西南方向,其中包含的石制品也以相同弧度集中排列,反映出只适于一人使用,而且人是坐在"圆心"位置的。遗址中没有牙齿、头颅、关节等不可食用的坚硬部分,说明捕获和屠宰是在 S14 地点以外进行的,主人只是将可食用部分拿到这里作进一步加工,然后食用。因此,S14 地点可能是单人临时营地,是此人在采办石料或采集食物途中休息的地方。

S12A 地点明显可分为两个区域。西区:用火遗迹集中分布,包含物有破碎的石制品、烧骨和烧石。其中一处比较特别,在 1 平方米左右的范围内,布满了 40 余件砂岩砾石(见图 6-15)和若干动物长骨碎片,还有动物下颌骨、少量的石制品。同时,在此砾石用火遗迹的外围还散布着与这些砾石大小相近、岩性相同的砂岩砾

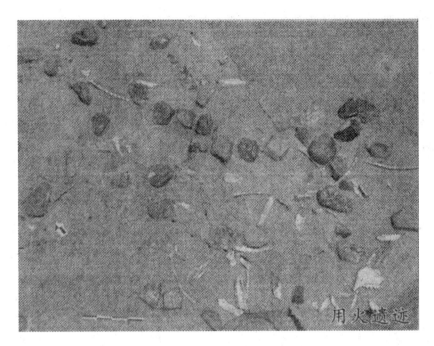

图 6-15　柿子滩 S12A 地点的火烧砾石分布(依赵 & 霍,2007)

石。根据非洲的民族志学材料,这极有可能是火裂石,用来间接烧烤食物,避免肉类直接接触火焰而烧焦。这里应该是加工动物及消费食物的区域。东区:分布着比较大的动物骨骼,基本不见石制品。有的脊椎上可见砍砸和切割痕迹,一些四肢骨碎片上有明显的敲击痕迹。可能意味着这里是初步屠宰动物和肢解动物的场所。S12A 地点可能是一个大型基本营地。人类在这里打制石器、肢解动物、烧烤食物、敲骨吸髓。该营地经过一定的规划,屠宰、食物加工和食物消费在不同的区域内进行。

　　以上分析表明,柿子滩石制品组合的技术灵活性高,但工具设计的标准化程度不高。对石料的高度选择、强化利用和节约行为,反映出当地优质石料十分紧缺。工具形态的随意性和灵活性,反映出工匠技艺的高超和娴熟,对工艺的掌握和控制能力比较强。柿子滩石器的小型化与非标准化,表明在旧石器时代末期向新石器时代过渡阶段,我国的细石器工业逐步呈现出灵活化和强化使用的特点。学者普遍认为,石器组合的变异性与人群的流动性成反比,随着人群流动性的降低,定居程度的提升,为了适应小范围有限的资源,石制品的标准化和专门化逐渐降低,而表现出更强的随意性和灵活性[17-18]。柿子滩石制品组合所体现的工艺特点,可能为后来的定居奠定了基础。

注释

［1］山西省临汾行署文化局:《山西吉县柿子滩中石器文化遗址》,《考古学报》1989年第3期。

［2］石金鸣:《吕梁山西麓旧石器文化探析》,载山西省考古研究所编:《山西省考古学会论文集(二)》,山西古籍出版社2000年版。

［3］张文君:《山西吉县柿子滩旧石器遗址试掘记》,《考古与文物》1990年第1期。

［4］原思训、赵朝洪、朱晓东、阎金铸、阎雅枚:《山西吉县柿子滩遗址的年代与文化研究》,《考古》1998年第6期。

［5］夏正楷、陈戈、陈福友、韩军青:《黄河中游地区末次冰消期新旧石器文化过渡的气候背景》,《科学通报》2001年第14期。

［6］山西大学考古专业:《清水河流域史前考古调查》,山西大学第十届"创新杯"课外科技作品,2001年。

［7］陈福友、裴树文:《"柿子滩·旧石器考古学术研讨会"侧记》,《人类学学报》2001年第4期。

［8］国家文物局:《山西吉县柿子滩旧石器时代遗址群》,载国家文物局编:《2003中国重要考古发现》,文物出版社2004年版。

［9］石金鸣、宋艳花、阎雅枚:《吉县柿子滩旧石器遗址群考古取得新进展》,《中国文物报》2002年4月12日。

［10］柿子滩考古队:《山西吉县柿子滩旧石器时代遗址S14地点》,《考古》2002年第4期。

［11］赵静芳:《柿子滩遗址S12地点发现综述》,载北京大学考古文博学院编:《考古学研究(七)》,科学出版社2008年版。

［12］柿子滩考古队:《山西吉县柿子滩遗址第九地点发掘简报》,《考古》2010年第10期。

〔13〕 赵静芳、霍宝强:《山西吉县柿子滩旧石器晚期遗址再获重要发现》,《中国文物报》2007 年 11 月 30 日。

〔14〕 宋艳花:《柿子滩文化技术研究》,山西大学硕士学位论文,2003 年。

〔15〕 王向前、丁建平、陶富海:《山西蒲县薛关细石器》,《人类学学报》1983 年第 2 期。

〔16〕 丁建平:《薛关遗址的尖状器》,《文物世界》2004 年第 6 期。

〔17〕 Shott, M. J. (1986). Technological organization and settlement mobility: An ethnographic examination. *Journal of Archaeological Research*, 42(1), pp. 15—53.

〔18〕 Shen, C. (2001). *The lithic production system of the Princess Point Complex during the transition to agriculture in Southwestern Ontario*, *Canada*. Oxford: BAR International Series 991.

第七章
其他相关遗址

山西南部是我国细石器遗址发现较多,研究较为深入的地区,一方面表现出明显的区域特征,另一方面也表现出一定的相似性与互动性。遗址间对比,有利于了解细石器的分布、技术及功能,也有助于探讨旧石器时代晚期向新石器时代早期过渡的人类文化适应。本章将对几个地域相邻、文化特点相近的细石器遗址进行介绍与对比,以进一步了解华北地区的细石叶工艺。

第一节　薛关石制品组合

薛关遗址(111°E,36°27′N),位于山西省西南部蒲县薛关村西约 1 公里处的昕水河左岸(见图 7-1),属于典型的细石器技术传统。它的发现与研究,对于探索旧石器时代晚期至新时期时代早中期晋西南地区的人类行为及文化适应具有重要意义,为进一步探讨细石器技术传统的分布与发展提供了更多的资料与线索。

一、研究背景

1964 年,中国科学院古脊椎动物与古人类研究所周明镇教授等人前往山西省西南部调查新生代地层,在山西省蒲县薛关镇的晚更新世黄土中发现了人工石制品。1979 年 9 月和 1980 年 10—11 月,山西省考古研究所对该地点先后进行了试掘与正式发掘,共获得石制品 4777 件,以及部分现生种哺乳动物化石。1983 年公布了相关材料,初步明确了该遗址的文化内涵和性质[1]。

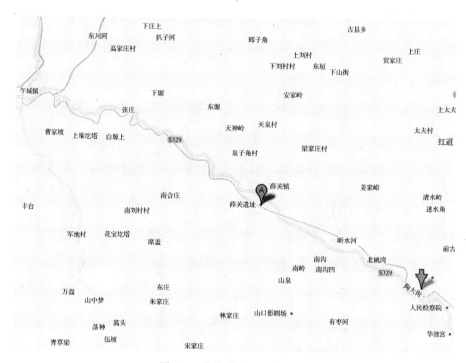

图 7-1 薛关遗址地理位置图

薛关遗址的堆积属于坡积物质,地质年代最老不会超越晚更新世晚期,有可能跨进全新世早期;文化时代处于旧石器时代晚期之末,或中石器时代初期;碳-14测年数据〔(13550±150)BP〕①也支持这一观点。

自发现之初,学者就常常将薛关石制品组合与下川组合进行对比,认为两者在石器大小、器型类别、加工方法等方面均有较多一致性,但也存在明显的地域差别:如下川典型的锥形、柱形细石核、石核式刮削器与两面器等不见于薛关,而薛关典型的半月形刮削器等不见于下川[1]。随着吉县柿子滩遗址的发现,越来越多的研

---

① 绝对年代测定由北京大学考古专业碳-14实验室提供。

究显示,薛关与柿子滩更为接近[2-3]。

对岩土样品的孢粉分析表明,薛关遗址的植被以蒿、藜、菊类草本植物为主,伴有松、榆、栎等针叶/落叶阔叶树种,不见现在北方常见的桦、柳等落叶阔叶树种。地层中除马、野驴、羚羊、牛、鹿和鸵鸟等现生种哺乳动物化石外,还发现微型软体动物、小型啮齿类动物化石及轮藻等低等植物化石。岩土粒度分析数据表明,薛关遗址堆积过程中有大量粉尘产生、扬起和搬运现象,体现了样品形成环境寒凉少雨,风化程度较低。矿物成分及含量分析说明,薛关遗址的土质相对有利于植物的生长和一些穴居动物的生存,反映出当时的气候条件较现今更为干冷,属于荒漠草原或疏林丘陵植被景观[4]。

二、石制品的类型分析

薛关石制品的原料以燧石、石英岩和角页岩为主,与三级、四级阶地砾石层的岩石成分基本一致,表明这些石制品都是就地取材的。

由于客观原因,笔者未能亲自对薛关的细石器组合进行观察与分析,本文所用材料和数据,均引自原报告或其他学者的研究。根据级差型动态类型体系,笔者对原报告中的 4777 件石制品重新进行分类(见表 7-1)。

表 7-1　薛关石制品组合的级差动态类型分析

类别	类型	名称	式样	亚式样	数量(件)	百分比(%)	合计(件)	合计(%)
制作类型	石片	—	—	—	570	13.2	4310	90.2
	细石叶	—	—	—	110	2.6		
	中间产品	—	—	—	3630	84.2		

续表

类别	类型	名称	式样	亚式样	数量（件）	百分比（%）	合计（件）	合计（%）
使用类型	成形工具	尖状器	—	—	29	12.8	227	4.8
		刮削器	边刮器	单边	26	11.5		
				多边	10	4.4		
				半月形	4	1.8		
				聚刃刮器	3	1.3		
			端刮器	端刮器	63	27.7		
				边端刮器	83	36.5		
		雕刻器	—	—	4	1.8		
		琢背石片	—	—	2	0.9		
		似手斧	—	—	1	0.4		
		石锤	—	—	2	0.9		
废弃类型		失误品	—	—	0	0	240	5.0
		破损品	—	—	0	0		
	耗竭品	石核	非定型石核	锤击	149	62.1		
			细石核	锥形	4	1.7		
				半锥形	10	4.1		
				楔形	19	7.9		
				船形	53	22.1		
				似锥形	5	2.1		
总　计							4777	100

（一）细石核与细石叶

薛关细石核可分为五种亚类型：锥形、半锥形、似锥形、楔形和船形（见图7-2）。

178

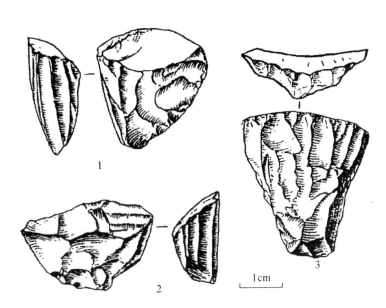

图 7-2　薛关细石核(依王向前等,1989)

1、2.楔形;3.半锥形

锥形细石核　形似漏斗,核身较短,周身剥片,底部尖。台面为自然面或劈裂面,一般不作修理,轮廓为圆形或椭圆形。石片疤宽而短,形状不规则。和下川漏斗状石核一样,应该是采用直接打制法或间接打制法生产小石叶或小石片的母体。

半锥形细石核　外形犹如整锥形细石核的一半,仅由一侧剥落细石叶,相对一侧(背面)平坦,为自然面或劈裂面,不产生石片。台面多向背面自然倾斜,呈半圆形,不经过修理。核身由于多次连续剥片,使台面变成狭长条。

似锥形细石核　顾名思义,形似不规则锥体。核身矮,一般在 9～20mm。台面为劈裂面,不修理,轮廓略作圆形。核身周围仅部分留有细石叶疤,不规整。

楔形细石核　核身横宽扁平,台面狭长,多经过预制。基本工艺与下川相似。根据原报告的描述,所指楔形细石核的轮廓呈扇形或三角形,弧刃楔状缘位于石核后端,实为窄楔形细石核亚类[5-6]。在部分经过预制的斜坡状台面上,修理疤痕偶尔呈现出接近垂直的两种方向,靠近工作面的部分由前向后,靠近尾端的部分由左向右,这可能与更新有效台面以继续工作面剥片有关[7]。

船形细石核 数量众多,被研究者认为是薛关石核类型的代表特征,是与下川组合的区别之一。但是,原报告中所描述的形态、技术特征,"台面相对端(底端)多向两面修理成刃状,台面尾端平凸不修理",似乎就是宽楔形细石核,而非船形。笔者认为,对此类细石核的误认以及对石制品组合内涵的误断,可能是当时研究者对楔形细石核工艺缺乏本质上的认识和了解。近年来多篇关于楔形细石核的深入研究[8-10]提醒我们,对于旧材料有必要重新审视并分析。

细石叶 均为燧石质,数量仅为石片的1/5。台面小,两侧边平行,石叶背面一般有一条或两条纵脊,宽度多在5mm左右,长宽比在(3∶1)～(6∶1)之间。

细石叶工具 仅一件,原定为微型尖状器。以细石叶为坯,沿两侧边向背面精修,于尾端形成一个细小锐尖,器身长仅16mm。

(二)其他典型石器

石器占整个组合的4.8%,以小型者为主流,器型品种较少,形制单一,有刮削器、尖状器、雕刻器、琢背小刀、似手斧几类。

刮削器 是遗址中出土数量最多、类型最为复杂的工具类型。绝大多数由石片制成,坯材形状比较规整。二次修理以正向单面加工为主,反向加工和错向加工少见。多数刮削器比较精致,器形稳定,修疤浅平细密,刃缘平直,刃口薄锐。根据刃口的数量和形态可分为端刃(长身、短身)、单刃(直刃、凸刃、凹刃)、双刃、半圆形、圆盘状等亚型[11](见图7-3)。其中,数量多、个体小、器形稳定的端刮器比例最高(77%)。体形小于20mm的微型刮削器占半数以上,虽然与其他器形相比大小悬殊,但制作工艺始终保持一致。半月形刮削器制作最为精细,属于大型器物,系将石片一侧边缘单向加工成半圆形刃,相对一侧保留较厚的平钝砾石面,便于执握。

尖状器 多选用较厚的石英岩石片制作,少数以薄的燧石石片为坯。以单面软锤加工为主,两面通体剥片者极少数。虽然形体厚薄不一,尖部利钝不等,但加

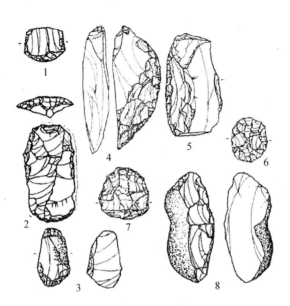

图 7-3　薛关刮削器(依丁建平,2009)

1—3.端刃;4.半圆形;5、8.单刃;6—7.圆盘状

工方法较为一致,器物背面均保留有砾石面。根据尖部和底部的形态,可分为两端、三棱、侧尖、桂叶形、扁尖尖状器等亚类(见图 7-4)。手握式工具占多数,复合式工具为数较少。

(三)工艺与功能

就地取材,选择燧石为主要原料,残片多。石料均来自当地三、四级阶地的砾石层,以燧石为主,其次为石英岩、角页岩等。中间产品数量极大,占整个组合的76.0%,指示该遗址可能是中心营地[12],是制作石器的地点。

初级的石核预制技术。非定型石核数量较大(62.1%),利用自然面或石片疤作为台面,核身无固定形状。细石核的类型少,形制单一,锥形石核不发达,不见柱形石核。以楔形石核为代表,形态较为稳定,楔状缘修理细致;窄楔形细石核的台面多经修理,宽楔形细石核多以节理面或单石片片疤面为台面。半锥形细石核比

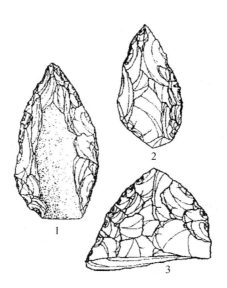

图 7-4　薛关尖状器（依丁建平，2009）

1、2. 三棱尖状器；3. 扁尖尖状器

较独特，与下川同类标本相似，台面经过修理而后倾[5]。

以石片技术为主导，兼有细石叶技术。虽然薛关被定性为典型的细石器遗址，但从石制品内涵来看，石片类制品（82.47%）远远多于细石叶类制品（17.27%）。石器几乎全由石片制成，石片制品及技术显然占有主导地位。细石叶工艺只是其中的一部分，以细石叶为坯的工具稀少，仅发现一件。

器型稳定的工具类型少，以半月形刮削器为典型器型；二次修理以边缘正向加工为主，兼有单面通体修理。成型工具类型较少，刮削器和尖状器的比例相对较大，形态也较为复杂。半月形刮削器是薛关比较独特的类型，不见于柴寺和下川，仅见于柿子滩，可能体现了地域特色。二次修理多集中在器物边缘，以正向加工为主，仅个别器物经过反向加工和错向加工。个别器物单面通体加工，但不见下川遗址常见的两面器（石镞）等标准化器物。

中-大型工具类型多于同期其他遗址，是薛关特色之一。和柴寺、下川、柿子滩相比,薛关石制品组合中的中-大型工具数量较多,类型也多,例如半月形刮削器和凸刃刮削器。似手斧等重型工具,虽体形较大,但加工手法、工艺风格均与细石器一致,共同构成了薛关文化的自身特色。

第二节　虎头梁石制品组合

　　虎头梁遗址群位于泥河湾盆地,年代距今1万年左右,属于旧石器时代晚期晚段[13]。该遗址包含9个地点(见图7-5),出土的石制品数量众多、类型丰富,对于探讨旧、新石器时代过渡以及更新世末期人类的文化交流、生存策略等问题,都具有重要意义[14]。

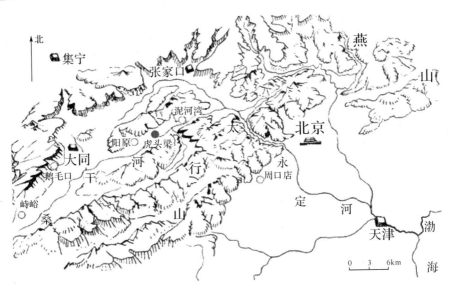

图 7-5　虎头梁遗址地理位置图(改自盖培、卫奇,1977)

一、研究背景

虎头梁自发现以来备受学界瞩目。研究早期，不少学者对于虎头梁石制品的制作技术、石工业类型进行了梳理和研究[8][15]，并与华北地区、东北亚、北美的细石器工业对比，探讨了虎头梁细石器工业的源流，以及细石器技术的起源问题[6][16—21]。遗址的年代、环境背景及其利用的生态资源，也基本构建完成[22—24]，综合不同方法的测定结果，虎头梁遗址的年代大致为 14—10ka BP[25]。

有学者从类型学角度、环境因素来探讨器物的功能，提出细石叶可能代表了人类以开拓动物资源为主的工艺技术，虎头梁石制品组合恰是典型狩猎经济的产物[26—27]，谢飞和朱之勇则分别对锛状器和尖状器等类型进行了功能推测。张晓凌结合微痕分析、类型学与民族考古学，对虎头梁石制品进行了实证性的功能研究，指出虎头梁人对工具的制作和使用存在定型化和标准化特点；各类石器的类型与功能基本一致，并存在一定的分工，非工具类石制品较少被使用，一器多用现象少见。综合石制品功能，他们还认为虎头梁遗址群至少存在三种功能不同的遗址类型，分别是营地居址，石器制造场和狩猎、肢解场所，遗址分工的表现与集食者所采取的后勤式移动策略比较接近[28]。

虎头梁遗址所出的动物化石属于比较典型的温带草原环境的动物组合，以中小型食草动物为主[13]。其中变异仓鼠、转角羚羊、披毛犀、纳马象都属于绝灭种属，野马和野驴在现代极为少见。根据动物考古学和动物埋藏学，这些动物可能是人类狩猎和取食的对象。

二、石制品的类型分析与微痕分析

虎头梁石制品的制作技术成熟，数量众多，类型丰富，文化遗物总体上以楔形细石核、半月形刮削器、尖状器、锛状器和两面器技术为特征，被视为旧石器时代晚期华北地区的代表性组合。由于客观原因，笔者未能接触到虎头梁细石器组合，本文所用材料和数据,均引自原报告或其他学者的研究。

石料以石英岩为主,较少燧石和流纹岩。石器组合丰富,包括普通石核、细石核、石片、石叶、细石叶、砍砸器、刮削器、尖状器、雕刻器、石锥和锛状器等产品,也包括制作中产生的副产品。

(一)细石核与细石叶

发达的细石器工艺是虎头梁石器组合的重要特征,而楔形石核是虎头梁细石器工艺的主要代表。

在对虎头梁楔形石核的研究中,盖培和朱之勇先后按照台面倾斜与否将之划分为两种类型:Ⅰ型细石核的台面为刃状,剥片效率相对较高,外部形态构思巧妙,刃缘加工精细,可能具有石核和工具双重功能;Ⅱ型细石核的台面为平面状,剥片效率较低,加工较为粗糙,仅用于剥片[15]。

据此,张晓凌对Ⅰ型细石核进行了微痕分析。她在10件Ⅰ型细石核上发现明确的微痕,出现率较低,仅20%(见表7-2)。其中有两件标本的微痕出现于石核后缘,破损痕迹不连续,非使用产生,比较接近捆绑痕迹,可能是石核剥片过程中固定后缘而产生的。3件标本的微痕介于使用痕迹和固定痕迹之间。

表7-2 虎头梁Ⅰ型细石核微痕观察结果(依张晓凌,2009)

项 目	微 痕			使用痕迹			装柄痕迹		
结 果	明确	不明确	无	明确	不明确	无	明确	不明确	无
数 量	10	2	40	8	2	32	2	0	50
比 例	40.4%	19.2%	40.4%	32.7%	9.6%	57.7%	11.5%	17.3%	71.2%

这组标本总共存在13处功能单位,其中有4处明确的使用方式,2处功能单位的具体使用方式待定,2处疑似使用痕迹,2处装柄痕迹,3处痕迹难以确定是使用还是其他(见表7-3)。4处功能单位可以识别出加工对象,其中1处用于加工中硬性物质,3处用于软性动物。结合使用方式看,加工中硬性动物的标本采取了刮削

的使用方式,加工软性动物的标本进行了切割运动,另外 2 件难以确定具体的使用方式。微痕结果显示,推测 I 型细石核用作工具的观点证据并不充分。

表 7-3　虎头梁 I 型细石核使用方式统计(改自张晓凌,2009)

使用方式	切　割	刮　削	使用方式待定	疑似切割	非使用	是否使用待定	总　计
功能单位	3	1	2	2	2	3	13
比例(%)	23.1	7.6	15.4	15.4	15.4	23.1	100

在未经加工的非工具类产品中,仅形制规整、刃缘角度理想的细石叶、石叶被加以利用,其中利用率较高的细石叶均被截断。被观察的 29 件石叶/细石叶中,有 13 件发现了使用痕迹,且细石叶比石叶的使用率高(见表 7-4)。细石叶主要用于切割,而石叶则用于切割、刮削等任务。在 1 件用于切割的细石叶上发现 1 处疑似装柄痕迹,1 件石叶上发现手握痕迹。

表 7-4　虎头梁细石叶/石叶的使用情况(改自张晓凌,2009)

类　别	使　用		疑似使用		未使用		总　计
	标本/功能单位	比　例	标本/功能单位	比　例	标本/功能单位	比　例	
细石叶	5	62.5%	0	0	3	37.5%	21
石　叶	7	33.3%	1	4.8%	13	61.9%	100%

(二)其他典型石器

尖状器　虎头梁的尖状器是旧石器时代晚期北方遗址中很有代表性的一类器物,加工精致、类型多样、尺寸迥异。根据底端特征,虎头梁尖状器可分为尖底、平底、圆底、斜底、单肩五个类型[13][15]。该组器物的修理程度高,加工长度约为器物长度的两倍(平均值),加工深度高于宽度的三分之一(平均值),体量的变化区间较大[15]。

张晓凌从使用方式、使用方式与整体形态和底部特征的关系、使用方式与各类型的关系等方面,对尖状器的功能进行了研究。52 件经过微痕分析的尖状器中,有明确微痕(包括使用痕迹和执握痕迹)的标本 21 件,有疑似微痕的标本 10 件,21 件标本没有微痕。其中,6 件标本为装柄痕迹,9 件为疑似装柄痕迹,37 件没有装柄痕迹。2 件标本上既有使用痕迹,又有装柄痕迹(见表 7-5)。31 件有微痕的标本上共识别出 45 处功能单位,其中 18 处明确的使用痕迹,11 处装柄痕迹,6 处疑似使用痕迹,10 处疑似装柄痕迹。

表 7-5　虎头梁尖状器微痕观察结果(依张晓凌,2009)

项　目	微　痕			使用痕迹			装柄痕迹		
结果	明确	不明确	无	明确	不明确	无	明确	不明确	无
数量	21	10	21	17	5	30	6	9	37
比例	40.4%	19.2%	40.4%	32.7%	9.6%	57.7%	11.5%	17.3%	71.2%

限于标本的保存状况和材质,仅有 6 处使用单位可以识别出加工对象,分别为硬性物质 1 处,木头 3 处,肉类 2 处。几种可能的运动方式中,戳刺的出现频率最高,其次为钻孔和刮削,再次为切割和砍斫。

分析结果表明,虎头梁遗址中的尖状器使用率比较高,达 59.6%。装柄痕迹的发现与比例,说明装柄至少是虎头梁尖状器的一种常规使用方式。综合类型与功能,尖状器的底端形态与功能之间具有一定的联系:装柄最多的尖底尖状器多用于戳刺,装柄最少的斜底尖状器多用于刮削。

刮削器　虎头梁的刮削器以数量大、类型多、加工精致而成为代表性器物,特别是半月形刮削器。朱之勇根据刃缘形态和整体形状,将虎头梁刮削器分为单直刃、单凸刃、双刃、半月形、U 形、拇指盖状、圆盘状 7 类。张晓凌选择其中 47 件标本进行微痕观察和功能分析,结果显示(见表 7-6):18 件有明确微痕,2 件有疑似微痕,27 件未发现微痕;3 件标本有装柄痕迹,余 44 件均未经装柄;未在同一标本上同时发现使用痕迹和装柄痕迹。在这 20 件有微痕的标本上,共计 23 处功能单位,其中使用痕迹 18 处(包含 2 处疑似使用痕迹),装柄痕迹 5 处。

表 7-6　虎头梁刮削器微痕观察结果(依张晓凌,2009)

项　目	微　痕			使用痕迹			装柄痕迹		
结果	明确	不明确	无	明确	不明确	无	明确	不明确	无
数量	16	2	27	15	2	30	3	0	44
比例	38.3%	4.3%	57.4%	31.9%	4.3%	63.8%	6.4%	0	93.6%

16 处功能单位中,用于切割的 5 处,用于刮削的 8 处,3 处的使用方式待定。2 种硬度的加工对象被识别出来,包括硬性动物物质(骨头)和软性动物物质(皮革)。综合分析表明,4 件标本用于刮骨,1 件用于刮皮,1 件用于切割新鲜肉皮。

综合来看,拇指盖状刮削器的使用比例最高(45.5%),其他亚类型的使用趋势不明显。其中 U 形刮削器用于切割(25%)和刮削(25%),单凸刃刮削器以刮削为主,而半月形、单直刃、圆盘状刮削器则多用于切割。此外,用于切割和刮削的标本的工作刃缘角度没有明显差异;经过使用的刃缘角略大于未经使用的刃缘角,可能是使用损耗形成的,而非使用者的有意识选择。

锛状器　锛状器是旧石器时代末期北方地区典型细石器文化中的代表性新器形,受到众多学者的关注[5][14]。虎头梁石制品组合中识别出 25 件锛状器,分为长方形、三角形和梯形三种[15][29]。

微痕分析结果显示,25 件锛状器共有 14 件存在明确的微痕,其中 7 件标本上同时具有使用痕迹和装柄痕迹(见表 7-7)。在 11 处使用痕迹中,可识别使用方式包括砍刨、钻、穿刺和刮削,各自比例相差不大。锛状器所对应的加工对象,包括软性动物、鲜木和干木。

表7-7　虎头梁锛状器微痕观察结果(依张晓凌,2009)

项　　目	微　痕			使用痕迹			装柄痕迹		
结果	明确	不明确	无	明确	不明确	无	明确	不明确	无
数量	14	1	10	10	1	14	11	1	13
比例	56.0%	4.0%	40.0%	40.0%	4.0%	56.0%	44.0%	4.0%	52.0%

虎头梁锛状器至少存在三种不同的使用方式:一是利用底刃进行砍刨,与新石器时代石锛的功能一致;二是利用尖刃进行戳刺和锥钻;三是利用侧刃和底刃进行刮削。11件锛状器上可识别出装柄痕迹,集中分布于两侧刃,表现为破损和中-重度磨圆,少数标本的顶端或底端及背脊上出现磨圆。可能采取了"倚靠式"绳索捆绑,偶有黏合剂残留物。

雕刻器/石锥/凹缺器　雕刻器和凹缺器均未分类。石锥20件,分为长尖与短尖两种。

在张晓凌的功能研究中,6件雕刻器被选择进行微痕分析。根据痕迹组合特征,分析者发现3件雕刻器经过使用,并推断它们用于刻划,其中1件可能用于骨头的刻划[30]。器形与使用方式的组合情况说明,虎头梁雕刻器器形稳定,是专门化的工具;制作采取了因地制宜的策略,石片断面被直接利用或稍加修理后使用,设计性不强。

6件石锥经过微痕观察,其中在2件标本上发现3处明显的功能单位,分别为2处钻骨和1处刮骨痕迹。这2件石锥在制作和修理上显示出明显的设计意图,应该是为钻孔而设计的工具类型。

对7件凹缺器的微痕观察结果表明,所谓的凹缺刃都未经使用,但是相邻凹缺刃的尖部发现明显的使用痕迹,分别用于钻孔和刻划。同时,其侧边直刃也被用于割锯木头。研究者因此认为,凹缺器的主要工作刃是两凹刃相夹所形成的尖角,而非凹缺部位。

(三)工艺与功能

开发利用外来的优质原料。虎头梁石制品原料中以火山角砾岩和硅质岩为最多,比例高达 80％以上。此两种原料属制作石制品的上乘石料,据研究,均来自距遗址 10 公里以外的地方[31],是通过远距离运输进入遗址的。在搬运之前,可能在原料产地进行了粗选和初步加工[15]。遗址内原料的比例和精细程度似乎表明,当时人类对石器原料有着严格的要求,选择相当仔细。

成熟的标准化石核预制技术,细石核类型单一,普遍存在台面预制和修理现象。虎头梁细石核数量巨大(占石核类的 96％),类型单一,均为楔形细石核,不见其他类型。非定型石核(17 件)与细石核(427 件)的比例悬殊,大约是 1：25,细石核占绝对优势。楔形细石核预制精细,以两面器为核坯,纵向剥离几个雪橇形石片形成台面,从一头沿着台面剥落细石叶,是为"虎头梁技术"或"虎头梁楔形石核"[32]。石核台面普遍存在预制、修整、更新的现象,核身形态稳定,标准化程度高。

石片及其残片数量巨大,与非定型石核的比例不符。组合内的石片及不完整石片的数量巨大,高达 84％。但是如前所述,对应的非定型石核极少,石片数量大约是石核的 194 倍。石叶/细石叶(580 件)与对应的细石核(427 件)比例也超出预期,大约是 7：5。有学者认为,石叶/细石叶是最不可能保留在遗址内的,大量的石叶/细石叶可能在使用过程中被废弃在其他地方[12]。

中小型工具类型占主导,形制规范者较多,体现一定的专门化。虎头梁石制品组合中的工具类型非常丰富,其中半月形刮削器、圆盘状刮削器、有肩尖状器、锛状器等类型,形态规范、技术稳定,体现出一定的专门化和标准化。

压制修整与直接打击修整并存,普遍存在两面器技术。中大型石器多采用锤击法修整,但加工片疤较大,分布比较规律、均匀;压制法则多应用于小型工具的刃缘。两面器技术普遍存在,从半成品与成品来看,这一时期的两面器技术已相当成熟。

细石叶及部分工具类型的使用率较高。细石叶/石叶的使用率较高,前者(62.5％)高于后者(33.3％),多用于切割、刮削等。一些工具类型的使用率比较高,尖状器为 59.6％,端刮器为 45.5％,锛状器为 60％。装柄痕迹的发现,说明复合工具在虎头梁占有一定比例。

　　虎头梁遗址中的人类活动是复杂多样的,石器制作反映出相当的专门化,和山西南部的几个遗址可能属于不同的文化传统。虎头梁已出现了工具装柄和反复维修为特征的精致工具,实现了工具的定型化、可靠性和高效性,体现了虎头梁人技术组织程度较高、适合区域环境的觅食和生活方式。

　　以上两个遗址的石制品组合,和柿子滩、下川组合既有相似性,又有差异性。下一章将从石器的类型与技术入手,对比这五处遗址的维生方式、居址形态,讨论以它们为代表的晚更新世华北地区人类的文化适应。

注释

[1] 王向前、丁建平、陶富海:《山西蒲县薛关细石器》,《人类学学报》1983年第2期。

[2] 张晓凌:《丁村77：01地点和下川遗址细石器制品的类型初探》,《文物春秋》2003年第1期。

[3] 丁建平:《薛关遗址的尖状器》,《文物世界》2004年第6期。

[4] 叶晓荣:《山西薛关古遗址的岩土样品分析研究》,《西北地质》1993年第3—4期。

[5] 王建、王向前、陈哲英:《下川文化——山西下川遗址调查报告》,《考古学报》1978年第3期。

[6] 陈淳:《中国细石核类型和工艺初探——兼谈与东北亚、西北美的文化联系》,《人类学学报》1983年第4期。

[7] 王建、王益人:《下川细石核形制研究》,《人类学学报》1991年第1期。

[8] 盖培:《阳原石核的动态类型学研究及其工艺思想分析》,《人类学学报》1984年第3期。

[9] 朱之勇:《虎头梁遗址楔型细石核研究》,《人类学学报》2006年第2期。

[10] 梅惠杰:《楔形石核系统分类的相关认识》,载北京大学考古文博学院编:《考古学研究(七)》,科学出版社2008年版。

[11] 丁建平:《薛关遗址刮削器的再观察》,《文物世界》2009年第4期。

[12] 陈胜前:《细石叶工艺产品废弃的文化过程研究》,《人类学学报》2008年第3期。

[13] 盖培、卫奇:《虎头梁旧石器时代晚期遗址的发现》,《古脊椎动物与古人类》1977年第4期。

[14] 谢飞、李珺、石金鸣:《中国旧石器时代晚期锛状器之研究》,载韩国国立忠北

大学校先史文化研究所、中国辽宁省文物考古研究所编:《东北亚旧石器文化》,白山文化出版社 1996 年版。

[15] 朱之勇:《虎头梁遗址石制品研究》,中国科学院古脊椎动物与古人类研究所博士学位论文,2006 年。

[16] 李壮伟、尤玉柱:《从桑干河若干遗址的发现看中国小石器系统的起源》,《山西大学学报》1980 年第 3 期。

[17] Tang, C. & Gai, P. (1986). Upper Paleolithic cultural traditions in North China. *Advances in World Archaeology*, 5, pp. 339−364.

[18] Chen, C. & Wang, X. Q. (1989). Upper Paleolithic microblade industries in North China and their relationships with Northeast Asia and North America. *Arctic Anthropology*, 26(2), pp. 127−156.

[19] Gai, P. (1991). Microblade tradition around the northern pacific rim: a Chinese perspective. 载中国科学院古脊椎动物与古人类研究所编:《中国科学院古脊椎动物与古人类研究所参加第十三届国际第四纪大会论文选》,北京科学技术出版社 1991 年版。

[20] 谢飞:《河北旧石器时代晚期细石器遗存的分布及在华北马蹄形分布带中的位置》,《文物春秋》2000 年第 2 期。

[21] 杜水生:《楔形石核的类型划分与细石器起源》,《人类学学报》2004 年增刊。

[22] 周廷儒、张兰生、李华章:《华北更新世最后冰期以来的气候变迁》,《北京师范大学学报(自然科学版)》1982 年第 1 期。

[23] 黎兴国、刘光联、许国英等:《(中国科学院古脊椎动物与古人类研究所 14C 实验室)14C 年代测定报告(PV)I》,载中国第四纪研究委员会碳十四年代学组:《第四纪冰川与第四纪地质论文集第四集(碳十四专集)》,地质出版社 1987 年版。

[24] 夏正楷、陈福友、陈戈、郑公望、谢飞、梅惠杰:《我国北方泥河湾盆地新——旧

石器文化过渡的环境背景》,《中国科学(D 辑)》2001 年第 5 期。

[25] 王幼平:《中国远古人类文化的源流》,科学出版社 2005 年版。

[26] 陈淳:《东亚与北美细石器遗存古环境》,《第四纪研究》1994 年第 4 期。

[27] 王幼平:《试论环境与华北晚期旧石器文化》,载北京大学中国传统文化研究中心编:《北京大学百年国学文粹(考古卷)》,北京大学出版社 1998 年版。

[28] 张晓凌:《石器功能与人类适应行为:虎头梁遗址石制品微痕分析》,中国科学院古脊椎动物与古人类研究所博士学位论文,2009 年。

[29] 朱之勇:《虎头梁遗址中的锛状器》,《北方文物》2008 年第 2 期。

[30] 曲彤丽、梅惠杰、张双权:《骨质加工对象实验与微痕分析报告》,载高星、沈辰主编:《石器微痕分析的考古学实验研究》,科学出版社 2008 年版。

[31] 杜水生:《泥河湾盆地旧石器中晚期石制品原料初步分析》,《人类学学报》2003 年第 2 期。

[32] Chen, C. (2007). Techno-typological comparison of microblade cores from East Asia and North America. In: Kuzmin Y. V., Keates, S. G. & Shen, C. *Origin and Spread of Microblade Technology in Northern Asia and North America*. Vancouver: Archaeology Press, Department of Archaeology, Simon Fraser University. pp. 7—38.

第八章

对比与讨论

Deacon 曾就石器技术、维生策略和居址形态三个方面对史前人群的适应表现进行归纳:(1)晚更新世,以狩猎移动的大型哺乳动物为基础的维生经济,人口密度低,人群规模大,远距离流动,尚未出现领地的概念;(2)全新世,开发植物性食物和小型哺乳动物为基础的维生经济,人口密度较高,人群规模小,流动少,半定居,开始出现领地的概念[1]。

人类的文化适应系统,是通过文化和技术的手段来适应不同环境的,而这种适应又与环境、资源和社会规模及发展层次密切相关。作为一个开放系统,文化必须从要素之间的关系加以分析,特别是这些关系之间功能的反馈。基于前面几章的材料分析,本章将从生态环境、石器技术、维生策略和居址形态四个亚系统,对晚更新世华北地区的人类文化适应系统进行详细的分析和阐释。然后从文化适应系统的角度出发,探讨影响狩猎采集群采取不同适应性策略的动态差异,特别是影响这些适应性变化的各种可能性因素,包括自然因素和社会因素、内因和外因。

第一节　晚更新世华北地区的生态环境

旧石器时代晚期相当于地质时代的晚更新世,经历了末次间冰期和末次冰期的交替,以及末次冰期整个发展过程。全球气候巨变引起了诸多连带反应,诸如季风环流、地理分布、植被、动物群等各个方面的改变[2]。人类的生存范围、维生方式、迁徙流动、交流贸易,也都受到重大影响。有学者总结道:中国在末次冰期之前间冰期的遗址数量较多,地理位置相对靠北;而末次盛冰期的遗址数量急剧减少,地理位置一般靠近黄土高原南缘[3]。在此之后,全球气候又逐渐向暖湿方向回转,直至旧石器时代结束,中国亦是如此。

一、末次冰期与末次盛冰期

末次冰期(Last Glacial),是晚更新世的一次全球性气候事件。受末次冰期的影响,华北地区这一时段的自然环境呈现出阶段性变化特点[4]。末次盛冰期(Last Glacial Maximum),在中国大约发生于 18ka—15ka BP,北部地区可能在 27ka—23ka BP 左右就开始进入最冷期[5]。新仙女木事件(Younger Dryas)最初指欧洲末次冰期向全新世过渡的升温过程中最后一次快速降温变冷的一次突变事件,大约出现于11ka—10ka BP[6-8]。孢粉分析和海洋陆架沉积分析表明,中国青海湖、长江三角洲、黄土高原、河北平原、内蒙古扎赉诺尔和西太平洋沿海也相继识别出类似的新仙女木事件记录[9-11],但具有一定的独特性。

旧石器时代晚期开始之前,即 40ka BP 左右,是末次冰期前的间冰期阶段[12]。和之前相比,中国大部分地区的气候处于相对温和湿润的状态,气温几乎可以和全新世间冰期的温暖程度相当[13],许多地区处于疏林草原环境,北方出现不少高平面湖泊[14]。

和全球同步,在 30ka BP 左右,中国的气候也逐渐转冷转干,华北地区尤为明显。特别是 18ka—15ka BP,末次盛冰期的到来致使环境恶化,气温普遍降低[15]。有学者根据孢粉分析和黄土纪录,绘制了黄土高原及其邻区中国北方地区晚更新世的气温曲线,同期的降水量明显减少[16]。

地理分布同期也发生演变,草原和沙漠地带急速向南扩张[17],沙漠遍布西北地区、河套地区和东部地区,甚至可能比因人类破坏而加速扩大的现代沙漠分布范围还要大。气候严酷且极不稳定,直接影响了人类的生产生活,导致旧石器时代晚期文化差异性和多元化显著,甚至出现文化突变或间断现象(例如彭阳、下川和柿子滩,都存在上、下文化层的区别)[3]。另外,中国沿海一带的海平面下降幅度达130米以上,致使海洋大陆架显露,有陆桥将今台湾岛、日本列岛和中国大陆连接起来[18]。这一地区水热条件优于中国其他地区,成为适宜人类和动植物生存的上乘选择。15ka—10ka BP是晚冰期与冰后期阶段,气温逐渐回升,尽管12ka BP前后出现短暂的气候突变,但华北地区的旧石器时代晚期文化总体上进入了新的发展阶段。

二、植被与动物群

根据不同地点孢粉组合的变化可知,晚更新世华北地区大体有这样几种植被类型:落叶阔叶林、针阔叶混交林、针叶林、暗针叶林、疏林草原、草原、干草原、荒漠草原。总的来说不超出温带植被类型,但是在温暖期偶有亚热带植物北迁现象。末次冰期之前,气候相对湿润,黄土高原、华北平原和东北平原均以针叶林为主,部分地区出现阔叶林;30ka—23ka BP期间,主要植被景观为疏林草原或针阔叶混合林;末次盛冰期的到来,使大部分地区受到内陆季风的控制,形成大片的荒漠草原区和冻土区,仅东南局部地区残留少量的干草原或疏林草原。从植被带的移动来看,盛冰期时降温幅度较大,植被带大举南移,冻土南界南移幅度曾达14.5纬度;间冰期时升温幅度较小,亚热带植物仅稍微越过秦岭而已[19]。

通过化石材料所了解的动物种群情况,也在不同程度上反映了当时生态环境的演变。以华北地区典型的动物群为代表。萨拉乌苏动物群(40ka—30ka BP)主要是适应干旱—半干旱气候动物群,啮齿类与有蹄类占绝对优势,有大象、鬣狗、鹿等,也有部分喜湿的森林/灌木丛类动物[20]。峙峪动物群(29ka BP)以适应干旱的草原以有蹄类为多,如野马、羚羊等,未发现大象[21]。水洞沟动物群(26ka/17ka BP)均是适合干冷草原环境的种类,包括鸵鸟、披毛犀 野马等[22]。稍晚的薛关动物群(14ka BP)种类少且单调[23],可能与刚刚结束的盛冰期有关,虽然气温有所回升,但仍较干冷。虎头梁动物群(10ka BP)种类明显增加,反映出灌木或疏林草原地区复杂的生态环境[24]。

一些主要遗址延续时间较长,动物群可以反映气候的演替。山顶洞动物群(30ka—18ka BP)以食肉类为大宗,群体构成比较复杂,有热带亚热带林地物种,也有疏林草原或干草原物种,但森林型明显多于草原型[25]。小南海动物群(25ka—10ka BP)从早到晚没有很大变化,反映出该地区虽然经历了末次盛冰期全过程,但影响并不大[26]。东北地区主要是披毛犀—猛犸象动物群,于35ka BP和23ka—21ka BP前后发生两次大规模南迁,分别对应末次冰期开始和末次盛冰期两次事件[27]。海城仙人洞动物群中(40ka—20ka BP)喜暖与喜冷的种类相当,反映了冷暖交替的气候发展,但是总体上一直处于较湿润的环境[28]。

三、黄土记录

研究气候变化的三大载体包括黄土、深海氧同位素和极地冰芯。黄土的堆积过程,主要受到气流运行路径、基底地形和气候条件的影响[29]。黄土序列可以记录古季风环流的演变[30],不同地区的地层配置则可以较好反映干湿气候的演变历史[31—32],对于了解考古学文化的差异和发展意义重大。

中国北方的黄土,来自中亚和北方的沙漠、戈壁地区[33],特别是干旱时期。末次冰期,东亚冬季风环流加强,不仅使华北地区气候寒冷干旱,还给黄土高原及其邻近地区带来强劲频繁的沙尘暴,加速了黄土沉积速率[34]。

黄土堆积上部的第一黄土层(L_1)和第一古土壤层(S_1)形成于末次冰期和间冰期时段[35]。地层配置和磁化率曲线共同显示,末次冰期阶段,在沙漠—黄土边界带由古风成砂和两层黄土组成;此带以南的黄土高原北缘,为单一的粉砂质黄土层;到黄土高原的中部及南部,出现弱发育的古土壤层,进而过渡为黄土高原最南部两层弱发育的古土壤层和一个黄土夹层。末次间冰期阶段,在沙漠—黄土边界带及该带外围的黄土高原北缘,为三层古土壤和两层黄土的组合;向南为两层古土壤;在黄土高原中部及南部,仅有的两层古土壤亦合并,成为不易细分的单一古土壤层。至全新世,气候相宜,尽管各地成土强度略有差异,但发育的单一古土壤层在空间上极为一致[29]。

总体来看,18ka—10ka BP时期的华北地区,正好处于旧石器时代晚期向新石器时代初期的过渡时期。受末次盛冰期和冰后期的影响,经历了多次气候波动,气温变动、冷暖交替、干湿相间,生态环境和动植物资源受到极大影响,有些物种甚至灭绝。这一时期,人类在技术进步、拓宽食谱、创造文化等方面的复杂表现,充分体现了对环境背景和资源分布的适应。

第二节　石制品技术的差异性

石制品的式样、风格、技术、分布等方面的差异性,都反映出人类的文化适应。诸多证据表明,旧石器时代晚期文化适应在工具方面的特点是:复合工具的数量、多样性和复杂性的增加[36—38]。

有关技术现象,本节将对比各遗址石制品反映出来的信息,从新的视角来讨论石制品的微观层面和宏观层面,包括生产水平、工具设计两个方面。在讨论之前,首先要澄清并定义一些术语。

专门化,从生物学领域借鉴而来的术语。对于旧石器而言,专门化生产是指重复和强化的生产活动,石制品的形态和技术呈现出一定的一致性,而且功能对象也是相同的。本书特指为了满足特定需求和功能,强化剥制细石叶、成熟预制细石核,以及专门工具反复出现的现象。

非专门化,相对于专门化而言,指为满足一般需求和功能,生产简单石片、毛坯以及规范化差的非定型工具的现象[39]。

标准化,指石制品的形状、尺寸、装柄、镶嵌等方面的规范化和一致性。一般认为,生产活动的专门化过程,会导致产品标准化[40]。

精致技术,这是由 Binford 创造并用来描述旧石器时代晚期出现较多的"刻意设计、加工并被携带到不同地点从事不同工作的"、与权宜工具相对的技术类型[41]。后来经过 Bamforth[42]、Nelson[43]、Odell[44] 等人的完善,精致技术指对工具的特别加工、使用和护理,表现为预制、维修、多功能和反复使用;而且,精致技术与权宜技术并非对立,它们是人类应对不同问题采取的不同策略,有时可能是并存互补的。

权宜技术,可以分为真正的权宜技术和偶然的权宜技术两种情况[42]。前者指计划性地应对某种预期任务,以预制技术最小化、使用时间短、随地废弃为特点;后者指非计划性地应对某种非预期需求。但是,根据石制品形态或简单背景,很难准确区分这两种情况。[41][45-47]

可维修工具,可以通过维修或修锐的方式,保持成型工具的使用,延长工具的使用寿命;往往具有多种用途[46]。

可靠工具,功能上有特殊目的,结实耐用,关键部位的质量较高,零部件可以替换或者需要精心维护[46]。

有效工具,一定单位的原料能够生产更多的工具或使用单位,以降低获取原料的成本[46]。

一、遗址间对比

根据前面章节对各石制品组合的分析和对比(见表 8-1),各文化实体的生产水平可归纳如下:

表 8-1　各遗址工具类型一览表

工具类型	遗　　址				
	柿子滩	下川	柴寺	薛关	虎头梁
尖状器	√	√	√	√	√
细石叶工具	√		√		
边刮器	√	√	√	√	√
端刮器	√	√	√	√	√
半月形刮削器	√			√	√
雕刻器	√	√	√	√	√
锥钻形器	√	√	√		√
锯形器	√	√			
两面器	√	√	√		
琢背石片	√	√	√	√	
凹缺器		√	√		√
楔形析器		√	√		
石核式刮削器		√	√		
修理石片			√		
锛状器					√
砍砸器	√		√	√	√

　　从石核预制技术来看：柴寺细石核的预制程度最低，表现为数量少、类型少、形制单一、预制台面少。下川细石核的预制程度较为成熟，又显现出一定的原始性，表现为数量大、类型丰富、石核修理石片多、预制台面与非预制台面数量相当；同时，体量普遍较小，形态规整度不高，相当一部分细石核核身形态朴拙、单一。薛关细石核的预制程度中等，表现为非定型石核数量较大，细石核类型少、形制单一；同时楔形石核形态较为稳定，楔状缘修理细致，预制台面数量不少。柿子滩细石核的

201

预制程度相当娴熟,数量大、类型单一、形制一致,绝大多数细石核台面经过预制,体量小,后期可能经过反复调整。虎头梁细石核标准化程度高,类型单一,普遍存在台面预制和修理;但是和前几组石核分属于不同的技术传统。

从细石叶和石片的比例来看:几个组合都是石片技术与细石叶技术共存,但是比例有些区别。柴寺的石片比例较高,是工具的主要坯材;细石叶不多,仅小部分经过二次加工。薛关以石片技术为主导,兼有细石叶技术,其中石片类制品远远多于细石叶类制品;石器几乎全由石片制成,石片制品及技术显然占有主导地位。下川的细石叶较多,石器则往往用石片或石叶加工,少数用细石叶加工。柿子滩以细石叶为典型,数量较大,石片及其石器为辅,表明细石叶工艺的高度成熟和主导地位。虎头梁的石片及残片数量巨大,表现出以石片为主、细石叶为辅的现象,与其成熟的石核预制技术有些出入。

从器物的规范化与稳定性来看:通过对比五个遗址所出土石制品的类型发现,柴寺和下川的工具类型最多。重复出现和规范化,正是专门化的表现之一。因此,多样性的不同也反映出各个组合工具器类和技术的专门化水平。柴寺工具的标准化程度不高,存在权宜使用的现象;器物形态不够稳定,相似器型少。下川部分工具类型内部的标准化程度较高,例如刮削器和两面器,数量多,但是亚类型少,坯材、轮廓、加工部位和修理方式等非常一致。柿子滩工具类型的数量适中,部分工具类型内部的稳定性和标准化程度低,二次修理技术应用随意;存在部分中型工具,例如半月形刮削器。虎头梁的中小型工具占主导,多形制规范者,体现一定的专门化。薛关的工具类型少,特别是器形稳定的器类少;中-大型工具类型较其他几个组合多,存在典型的半月形刮削器。

从二次修理技术来看:柴寺的修理技术比较简单、原始,多为边缘加工,通体加工者少;存在琢背技术,但数量不多,应用的类型也不多。薛关以边缘正向加工为主,兼有单面通体修理。下川组合中,压制修整与直接打击修整并存,以边缘正向加工为主,无反向加工,存在单面通体压制与两面器修薄技术;琢背技术发达,出现在不同器型上,反映出手持仍然是下川主要的持握方式;改制工具占一定比例,反映出灵活的改型现象。在柿子滩,二次修理技术的应用显得随意且灵活,琢背技术较少,仅仅见于琢背小刀和雕刻器。压制修整技术与直接打击修整技术并存于虎头梁,两面器技术普遍存在而且相当成熟。

从使用与功能来看:柴寺和下川的石核式刮削器完全没有使用;柴寺细石叶的使用率较高,下川细石叶的使用率适中,低于预期结果。虎头梁工具的使用率适中,但是专门化程度较高,表现为加工任务的专业分化。总体而言,形状规则、尺寸适宜、具有合适锋利刃缘,是细石叶被使用的必要前提。而且,细石叶和动物性物质之间的关系十分密切。此外,下川存在不少残断器,均为加工精致的定型工具,表明工具的使用率和维修率都很高。

二、生产水平:专门化与非专门化

旧大陆的研究表明,晚更新世人群是机动的、流动的机会主义狩猎者,知道如何开发环境中丰富多样的资源。由于特定条件,他们必要时会采取专门化的技术,同时采用新技术[48]。

产品标准化,是生产复合工具零部件的显著特点。旧石器时代晚期,随着复合工具的出现,石制品的尺寸、形状、用途,远比早中期石制品的规范程度高。细石叶技术的优势之一就是使产品更加标准,它可以很好地控制产品形状和尺寸,便于装柄和镶嵌。软锤和间接打制法,比直接打制法生产出的产品更加一致。细石叶、细石核及细石器,均可视作打制石器标准化和规范化的产物。这并不是说细石叶生产中的所有产品或副产品都比石片生产的产品更加标准[49]。

非专门化生产,意味着人群以生产简单和非标准化的工具,来完成与生计相关的多项任务。一般反映在石片工具的比例高、工具类型的多样性与复杂性较小、使用型石片工具的比例高以及与石片工具相关的任务种类多等几个方面[39]。

区别非专门化石器生产和专门化石器生产的主要依据是石器制作和使用的形

式或形态及其原因。是否选择采用标准化石制品生产,取决于人们是否需要不同的工具或工具套。流动性高的人群,多采用标准化的石核剥片技术,制作楔形石核、两面器等预制石核[50—51];流动性低的人群,石核剥片技术的预制和修理较少,例如在密西西比河流域的伍德兰晚期遗址中,非定型石核与两面器的比例就相对较高[52—53]。专门化与非专门化的影响因素有很多将在后面展开讨论。

从遗址间对比可以得到这样的概括:(1)柴寺、下川、薛关和柿子滩四个遗址的石制品组合,在预制、剥片、修理和使用等方面都表现出一定的相似性,与虎头梁的差异较大,似乎分属于两个不同的技术传统;(2)柴寺和薛关的专门化程度低,石核预制和工具的稳定性都较差;(3)下川组合表现出低水平的专门化生产,出现比较精致的两面器技术,但两面器的复杂性和标准化程度处于发展层次;(4)柿子滩的专门化程度最高,虽然定型工具表现出随意性,但预制技术和二次修理技术娴熟,反映出工匠可以熟练地将已有技术应用于不同石料或器类,是专门化程度增加的另类表现。

三、工具设计:有效性与可靠性

Bleed 提出,工具的有效性可以从四个标准加以衡量:(1)缩短生产时间;(2)延长使用寿命;(3)增强效率(例如,使刃缘更加锋利);(4)增加生产价值(例如,单位原料可以制作更多的产品)。这四个标准分别对应于四类石器,权宜工具、可维修工具、可靠工具和高效技术。Bleed 曾经成功地将这个分析应用于史前狩猎工具研究[54]。

可维修工具通过延长工具寿命,来降低获取原料的成本。可维修性是为了应对各种资源可获性的不稳定性质,减少环境的不可预测性风险。可维修工具和可靠工具所体现的风格信息较强,权宜工具较弱。可靠工具适合开发那些数量充足,但存在季节限制或其他风险的资源。

可维修工具破损后,可以继续使用,或改成其他形制继续使用。此类工具多为轻型和携带型工具,修理便宜,而且设计规范。例如,弓箭(Ache"Guayaki"),损坏后,弓被改成挖掘棒,箭头被用来屠宰各种动物,而箭杆则被反复修理,重复使用[55]。下川组合中的改型器表明,这组工具的可维修性比较高,因此有效性较高。

　　从原料采办和运输成本来看,可靠工具的成本非常高,反映出很强的计划性[56]。装柄工具和制作精美的两面器箭镞,虽然需要投入大量的时间和精力,但在很大程度上提高了此类工具的有效性和可靠性。这不仅显示出工匠制作过程之初的设计理念,还反映出他们已经对可能面临的经济风险有所预估:可替换零部件的质量高,不易破损;即便破损或废弃,体量较小,可以通过替换将成本降到最低。

　　关于工具设计的理论显示,不同狩猎采集群使用工具的复杂性、多样性和劳动力成本,因其流动形态、资源分布和社会因素不同而有所区别[46][54][57-61]。案例表明,集食者多使用可靠工具,觅食者则多使用可维修工具[46]。

　　高效技术,可以提高单位原料的生产价值,例如从石片技术向细石叶技术的转变。专门生产长石片和石叶,一直被作为旧大陆现代人石制品组合的标志性特征之一[62-66]。同时,细石叶技术是和装柄工具/复合工具密切结合的[38][64],被认为拥有许多内在的优势,特别适合现代人"复杂"、"高效"的适应性,通常被认为是旧石器时代"完全化的现代人行为"特征之一[38][67]。

　　细石叶生产的"操作链"表现出工具生产的设计包括发明、废弃、维修。制作一个细石叶,从预制石核到成功剥取,大约需要10～15分钟;只要不出现失误,其后只需4分钟即可继续生产10～20个细石叶[68]。相对于其他毛坯生产,细石叶生产可以使单位石料提供更长的可使用刃缘[69],可以更充分、更有效地利用有限石料,适用于原料稀缺,或者迁居移动性较高的群体。

　　Boeda虽然一直提出勒瓦娄哇和细石叶技术与其他剥片技术在利用石料方面具有明显区别,但他并没有说细石叶技术比其他技术更精细或更复杂[70]。因为这种高效技术存在潜在的局限性:第一,细石叶生产的风险较高,生产过程中容易出错,石核预制和修理程序复杂,易出现失误和半途而废的现象;第二,细石叶的坯材长而规整,对石料的要求很高;第三,又长又薄的细石叶非常脆弱,可轻易折断。因此,细石叶通常是用同态、均质的优质石料制成,例如燧石、玉髓、黑曜岩等,偶尔也采用质地较为均匀的粗晶石料。

在高纬度地区,人类逐渐依赖流动性和季节性的食物资源,生存风险明显提高。有些物种仅出现在一年中很短的季节里。捕猎时间上的压力迫使人们必须提高开采技术的功效,为此精致技术是一种减少生存风险的关键措施[60-61]。细石器和细石叶可以被视为旧石器时代精致技术发展的典型例子。从应付食物资源流动性大、季节性强的特点,以及要求工具用途广泛、便于携带的生存方式来说,它无疑是一种极为成功的工艺技术[40]。一般来说精致工具使用寿命较长,但是如果使用频率很高,精致工具也不一定比权宜工具使用寿命长。由于石器替换方便,所以它们大部分被废弃在使用地点。即使有时精致工具会被带走,但是留下的废片仍然可以指示这种工具的存在和使用[71]。

权宜技术则是相对于精致技术而言的、比较简单的技术,产生的工具形式不固定,没有特定功能,可用于多项工作。这种技术可能出现在两种情况下:原料丰富的情况下,由于不存在节省原料的需要,所以没必要发展出耗时耗力的精致技术;原料紧缺的情况下,虽然有相对精致的技术,但是工匠同样出于节省原料的考虑,会将剥片过程中产生的不适宜进行二次加工的石片做成权宜工具来使用,也算是"废物"利用。

维护工具可靠性的另一个手段就是不断地修锐与更新。Frison曾提出,一件工具废弃时的最终式样与其原来式样可能不同,应当留心分辨不同类型工具是否是不同使用阶段的同一类器物[72]。工具在使用过程中的形变现象也为民族考古学的观察所证实。民族学材料显示,埃塞俄比亚中部土著制作长身端刮器来加工牛皮,工具在使用100次后变钝,需要对刃部加工修锐,每修锐一次都会缩短近1厘米,耗竭废弃时变成了常见的"拇指盖形端刮器"[73]。在优质石料贫乏的地区,一件工具在使用部位失效后常被改制成其他工具,不仅可以节省原料,而且也因为修锐成型器物比重新加工更节省时间和能量。下川、柿子滩发现不少的短身圆头端刮器，且尾部没有任何减薄，既不适宜装柄，又不能手持，无疑是石器修锐与翻新的结果。

对石器技术差异性的对比分析表明，五个石制品组合的生产水平和工具设计层次略有高低。位于河北泥河湾盆地的虎头梁遗址，专门化水平和工具的可靠性、可维修性均超过其他几个组合，显示出计划性、组织性和提高工具制作技术的综合行为模式[74]。山西南部的四个组合，相似性多于差异性，显示出总体上相似的应对模式。由于时代早晚和具体位置的不同，下川石制品生产的专门化程度较高，但相对于稍晚或新石器时代的石工业而言，只能称得上"低水平的专门化"，仍然显示出一定的原始性和古朴性。根据对专门化的一般定义，薛关和柿子滩专门化生产水平程度不高，但是情况仍不尽相同：薛关组合的工具简单，细石叶及其制品较少，石片制品相对较多，显示出非专门化的特点。而柿子滩的工具，虽然形态和技术都较为随意，但是大量的细石叶和细石叶工具的存在表明，工匠的水平和能力似乎已有一定的专门化倾向，可能由于原料稀缺，迫使他们将熟练的高水平技术应用于劣质材料；这种对技巧的熟练应用，是专门化较高水平的反映。柴寺组合的时代较早，石核剥片与石器制作水平都比较原始和古拙，尚谈不上专门化和标准化。

第三节　维生方式与居址形态的差异性

维生方式（subsistence），又称生计，指人们维持生活的方法，特别是指获取食物和其他必需品的途径，是研究文化适应和人类演化的最直接证据[75]。维生策略包括食谱广度、觅食技术、人口密度、人群流动等[76]。狩猎采集群的居址形态（settlement pattern），是技术与环境相互作用的产物之一[77]，取决于人群的维生方式。

一、资源结构与觅食策略

考察维生方式有赖于对生态环境的复原。考古学材料一直被认为是重建史前生态环境的唯一途径,单纯依靠器物类型学来讨论人类的行为,就如同以彼证彼,自证其身,不符合科学研究原则。Binford 尝试开创的生态模拟研究[78],为我们提供了一种比较简洁、可靠的辅助手段。陈胜前据此对影响中国狩猎采集者的生态特征作出模拟[79],尽管以现代气候条件为参考数值,仍然为本文提供了有力支持。

人类生产生活的资源可分为生存型和维生型两种,前者指人类可用来制作、加工成工具,开发其他资源的物质,例如石料;后者指满足人类生存、生活的物质,例如动植物、水资源、土地等。

根据陈胜前模拟的文化生态分区,山西南部地处华北落叶阔叶林带。该地区生长季节长度适中,可食用植物量中等,可食用动物量(有蹄类动物)中等偏上,完全依赖狩猎采集的人口密度偏低。

孢粉分析显示,山西南部在晚更新世时,由于气候干冷,主要植被景观很可能是疏林草原。据分析,草原与森林的结合地带是以狩猎为主要生计的最佳地带。旧石器时代晚期最适合狩猎的地区应该比利用现代气象材料建立的生态模型中的"森林—草原过渡带"更宽,而且略偏南。其中,下川地处山间盆地,植物资源相对丰富;薛关和柿子滩位于吕梁山麓,植被较少;虎头梁则是温带草原环境,植被相对较为丰富。

下川遗址动物化石很破碎,难以鉴定种属,故此处仅讨论柴寺、薛关、柿子滩和虎头梁四个遗址(见表8-2)。

表8-2　各遗址动物化石一览表

动物化石种类	柴寺[77]	薛关[23]	柿子滩[78]	虎头梁[24]
野马 Equus przewalskii	√	√		√
野驴 Equus hemionus		√		√
鹿 Cervus sp.	√	√	√	√
牛 Bos sp.	√	√	√	√
羚羊 Gazella sp.		√	√	√

208

续表

动物化石种类	柴寺[77]	薛关[23]	柿子滩[78]	虎头梁[24]
野猪 *Sus scrofa*			√	√
象 *Palaeoloxodon sp.*	√			√
蛙 *Rana sp.*				√
狼 *Canis lupus*				√
鸵鸟 *Strathiolithus*		√	√	√
犀牛 *Rhinoceros sp.*	√		√	
虎 *Felis sp.*			√	
啮齿类		√	√	√
软体动物	√	√	√	

　　鹿（*Cervus sp.*）和牛（*Bos sp.*）在四个遗址中均有发现。这两种动物属于生态学家所定义的 k-选择物种，多次繁殖、寿命长、体型大，可以提供的热量和蛋白质较高，属于最佳食物来源。但是生物产量、繁殖率和成熟期长，对于环境的敏感性很强，而且容易由于过度开发而灭绝，成为影响狩猎采集群维生方式最不可靠和最不稳定的因素之一[58]。

　　柴寺和虎头梁的动物群，多为大中型食草类哺乳动物，没有发现比较凶猛的食肉动物化石。一般来说，猎人更愿意捕获危险性小、体型大、容易捕获或伏击的动物。当时当地的人群可能还没有因为资源短缺或人口压力引起的某种需求，被迫去猎取攻击性较强的动物。象和美带蚌的存在，反映出这两地的气候还处于温湿阶段。

　　薛关和柿子滩的动物群，没有象的出现，和今天华北地区动物群的情况类似，可能反映出该地区在晚更新世的气候环境和今天差不多。薛关和柴寺一样，均为大中型食草类哺乳动物。柿子滩的情况比较有趣，发现了比较凶猛的虎，是否人为开发利用造成，还有待深入考察。柿子滩资源开发的多样化程度较高，狩猎采集群一方面继续保持对原有动物资源的利用，另一方面开始尝试获取更多流动性高的食草类哺乳动物，这一转变可能借由远程投射的石镞来实现的。同时，薛关和柿子

209

滩人群可能为了将资源压力的影响降到最低,不得不利用各种资源,由最佳的 k-选择物种转向个体小、生长期短、繁殖数量大、不易因开发利用而灭绝的 r-选择物种[58],虽然这类物种的热量和蛋白质明显不如 k-选择物种。大量软体动物化石的存在就是明证。

维生方式的多样性及其程度,与生存危机、适应性应对有着直接关系。山西南部地区和虎头梁地区的采集经济和狩猎经济均处于中等水平。较多的羊牙和马牙的发现,表明捕获动物可能是这些遗址维生方式的一个重要方面。石制品功能分析表明,多数工具针对动物性物质的加工和处理,和动物化石一同支持了这一论证。其中,柿子滩遗址所在地区濒临黄河及其支流,水资源丰富,存在一定渔猎和捞蚌的可能,或许有混合经济存在。

经济形态多样化,也可以从技术发展和工具变化加以了解。中石器时代的食物资源多为小型和不易利用的品种,需要有特种技术和工具才能采集和加工利用。火的利用,使得开拓外壳坚硬、不可食或含毒性资源成为可能,是晚更新世人群文化适应不可或缺的重要表现。

二、技术结构与流动模式

Nelson 定义技术结构研究为"关于工具的制作、使用、搬运、废弃以及生产与维修所需原料的选择以及整合策略的研究。技术结构的研究考虑影响这些策略的各种经济、社会变量"[43]。

这种研究方法的最终目标是确定技术变革对史前社会行为变化的反映[79],主要考察人类技术与自然环境、社会因素之间的动态互动关系[80-81],涵盖了器物的整个生命史及影响因素。Odell 在总结 20 世纪旧石器研究状况时提到,技术结构研究运用的主要概念包括流动模式、工具的维修性或可靠性、精致加工和权宜加工等,将石器的获取和生产归因于原料的可获性及人群的技术结构[82]。Torrence 提议采用组构、多样性和复杂性来衡量狩猎采集群的技术结构[60],她采用 Oswalt 关于"获取食物工具"的分类法[83],来考察石制品组合。

技术结构研究也涉及人类的行为与认知方面,相对重视社会组织和结构,以重建史前迁移和聚落形态为焦点[84-95]。Kelly对大盆地史前狩猎采集群聚落结构的特定策略的推测[79],Clark对中美洲细石叶生产中劳动力结构的描述[96],以及Andrefsky对石料的可获性与工匠决策、史前人群流动、社会结构之间关系的分析[97],都是技术结构研究中比较成功的案例。

流动性是以狩猎与采集作为主要维生方式的人群适应环境的重要策略[98],与资源的环境特征密切相关。Binford进一步强调,流动性还与资源利用的种类、人口密度关联,这些都会导致不同的流动性和技术复杂程度[78]。Kelly提出,从"觅食者"流动模式向后勤流动模式的变化,是和原料的高效利用和高效技术相关的[98]。

Binford在研究狩猎采集群的流动模式时,提出迁居移动(residential mobility)和后勤移动(logistical mobility)两种组织模式[99]。迁居移动,包括营地居址(base camp)和石器制作场(location);后勤移动,具有食物储备和后勤化组织的特点,包括临时营地(field camp)、狩猎点(station)和窖藏(cache)。在恶劣环境中,食物资源不稳定,获取猎物的难度加大,人群需要通过派出小组工作人员到远处开发资源。

与上述两种流动模式相对应,人群可能采取不同的觅食策略。以迁居移动为主要流动方式,逐资源而流动,不储存食物,每天进行采集的人群,被称为"觅食者"(foragers)(或译为"采食者"[79])。觅食者形成的遗址结构比较简单,通常由营地和野外活动地点组成,多见于热带资源丰富的地区。以后勤移动为主要流动方式,资源向人口移动,至少在一年中的某个时段储存食物的人群,被称为"集食者"(collectors)。集食者形成的遗址结构较为复杂,有相对固定的营地、大型耐用工具及多样化的遗存,是应对严酷环境的一种生计组织模式[100]。

四个遗址都有鹿和牛的存在,表明狩猎是华北地区重要的适应方式之一。末次盛冰期前后,原有动植物资源因环境变化形成"斑块化"分布[46][101-102]。中型食草类动物的移动是不可预测的,它们的流动性和积聚程度有赖于当地的土地载能和资源斑块之间的距离[103]。由于气候的迅速变化,资源斑块继续缩小,其间的距离不断扩大。狩猎采集群必须通过时间预算、扩大移动范围等提高流动性,以获得原本适合、熟悉的资源,降低可能的经济风险。随着这种资源斑块之间距离的扩大,当流动性达到极限后,人群就不得不开发利用新的、更多种类的资源(即广谱经济),以及强化利用一些以前不会食用的资源(如硬壳或有毒的植物)。

　　石料是人群生存的必需资源之一。"外来"石料的采办和利用,是衡量"人群流动性规模"的一个尺度[45][104],或者说,至少是流动性的一个方面,因为必须通过远距离移动和搬运才能被带入遗址。表8-3揭示出五个遗址的石料采办来源,其中四处以当地石料为主。下川和薛关当地都有丰富的石料资源,前者质地优良,后者质地较差,这个区别在石制品组合中也有所体现。柴寺和柿子滩,虽然当地也有可获得、可利用的石料,但质地不适宜制作细石器,必须通过远距离运输,引进质地较好的外来原料来满足生产需求。虎头梁遗址所在地没有满足制作细石器和细石叶的优质石料,人群只好通过远足,到10公里以外的地方去采办原料。

表8-3　各遗址石料利用情况对比

遗　址	石料来源		石料质量	
	当地石料	外来石料	优质石料	劣质石料
柴寺	√	√	√	√
下川	√		√	
薛关	√			√
柿子滩	√	√		√
虎头梁		√	√	

　　下川位于山间盆地,虽然经历末次盛冰期和间冰期的多次气候交替,但优越的地理环境为动植物群提供了有利的避难所,维生型资源可获性较高;加之石料来源

丰富,易于获得,生活于此的狩猎采集群在盆地及其附近移动即可,流动性不高。薛关情况类似,适度的动植物资源为人群提供基本的维生基础,劣质却丰富的石料可以基本满足当地人群的日常需求,资源的可靠性和人群的流动性均处于中等水平。柴寺和柿子滩,分别位于黄河支流汾河和清水河岸,似乎可以提供相应的温湿环境和水产资源,但是可获石料的质地极差,局限了鱼叉、鱼钩等获取水生资源工具的发生与发展;周围贫瘠的山脉无法提供基本的动植物资源;另外,河流泛滥引发的潜在不稳定性,也对人群产生驱赶作用。这两个遗址的狩猎采集群要在这样恶劣的环境中生存下去,必须扩大他们的移动范围,拓宽维生资源基础的多样性,因而流动性较强。位于泥河湾盆地的虎头梁,地理位置靠北,生态环境远不如下川,动植物的数量和种类远远少于下川或薛关。这种环境与资源的限制,使得虎头梁人群不能采取迁居式的游动觅食方式,而是选择相对固定的居址,通过后勤式的集食方式。

第四节 文化适应系统的动态解析

技术的目的是要解决特定的问题,特别是人类迫切需要解决的需求。对于狩猎采集群而言,他们必须根据利用资源对象的特点来调整技术、生存、居址等,来适应高度流动的生活方式,这个过程就是"文化适应"。

本章前半部分已经就旧石器时代晚期文化适应系统的三个重要亚系统进行了分析,包括石器技术、维生方式和居址形态。作为一个开放系统,反馈发生于环境、人口以及超肌体系统(社会)之间,其动态过程与形成条件远比我们目前所了解的复杂。因此,必须将各种物质遗存与生态环境综合起来考虑,结合内外各种因素的互动,才能全面分析人类群体的生存方式、社会结构和文化演变。各种因素如生态环境、石料可获性、资源压力、人口增长、工艺技巧及认知能力,都有可能影响整个文化适应系统。

人类学和考古学常见的阐释模式有气候变化模式[105]、人口压力模式[106-107]、资源压力模式[58]等,各自代表了不同的视角和关键性因素。本节将以生态学理论为视角,从环境、资源、时间压力及信息认知等要素的变化和互动,来探讨生态环境、石器技术、维生方式和居址形态四个亚系统之间的互动。在此基础上,将以流程图的方式复原晚更新世华北地区人类的适应策略——细石叶工艺系统。

一、生态环境

人类生存环境中的各项变化,诸如气温、降水、季节、海岸线、冰川、植被动物群等,都会直接或间接地影响狩猎采集群获取食物的成功与否,都会影响人类的文化适应方式和适应能力,包括社会组织形式、工具与活动、艺术表现、意识形态等。

近年来,古气候学和环境考古学研究的一个重大进展是,发现过去的生态系统具有很大的不稳定性[108]。如前所述,晚更新世全球的气候显著变化,呈现出周期性波动的特征。面对环境的多样性变化,人类的文化适应不仅表现出多样化现象,而且充满了主观能动性,积极应对各种情况,诸如迁徙、人口聚集、改变生计或流动模式、扩大或缩小领地规模等。

气温的下降、冰川的扩张、雨期和间雨期的交替、季风的轮回等,都严重影响着人类的生存环境,特别是生态资源的种类与丰富性。末次盛冰期的到来,气温下降幅度最大可达8℃~13.5℃,而且因纬度不同而有差异[109]。欧亚大陆的广大地区表现为一种苔原或疏林草原的景观,气温低,降水少。动物群主要是一些喜寒的食草类哺乳动物,如猛犸象、披毛犀、野牛、野马、驯鹿,等等。这类动物群流动性很大,是旧石器时代晚期狩猎采集群的主要猎取对象。

细石叶工艺广泛出现于中国华北大部、蒙古、西伯利亚、日本和北美西北部,这些地区在末次冰期的古环境虽有差异,但是都表现出针叶林、干燥草原、旷原、苔原以及泰加型植被的特点;且气候也都是寒冷干燥的[110]。在此期间,许多植物物种绝迹,很少有丰富的植物资源适合人类生存的需要,动物资源就成为当时人群的主要食物来源。因此,细石叶代表了一场针对动物资源而发生、发展的技术革新。

事实上,末次盛冰期的到来并不意味着人类生存环境的恶化,相反,末次盛冰期的迅速结束以及气候的快速回暖,对于人类适应的挑战更大。因为冰期阶段,高纬度地区人类的生存空间相应减少,但是中低纬度地区的海平面下降、热带气候区缩小,人类的生存空间反而有所扩大[111]。

冰后期,气候回暖,冰川消融,但是海平面的上升对于华北地区的影响不是很大。前一阶段盛行的苔原和疏林草原很快被森林所覆盖,猛玛象、披毛犀、驯鹿等物种纷纷消失,取而代之以野猪、麋鹿等森林动物[112]。环境与动植物群的短期变化,促使人类改变食物对象,进而改变狩猎技术和生产工具,同时,水生资源的利用日趋增多,为人类食谱增加了新的来源。原本应用于狩猎的细石叶工艺,随之扩宽到开发水生资源方向(例如,北美西北沿海贝冢中发现适于开拓水生资源的细石叶[113-114]),成为晚更新世至全新世初期人类应用极为广泛和专门化的一门技术。

二、资源限制

Hayden 提出,资源压力是更新世末和全新世初技术演变与农业起源的主要动力。Hayden 认为,旧大陆中石器时代和美洲古代期出现的大量新技术和新工具以及许多专门工具的出现与当时人类普遍转向开拓广谱资源有关,主要是用来在资源压力和波动的情况下增强食物供应的稳定性[58]。

人类生产生活的资源可分为生存型和维生型两种,前者指人类可用来制作、加工成工具、开发其他资源的物质,例如石料;后者指满足人类生存、生活的物质,例如动植物、水资源、土地等。

石器技术,包括生产程序和产品,取决于石料来源的远近[115-118]。Ellis 的研究显示,在利用那些不易获得或远程交换获得的石料时,人们往往会采用特殊的生产程序来制作雏形和毛坯。在那些可以从本地轻易获得石料且石料比较充足的遗址中,剥片策略就会比较随意。石核式样多为块状或不规则状[104][117][119-120],原料表现出利用不充分和浪费现象。石片剥片控制较少,所以产生的废片比有效工具雏形多[117]。

石料大小对石器体积的影响很大。体积较大的石料加工出来的石制品往往也比较大,反之亦然。石制品的大小,一方面影响着人群的工具制作技术,另一方面也制约着工具的使用模式。

石料的质地会影响石器的二次修理。优质原料常常可以生产出形态规整、器形稳定、技术精细的工具,而劣质原料会限制工匠技巧的发挥,往往产生粗糙、不耐用的工具,而且会阻碍二次加工的成功率。

石料贫乏会迫使人们在技术上增加投入,"精致技术"是对优质石料短缺的一种应对,是减少生存风险的一种关键措施[121]。更为经济的细石叶生产技术、大量耗竭型工具(圆头刮削器)的存在以及改型器的出现,都表明工匠为了节省原料,不惜投入更多的时间和能量来延长工具的使用寿命。用两极法将某些废弃的工具或小型石料强化剥片,也可能是增加可使用石料数量的途径之一。

要指出的是,专门化生产(例如两面器或细石叶生产)要求人们具备较高的技巧和能量来生产标准化制品,在某种程度上可能会浪费更多的石料[39]。如果在遗址中不能随手获得石料,就需要人们经常到产地获取石料。在时间压力的限制下,可以预知前往燧石产地的人群很小。结果,狩猎采集群就很可能将损坏或废弃的器物改型成为其他式样,继续利用,以节省遗址内的石料。

维生型资源的基础和紧缺,直接关系到人类可开发利用的类型、数量、质量等,影响着人类在石器技术、维生策略、居址形态等方面的行为。前面已经对晚更新世动植物的多样化和可获性进行过介绍,此处不再多论。

三、时间压力

Torrence 将时间压力看作是制约人类适应,特别是石器技术的主要变量。她认为,时间压力限制着个人开发维生资源的能力,因而限制了个人生产或再生产其他经济和社会产品的能力[60][121]。人类采用的技术一般是能够用最小代价取得最大收益的最佳技术(optimal technology)。在狩猎采集群中,依赖季节性或不容易获得维生资源(例如流动的动物)的人群所承受的时间压力,远远大于那些依赖季节性不强或非季节性资源以及容易获得资源(例如非流动的植物)的人群。她预测,相对定居的集食者或早期农人会应用非专门化的技术,工具的多样性与复杂性较低;而高度流动的觅食者则会采用相对专门化的技术,工具的多样性与复杂性较高。因为后者生存环境中的风险很大,人群必须加大技术和时间的投入以避免觅食的失败。

根据民族学研究,Torrence 进一步指出,风险较大的觅食方式需要精致的技术和工具,随着纬度升高,人类对流动性动物的依赖程度逐渐增加,必须提高工具的效率来降低风险。以细石叶工艺为代表的复杂技术和可靠工具,可以节省时间,增加效率,是狩猎采集群的最佳选择[121]。

四、人群流动性

民族学材料显示,原始群根据性别和年龄进行不同的劳动分工,常常以生活群和工作群的方式聚合分散[122]。这种以家庭和生产为生存单位的不同组合方式应该也存在于史前期,而这种不同组合关系也会在不同遗址所遗留的工具组合中有所反映。猎物、植物、合适的栖居地点、石料的分布会直接影响到一个社会不同群体所从事的不同活动。由于食物资源在一年中会因繁殖周期或季节出现波动,原始群也会随之变换他们的觅食方式,并形成对特定栖居地点的选择和利用。

研究狩猎采集群的文化适应,有一个关键变量,即流动性(mobility)。Shott 提出,石器组合的变异性与人群的流动性成反比[118]。

前文已述,末次盛冰期前后的资源"斑块化"现象,迫使狩猎采集群提高流动性来获得便于利用的资源。为了配合动物资源的迁徙和流动,精致技术就是理想选择。Nelson 认为,精致技术可以缓和工具、原料可获性和使用地点之间不协调的矛盾[43]。一组人群如果流动性很大,其成员就不可能携带笨重的装备和原料。流动性的增大,一方面增加了获得优质石料的可能性,另一方面,由于猎物的位置难以预测,目的地不确定,反过来又制约了优质原料的可获性,随时有生存风险。这样,狩猎采集群就需要拥有节省原料的技术和能反复使用的多用途工具。

反过来,流动性的减少常导致石器技术的衰退。大型和永久性聚落中,规整工具变少,精致技术衰落,普遍出现权宜型的砸击技术,呈现出非专门化趋势[39]。这是由于流动性降低后,活动范围有限,当地优质石料难以获得。而且维生资源对象发生变化,转向流动性相对较小的资源,使得对工具便携性和多功能性要求降低。

因此,细石叶工艺的出现与流行,是特定环境下流动形态和功能因素的产物。

五、信息与认知

技术变革与对新技术的采纳,一直被认为是人类智慧的进步和知识的积累。Deetz曾提出文化的"深层结构"(deep structure),认为人类的文化不完全是对外部环境的应对,内部因素也在起作用[123]。

关于史前人类认知能力的研究,Wynn曾指出,石器的打片活动需要某种空间概念,根据一些安排行为方式的设计来指导打片的步骤,对于石器工匠来说,脑子里至少有一种终极产品的意识,即"共同标准"。"共同标准"指器物加工的刻意性,意味着不同工匠之间存在某种设计和生产上的默契或标准[124]。Deetz也提出类似的"概念型板"(mental template)来表示存在于工匠头脑中对一类器物式样的恰当观念,反映在器物的形制上,就是定型化或稳定性[125]。

晚更新世人类的认知能力与水平,可能表现在这样几个方面:(1)智力水平的演进[126],主要体现在大脑容量的增加和大脑功能区的细化,依赖于体质人类学的研究。(2)文化传统的稳定性和传承,体现在器物的稳定性上。特定时空、特定人群拥有的器物带有某种功能以外的民族风格,取决于该人群的文化偏好或传统,文化传统会保持一定的稳定性。(3)外来人群、外来文化的影响,一般会引发"同化"

现象。

作为旧石器时代有效、可靠技术的典型例子，细石叶工艺具有"精致技术"的特点：优质原料、预制生产、刻意设计、便于携带、维修与循环使用等。精致技术是一种社会授受行为，对特种器物形制的选择具有社会意义[40]。精致技术的采纳，表明该人群对已有资源限制、时间压力和生存风险的意识。对优质石料的选择和强化利用，对不同石料的区别对待，都是文化选择的结果。

细石叶工艺比较显著的特征之一是明确的实现目标：先制作两面器或船形石核毛坯，然后剥制细石叶[111]。Kobayashi认为这来源于人类头脑中已有的"概念型板"，认为细石核、细石叶的形态、工艺流程是事先制定好的，整个制作过程就是为了达到这个既定目标[127]。Flanniken则认为是由文化类型和原料性质共同决定的，细石叶工艺是文化类型的表现形式，这种形式并不完全取决于功能[128]。尽管细石叶确实具备应对环境变化、资源限制、时间压力等外部因素的功用，但要注意的是，这种工艺也可能是主观能动性的表现。例如，日本列岛并不缺乏优质石料，狩猎也不是当地人群的特色生计，细石叶工艺并不是其应对生存风险的必需要素，因此，这里的细石叶工艺可能是作为一种"外来文化"被吸收进来的[111]。

细石叶工艺流行于东亚、东北亚和北美的广大地区，并且从旧石器时代晚期至新石器时代延续很长时间。对于中高纬度地区的游动人群来说，细石叶工艺是复合工具的核心技术和重要元素，比同期其他石制品技术更经济、更节约、更多用途，具有强大的优越性和适应性。作为需要传授的精细技术，细石叶工艺具备较高的稳定性和传承性，易于形成技术习俗或传统，在传播和交流方面同样具有不可抵挡的优势。

六、对细石叶工艺系统的建模

前文论述表明，细石叶工艺是晚更新世华北地区人类采纳的重要适应策略。其间各要素的动态变化和互动关系，都可能对整个系统产生影响。

流程图或建模,是模拟研究的第一步,适于了解某个文化适应系统中不同的变量、变量之间的相关性及动态过程。细石叶工艺系统的运作可以模拟如下(见图8-1):

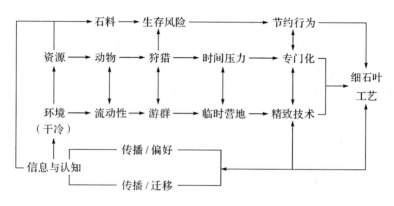

图 8-1　细石叶工艺的文化适应系统模式

　　在这个系统中,所有的要素、亚系统及其变化,都是围绕"人"发生的,"细石叶工艺"被假想为该系统的核心产物或最终结果。环境、资源(外因)和人(内因)是主要的亚系统,其中,石料、动物、干冷环境、信息与认知等要素相互作用,共同迫使"人"通过"文化适应"对工具、技术、食物、生境、信息及其互动等加以选择与调整,实现了与外部环境的功能性互动,以及自身内部的发展,促发了"细石叶工艺"的产生、发展及变异。

　　要注意的是,环境变化、资源压力以及人类智力的发展,在整个旧石器时代都是存在且渐进的。在旧石器时代晚期之前的漫长时间里未流行采纳"细石叶工艺",充分表明:单一方面的变化不是也不可能是"细石叶工艺"产生的唯一动力,每个要素只是原因之一;当各个要素发展到一定程度,才会共同引发人类文明某个阶段的技术革新。

　　各要素因实际状态或程度不同,将导致核心产物呈现出不同的具体表现或程度差异。本研究讨论的华北地区五处遗址,呈现出大体相似的文化适应面貌,但具体路径、主要变量和影响因素略有差异(见表 8-4)。

表 8-4 各遗址生态环境与资源基础一览表

	时 代	生态环境	石料来源	可获资源
柴寺	26.45ka BP	临汾盆地;末次冰期之前;土地肥沃;疏林草原	当地有石英砂岩;外来的优质燧石	动植物资源丰富
下川上层	23.9ka—16.4ka BP	盆地;经历末次冰期和间冰期交替;气温和降雨经历六次剧烈变化;疏林草原	当地有丰富的优质燧石	相对丰富的动植物资源
薛关	13.35ka BP	昕水河流域;经历冰后期;气候温和;吕梁山地	当地有丰富的燧石和石英砂岩	动物资源丰富;植物资源不明
柿子滩上层	16ka—10ka BP	清水河流域;经历冰后期;气候温和;吕梁山地;土壤贫瘠	劣质燧石:来自遗址外的黄河滩;石英砂岩:当地基岩	少量植物;动物数量不多
虎头梁	11.6ka—10.7ka BP	泥河湾盆地;冰后期;温带草原	外来的优质石料	动植物资源丰富

柴寺 处于末次盛冰期到来之前,环境温湿,植被良好,动物资源丰富,为人群提供了食物来源,狩猎与采集并存。但是当地石器质地很差,不适宜制作精细石器,人群必须通过移动来获取远处的优质石料,流动性要求迫切。优质石料的匮乏,刺激了节约行为的强化,促发了细石叶的出现。但是由于时代较早,维生资源产生的压力不十分明显,柴寺的细石叶工艺还比较原始、初级,处于早期阶段。

下川 经历末次盛冰期和冰后期交替,气候发生六次剧烈变化。由于地处山间盆地,植物资源适中,动物资源丰富,以狩猎为主,采集为辅。当地具备丰富的优质燧石,适合制作细石器,人群无需离开盆地到远处去搬运石料,流动性不高。石料丰富且容易获得,因此不见节约行为。狩猎的高度需求,促发了石器制作的专门化趋势。这时期的细石叶工艺已经达到"低水平的专门化生产",但是仍然显示出一定的原始性和朴素性。

221

薛关 位于吕梁山脉的昕水河流域,经历末次冰期后段冰后期,气候温和。山地环境,推测植被不多,但缺少考古学材料的支持。动物资源丰富,种类多,可以为狩猎采集群提供基本的维生基础。当地劣质却丰富的史石料,可以基本满足日常需求,资源可靠性、生存风险和人群流动性均处于中等水平。因此,石制品技术呈现出非专门化的趋势,石片制品和大-中型石器居多,而细石叶工艺制品较少。

柿子滩 地处吕梁山东麓、清水河畔,经历冰后期的气候回暖,动物资源不丰富;周围山脉土壤贫瘠,植被较少,维生资源匮乏。当地可获石料的质地极差,迫使熟练的工匠将高水平技术应用于劣质材料,石制品技术呈现出较为随意、娴熟的特点。面对残酷的环境和生存风险,狩猎采集群不得不使用由大量细石叶组成的复合工具,来完成多样化和强化的资源开拓。在如此恶劣的背景下,柿子滩人群必须提高流动性,扩大移动范围。细石叶这种既节省原料又减轻背负重量的技术,正是在多方面需求下产生的。

虎头梁 位于北部的泥河湾盆地,经历冰后期,气候温湿,植被以温带草原为主,动物资源适中,维生型资源的丰富性和数量都不足以引起极端的生存风险,但不如下川的生态背景优越。大量外来石料的引入,说明当时人群的活动范围超出了遗址范围,可能已涉足整个泥河湾盆地。石料的缺乏引起技术的精致化和群体的组织性,专门化程度较高的两面器预制技术和细石叶工艺,反映出了虎头梁人群适应过程中较高的能动性。

七、小 结

本章就晚更新世华北地区的文化适应系统进行了探讨,对生态环境、石器技术、维生方式和居址形态四个重要的亚系统进行了深入剖析。在此基础上,以生态学理论为视角,从生态环境、石料可获性、资源压力、工艺技巧及认知能力各个要素入手,了解环境、人以及超肌体系统(社会)之间的动态过程和互动关系,通过流程图表现人类的适应策略——细石叶工艺系统。

细石叶工艺不是人类进化过程中凭空产生的一个文化现象，更不是偶然的发现或发明。细石叶工艺不仅代表了一种工具类型或技术，更代表着人类文化适应的一种重要转变，是具有强大优越性和适应性的技术革新，未必一定出现在完全一致的环境背景下。与其相对应的狩猎采集型经济、人数不多的原始游群形态，都是在特定环境背景下人地互动的结果。文化适应的过程是复杂的、动态的，其间的动力和原因不是、也不可能是单一的，单纯地将"细石叶工艺"的产生归因于"环境变化"、"资源压力"或"人类智力发展"都是不合适的。这个系统中的每个要素或亚系统的地位都是平等的，每个要素或亚系统的改变，都将对整个系统产生影响。

　　文化适应是一个全面的问题，其动态过程、动力与影响因素错综复杂，与自然环境、埋藏背景、考古学材料的完整性诸多方面相关。人是文化适应系统中的核心要素，是将自然环境、社会环境、经济技术、意识形态等亚系统联系起来的关键性纽带。在讨论文化适应系统时，系统论的多因变量方法，适合解析系统整体与亚系统或要素之间的关系，包括各种可能的适应行为及其产生因素。在文化适应系统的视野下，将适应性的各个方面看作要素或亚系统，系统讨论华北地区细石叶工艺的多样性与区域性，是合理且可行的。每个变量既可能是原因，又可能是结果，全面讨论所有可能性因素的方法，正是系统论考古学的启发。在考古学转向解读人类行为与信息的今天，重新采用系统论的视野来分析考古学材料，来检验考古学的阐释，是理解人类进化与物质文化的合理途径。

注释

[1] Deacon，H. J. (1976). Where hunters gathered：A study of Holocene Stone Age people in the Eastern Cape. *South African Archaeological Society Monograph Series*，1，pp. 1－231.

[2] Straus，L. G. (1996). The world at the end of the Last Ice Age. In：Straus，L. G. *et al. Hunman at the End of the Ice Age：The Archaeology of the Pleistocene-Holocene Transition*. New York：Plenum Press. pp. 3－9.

[3] 吉笃学、陈发虎、Bettinger，R. L.，Elston，R. G.，耿志强、Barton，L.，王辉、安成邦、张东菊：《末次盛冰期环境恶化对中国北方旧石器文化的影响》，《人类学学报》2005 年第 4 期。

[4] 王幼平：《试论环境与华北晚期旧石器文化》，《北京大学学报（哲学社会科学版）》1990 年第 1 期。

[5] 周昆叔：《华北区第四纪植被演替与气候变化》，《地质科学》1984 年第 2 期。

[6] Broecker，W. C. (1994). Massive iceberg discharges as triggers for global climate change. *Nature*，372，pp. 421－424.

[7] 夏正楷：《第四纪环境学》，北京大学出版社 1997 年版。

[8] 李潮流、康世昌：《全球新仙女木事件的恢复及其触发机制研究进展》，《冰川冻土》2006 年第 4 期。

[9] 刘焱光、吴世迎、张道建：《新仙女木事件的发生及其全球性意义》，《黄渤海海洋》2000 年第 1 期。

[10] 刘嘉麒、倪云燕、储国强：《第四纪的主要气候事件》，《第四纪研究》2001 年第 3 期。

[11] 王苏民、吉磊：《内蒙古扎赉诺尔湖泊沉积物中的新仙女木事件记录》，《科学通报》1994 年第 4 期。

[12] 黄春长:《环境变迁》,科学出版社 1998 年版。

[13] 姚檀栋:《末次冰期青藏高原的气候突变——古里雅冰芯与格陵兰 GRIP 冰芯对比研究》,《中国科学(D 辑)》1999 年第 2 期

[14] 杨保、施雅风:《40－30ka BP 中国西北地区暖湿气候的地址记录及成因探讨》,《第四纪研究》2003 年第 1 期。

[15] Wang, N. A., Zhang, J. M., Cheng, H. Y. *et al*. (2003). The age of formation of the mirabilite and sand wedges in Hexi Corridor and their paleoclimatic interpretation. *Chinese Science Bulletin*, 48(14), pp. 1439－1445.

[16] Derbyshire, E., Shi, Y. & Li, J. *et al*. (1991). Quaternary glaciation of Tibet: The geological evidence. *Quaternary Science Reviews*, 10, pp. 485－510.

[17] 中国第四纪孢粉数据库小组:《中国中全新世(6ka BP)末次盛冰期(18ka BP)生物群区的重建》,《植物学报》2000 年第 11 期。

[18] 安芷生、吴锡浩、卢演俦、张德二、孙湘君、董光荣:《最近 2 万年中国古环境变迁的初步研究》,载刘东生编:《黄土・第四纪・全球变化(二)》,科学出版社 1990 年版。

[19] 孙建中、柯曼红、魏明健、赵景波、李秉成:《黄土高原晚更新世的植被与气候环境》,《地质力学学报》1998 年第 4 期。

[20] 郑家坚、徐钦琦、金昌柱:《中国北方晚更新世哺乳动物群的划分及其地理分布》,《地层学杂志》1992 年第 3 期。

[21] 贾兰坡、盖培、尤玉柱:《山西峙峪旧石器时代遗址发掘报告》,《考古学报》1972 年第 1 期。

[22] 宁夏博物馆、宁夏地质局区域地质调查队:《1980 年水洞沟遗址发掘报告》,《考古学报》1987 年第 4 期。

[23] 王向前、丁建平、陶富海:《山西蒲县薛关细石器》,《人类学学报》1983 年第

2 期。

[24] 盖培、卫奇:《虎头梁旧石器时代遗址的发现》,《古脊椎动物与古人类》1977 年第 2 期。

[25] 裴文中:《周口店山顶洞动物群》,《中国古生物志(新丙种)》1940 年第 10 期。

[26] 周本雄:《河南安阳小南海旧石器时代洞穴遗址脊椎动物化石的研究》,《考古学报》1965 年第 1 期。

[27] 金昌柱、徐钦琦:《中国晚更新世猛犸象(Mammuthus)扩散事件的探讨》,《古脊椎动物学报》1998 第 1 期。

[28] 张镇洪、傅仁义、陈宝峰、刘景玉、祝明也、吴洪宽、黄慰文:《辽宁海城小孤山遗址发掘简报》,《人类学学报》1985 年第 1 期。

[29] 孙继敏、丁仲礼:《近 13 万年来黄土高原干湿气候的时空变迁》,《第四纪研究》1997 年第 2 期。

[30] Liu, T. S. & Ding, Z. L. (1998). Chinese Loess and the Paleomonsoon. *Annual Review of Earth Planetary Sciences*, 26, pp. 111－145.

[31] An, Z. S., Kukla, G., Porter, S. C. *et al*. (1991). Late Quaternary dust flow on the Chinese Loess Plateau. *Catena*, 18, pp. 125－132.

[32] Ding, Z. L., Rutter, N., Han, J. T. *et al*. (1992). A coupled environmental system formed at about 2.5Ma in East Asia. *Palaeogeography*, *Palaeoclimatology*, *Palaeoecology*, 94, pp. 223－242.

[33] Duce, R. A, Unni C. K, Ray B. K, Prospero J. M. and Merrill J. T. Long-range atmospheric transport of soil dust from Asia to the tropical North Pacific: Temporal variability. *Science*, 1980,209: 1522－1524.

[34] Ding, Z. L., Sun, J. M. & Liu, T. S. (1999). Changes in sand content of loess deposits along a Northern-South Transect of the Chinese Loess Plateau and the implications for desert variations. *Quaternary Research*, 52, pp. 56－62.

[35] Lu, H. Y. , Zhang, F. Q. , Liu, X. D. & Duce, R. A. (2004). Periodicities of palaeoclimatic variations recorded by loess-paleosol sequences in China. *Quaternary Science Reviews*, 23, pp. 1891—1900.

[36] Clark, J. D. (1983). The significance of culture change in the earlier later Pleistocene in Northern and Southern Africa. In: Trinkaus, E. *The Mousterian Legacy: Human Biocultural Change in Upper Pleistocene*. Oxford: BAR International Series 164. pp. 1—12.

[37] Mellars, P. (1989). Technological changes at the middle to upper Paleolithic transition: economic, social, and cognitive perspectives. In: Mellars, P. & Stringer, C. *The Human Revolution: Behavioral and Biological Perspectives on the Origins of Modern Humans*. Princeton: Princeton University Press. pp. 338—365.

[38] Sherratt, A. (1997). Climatic cycles and behavioral revolutions. *Antiquity*, 71(272), pp. 271—287.

[39] Shen, C. (2001). *The lithic production system of the Princess Point Complex during the transition to agriculture in Southwestern Ontario, Canada*. Oxford: BAR International Series 991.

[40] 陈淳:《谈旧石器精致加工》,《人类学学报》1997 年第 4 期。

[41] Binford, L. R. (1973). Interassemblage variability: The Mousterian and the functional argument. In: Renfrew C. *The Explanation of Culture Change*. London: Duchworth. pp. 227—254.

[42] Bamforth, D. B. (1986). Technological efficiency and tool curation. *American Antiquity*, 51(1), pp. 38—50.

[43] Nelson, M. C. (1991). The study of technological organization. *Archaeological Method and Theory*, 3, pp. 57—100.

[44] Odell，G. H. (1996). Economizing behavior and the concept of "curation". In：Odell，G. H. *Stone Tools：Theoretical Insight into Human Prehistory*. New York：Plenum. pp. 51—77.

[45] Binford，L. R. (1979). Organization and formation processes：Looking at curated technologies. *Journal of Anthropological Research*，35，pp. 255—273.

[46] Bousman，C. B. (1993). Hunter-gatherer adaptations，economic risk and tool design. *Lithic Technology*，18，pp. 59—86.

[47] Gould，R. A. (1980). *Living Archaeology*. Cambridge：Cambridge University Press.

[48] Eriksen，B. V. (1996). Resource exploitation，subsistence strategies，and adaptiveness in late Pleistocene-early Holocene Northwest Europe. In：Straus L. G，Eriksen B. V，Erlandson J. M，Yesner D. R. *Humans at the End of Ice Age：The Archaeology of Pleistocene-Holocene Transition*. New York：Plenum Press. pp. 101—128.

[49] Chazan，M. (1995). The language hypothesis for the middle-to-upper Paleolithic transition：An examination based on multi-regional lithic analysis. *Current Anthropology*，36，pp. 749—768.

[50] Jeske，R. (1992). Energetic efficiency and lithic technology：An upper Missisippian example. *American Antiquity*，57(3)，pp. 467—481.

[51] Parry，W. J. & Kelly，R. L. (1987). Expedient core technology and sedentism. In：Johnson，J. & Morrow，C. *The Organization of Core Technology*. Boulder：Westview Press. pp. 285—304.

[52] Andrefsky，W. Jr. (1991). Inferring trends in prehistoric settlement behavior from lithic production technology in the Southern Plains. *North American Archaeologist*，12(2)，pp. 129—144.

[53] Johnson, J. K. (1989). The utility of production trajectory modeling as a framework for regional analysis. In: Henry, D. O. & Odell, G. H. *Alternative Approaches to Lithic Analysis*. Archaeological Papers of the American Anthropological Association No. 1. pp. 119—138.

[54] Bleed, P. (1986). The optimal design of hunting weapons: Maintainability or reliability. *American Antiquity*, 51, pp. 737—747.

[55] Clastres, P. (1972). The Guayaki. In: Bicchieri, M. G. *Hunters and Gatherers Today: A Socioeconomic Study of Eleven such Cultures in the Twentieth Century*. New York: Holt, Rinehart and Winston.

[56] Binford, L. R. (1989). Isolating the transition to cultural adaptations: An organizational approach. In: Trinkaus, E. *The Emergence of Modern Humans, Biocultural Adaptations in the Later Pleistocene*. Cambridge: Cambridge University Press.

[57] Arnold, J. (1987). Technology and economy: Microblade core production from the Channel Islands. In: Johnson, J. & Morrow, C. *The Organization of Core Technology*. Boulder: Westview Press. pp. 207—237.

[58] Hayden, B. M. (1981). Research and development in the Stone Age: Technological transitions among hunter-gatherers. *Current Anthropology*, 22, pp. 519—548.

[59] Shott, M. (1986). Settlement mobility and technological organization: An ethnographic examination. *Journal of Anthropological Research*, 42, pp. 15—51.

[60] Torrence, R. (1983). Time budgeting and hunter-gatherer technology. In: Bailey, G. *Hunter-Gatherer Economy in Prehistory*. Cambridge: Cambridge University Press.

[61] Torrence, R. (1989). *Time, Energy, and Stone Tools*. Cambridge: Cam-

bridge University Press.

[62] Boyd, R. & Silk, J. (1997). *How Humans Evolved*. New York and London: W. W. Norton and Co.

[63] Foley, R. & Lahr, M. M. (1997). Mode 3 technologies and the evolution of modern humans. *Cambridge Archaeological Journal*, 7(1), pp. 3—36.

[64] Gamble, C. (1986). *The Paleolithic Settlement of Europe*. Cambridge: Cambridge University Press.

[65] Relethford, J. (1997). *The Human Species*. Mt. View: Mayfield.

[66] Schick, K. & Toth, N. (1993). *Making Silent Stones Speak: Human Evolution and the Dawn of Technology*. New York: Simon and Schuster.

[67] Clark, G. & Lindly, J. (1989). The case for continuity: Observations on the biocultural transition in Europe and Western Asia. In: Mellars, P. & Stringer, C. *The Human Revolution: Behavioral and Biological Perspectives on the Origins of Modern Humans*. Princeton: Princeton University Press. pp. 626—676.

[68] Clark, J. E. (1987). Politics, prismatic blades, and Mesoamerican civilization. In: Johnson J. and Morrow C. *The Organization of Core Technology*. Boulder: Westview Press. pp. 259—284.

[69] Bordaz, J. (1995). *Tools of the Old and New Stone Age*. New York: Natural History Press.

[70] Boeda, E. J. (1995). Levallois: Volumetric construction, methods, a technique. In: Dibble, H. & Bar-Yosef, O. *The Definition and Interpretation of Levallois Technology*. Madison: Prehistory Press. pp. 41—68.

[71] Hayden, B. (1976). Curation: Old and new. In: Raymond J. S. *et al. Art and Technology*. Calgary: University of Calgary Archaeological Association. pp. 47—59.

[72] Frison，G. C. (1968). A functional analysis of certain chipped stone tools. *American Antiquity*，33(2)，pp. 149－155.

[73] Gallagher，J. P. (1977). Contemporary stone tools in Ethiopia：Implication for archaeology. *Journal of Field Archaeology*，4，pp. 407－414.

[74] 张晓凌：《石器功能与人类适应行为：虎头梁遗址石制品微痕分析》，中国科学院古脊椎动物与古人类研究所博士学位论文，2009 年。

[75] Enloe，J. G. (2001). Investigating human adaptations in early Upper Paleolithic. In：Hayes，M. A. and Thacker，P. *Questioning and Answers：Re-solving Fundamental Problems of the Early Upper Paleolithic*，*British Archaeological Reports International Series* 1005. pp. 21－26.

[76] Haynes，G. (2002). *The Early Settlement of North America：The Clovis Era*. Cambridge：Cambridge University Press.

[77] Trigger，B. G. (1968). The determinants of settlement patterns. In：Zhang，K. C. *Settlement Archaeology*. Palo Alto：National Press.

[78] Binford，L. R. (2001). *Constructing frames of reference：an analytical method for archaeological theory building using hunter-gatherer and environmental data sets*. Berkley：University of California Press.

[79] 陈胜前：《中国狩猎采集者的模拟研究》，《人类学学报》2006 年第 1 期。

[77] 王建、陶富海、王益人：《丁村旧石器时代遗址群调查发掘简》，《文物季刊》1994 年第 3 期。

[78] 山西省临汾行署文化局：《山西吉县柿子滩中石器 23 文化遗址》，《考古学报》1989 年第 3 期。

[79] Kelly，R. (1988). The three sides of a biface. *American Antiquity*，53，pp. 717－734.

[80] Johnson，J. & Morrow，C. (1987). *The Organization of Core Technology*.

Boulder and London: Westview Press.

[81] Carr, P. (1994). The organization of technology: Impact and potential. In: Carr, P. *The Organization of North American Prehistoric Chipped Stone Tool Technologies*. Ann Arbor: International Monographs in Prehistory. pp. 1—8.

[82] Odell, G. (2001). Stone tool research at the end of the Millennium: classification, function, and behavior. *Journal of Archaeological Research*, 9(1), pp. 45—99.

[83] Oswalt, W. H. (1976). *An Anthropological Analysis of Food-getting Technology*. New York: John Wiley & Sons.

[84] Amick, D. (1987). Lithic raw material variability in the Central Duck River Basin: Reflections of Middle and Late Archaic organizational strategies. In: *TVA Publications in Anthropology* 50. Knoxville: Tennessee University. p. 257.

[85] Anderson, D., Hanson, G. (1988). Early Archaic settlement in the Southeastern United States: A case study from the Savannah River Basin. *American Antiquity*, 53, pp. 262—286.

[86] Andrefsky, W. (1991). Inferring trends in prehistoric settlement behavior from lithic production technology in the Southern Plains. *North American Archaeology*, 12, pp. 129—144.

[87] Bamforth, D. (1990). Settlement, raw material, and lithic procurement in the Central Mojave Desert. *Journal of Anthropological Archaeology*, 9, pp. 70—104.

[88] Bamforth, D. (1991). Technological organization and hunter-gatherer land use. *American Antiquity*, 56, pp. 216—235.

[89] Binford, L. (1977). Forty-seven trips. In: Wright, R. *Stone Tools as Cultural Markers*. Canberra: Australian Institute of Aboriginal Studies. pp. 24—36.

［90］Binford, L. (1978). Dimensional analysis of behavior and site structure: Learning from an Eskimo hunting stand. *American Antiquity*, 43, pp. 330—361.

［91］Hofman, J. (1991). Folsom land use: Projectile point variability as a key to mobility. In: Montet-White A and Holen S. *Raw Material Economies among Prehistoric Hunter-Gatherers*. Kansas: Lawrence. pp. 335—356.

［92］Kuhn, S. (1989). Hunter-gatherer foraging organization and strategies of artifact replacement and discard. In: Amick, D. & Mauldin, R. *Experiments in Lithic Technology*. Oxford: BAR International Series 528. pp. 33—48.

［93］Magne, M. (1985). *Lithics and livelihood: Stone tool technologies of Central and Southern Interior British Columbia*. Ottawa: National Museum of Man.

［94］Parry, W. & Kelly, R. (1987). Expedient core technology and sedentism. In: Johnson, J. & Morrow, C. *The Organization of Core Technology*. Boulder: Westview Press. pp. 285—304.

［95］Sassaman, K., Hanson, G. & Charles, T. (1988). Raw material procurement and the reduction of hunter-gatherer range in the Savannah River Valley. *Southeastern Archaeology*, 7, pp. 79—94.

［96］Clark, J. (1987). Politics, prismatic blades, and Mesoamerican civilization. In: Johnson, J. & Morrow, C. *The Organization of Core Technology*. Boulder: Westview Press. pp. 259—284.

［97］Andrefsky, W. (1994). Raw-material availability and the organization of technology. *American Antiquity*, 59(1), pp. 21—34.

［98］Kelly, R. L. (1995). *The Foraging Spectrum: Diversity in Hunter-Gatherer Lifeways*. Washington: Smithsonian Institution Press.

［99］Binford, L. R. (1980). Willow smoke and dog's tails: Hunter-gatherer settlement systems and archaeological site formation. *American Antiquity*，45（1），pp. 4－20.

［100］陈淳:《居址考古学的探索与启示》,载陈淳著:《考古学的理论与研究》,学林出版社年 2003 年版。

［101］Meltzer，D. J.（1988）. Late Pleistocene human adaptations in Eastern North America. *Journal of World Prehistory*，2(1)，pp. 1－52.

［102］Orians，G. H. & Pearson，N. E.（1979）. On the theory of central place foraging. In: Horn，D. J.，Mitchell，R.，& Stair，G. R. *Analysis of Ecological Systems*. Ohio: Ohio State University Press. pp. 155－177.

［103］Spiess，A.（1979）. *Reindeer and Caribou Hunters*. New York: Academic Press.

［104］Funk，R. E.（1973）. Recent contributions to Hudson Valley Prehistory. *New York State Museum Memoir*，22.

［105］Mannion，A. M.（1997）. *Global Environmental Change*. New York: Longman. pp. 42－128.

［106］Boserup，E.（1965）. *The condition of agricultural growth*. Chicago: Aldine.

［107］Cohen，M. H.（1975）. *The food crisis in prehistory*. New Haven: Yale University Press.

［108］刘东升等:《第四纪环境》,科学出版社 1997 年版。

［109］汤卓炜:《环境考古学》,科学出版社 2004 年版。

［110］陈淳:《东亚与北美细石器遗存古环境》,《第四纪研究》1994 年第 4 期。

［111］陈胜前:《细石叶工艺起源研究——一个理论与生态的视角》,载北京大学考古文博学院编:《考古学研究(七)》,科学出版社 2008 年版。

［112］陈淳:《文明的曙光》,载陈淳著:《中国猿人》,上海科技教育出版社 1998 年版。

[113] Carlson, R. L. (1960). Chronology and culture change in the San Juan Island. *American Antiquity*, 25(4), pp. 562—587.

[114] Sanger, D. (1968). Prepared core and blade traditions in Pacific Northwest. *Arctic Anthropology*, 5(1), pp. 92—120.

[115] Ellis, C. J. (1983). *Paleo-Indian lithic technological organization in the Lower Great Lakes area*. Paper presented at the 48th Annual Meeting. Pittsburgh: Society for American Archaeology.

[116] Goodyear, A. C. *A hypothesis for the use of cryptocrystalline raw materials among Paleo-indian groups of North America*. Columbia: Institute of Archaeology and Anthropology, University of South Carolina.

[117] MacDonald, G. F. (1968). *Debert: A Paleo-indian site in Central Nova Scotia*. Ottawa: National Museum of Canada.

[118] Shott, M. (1986). Technological organization and settlement mobility: An ethnographic examination. *Journal of Anthropological Research*, 42, pp. 240—256.

[119] Dragoo, D. W. (1973). Well Creek——An early man site in Stewart County, Tennessee. *Archaeology of Eastern North America*, 1, pp. 1—56.

[120] Funk, R. E., Weinman, T. P. & Weinman, P. L. (1969). The Kings Road site: A recently discovered Paleo-indian manifestation in Greene County, New York. *New York State Archaeological Association Bulletin*, 45, pp. 1—23.

[121] Torrence, R. (1989). Tools as optimal solutions. In: Torrence, R. *Time, Energy and Stone Tools*. Cambridge: Cambridge University Pres. pp. 1—6.

[122] Binford, L. R. & Binford, S. R. (1966). A preliminary analysis of functional variability in the Mousterian of Levallois facies. *American Anthropolo-*

gist, 62(2), pp. 238—295.

[123] Deetz, J. (1976). *In Small Things Forgotten: The Archaeology of Early American Life*. New York: Doubleday.

[124] Deetz, J. (1967). *Invitation to Archaeology*. New York: Natural History Press.

[125] Wynn, T. (1993). Two developments in the mind of early *Homo*. *Journal of Anthropological Archaeology*, 12, pp. 299—322.

[126] Phillips, J. L. (1981). *Piaget's Theory: A Primer*. San Francisco: W. H. Freeman and Company.

[127] Kobayoshi, T. (1970). Microblade industries in the Japanese Archipelago. *Arctic Anthropology*, 7(2), pp. 38—58.

[128] Flanniken, J. J. (1987). The Paleolithic Dyuktai pressure blade technique of Siberia. *Arctic Anthropology*, 24(2), pp. 117—132.

第九章

结　语

　　近二十年来,中国的旧石器研究以及对细石叶遗存的分析逐渐开始摆脱单纯的类型学分析以及对不同遗址或工业之间异同的讨论。本书采用文化生态学、系统论、操作链等理论、方法,从盛行于华北更新世末的细石叶工艺入手,尝试更好地了解史前人类的适应和行为。

　　旧石器时代晚期细石叶工艺以狩猎采集为生计、高度流动性的共同特征而广布于华北地区和东北亚。同时,不同遗址和石制品组合之间表现出一定的区域性和多样性。

　　根据文化生态学和系统论的视野,构建文化适应系统理论,本书对晚更新世华北地区人类的文化适应形态及其影响因素作了尝试性探讨。通过对考古遗址和石制品组合的分析、对比,构建了华北地区细石叶工艺的动态适应系统,阐释了石器技术、维生方式和居址形态等亚系统的地域性差异,并探讨了影响这些差异的各种要素和变量。

　　考古学研究显示,人类的文化适应性表现出"能量最大化"[1]和"成本最小化"[2]趋势。对于晚更新世的狩猎采集群来说,扩大狩猎经济的比重,提高工具的可靠性和维修性,采纳可替换零部件的复合工具,减轻携带工具的负荷,提高流动性,是他们面对环境巨变、生存风险加大的最佳选择。

　　对五个细石叶工艺系统的"操作链"复原和文化适应系统研究表明,华北地区的细石叶工艺,是特定气候环境和人类智力、能动性共同作用下出现的一项复杂工艺技术,符合人地互动过程中各种变化和不同压力,可以维持人类文化适应系统的能量运转。

就外部因素而言,晚更新世的环境因气候剧变而变得干冷,加剧了资源限制。一方面,随着干冷气候和植被的减少,人类生存所必需的维生型资源主要以动物为主[3]。依赖动物资源使得人群不得不提高狩猎技术以维持生存。动物资源的流动性,给狩猎者造成了捕猎时间的压力和生存风险[4],这迫使人群不得不利用各种复合工具,提高工具有效性,采用专门化技术加以应对。另一方面,流动性增大使得原料必须便于携带,以避免因原料偶然短缺而引发的生存风险,因此人群必须采取强化利用石料的节约行为。同时,严酷的环境和资源的限制,反过来也加剧了人群的流动性。在节省石料和高度流动性的双重需求下,狩猎采集群选择了精致技术[5-6]来应对压力。从内部因素来看,人群石器制作技能的传承性和文化传统,既可以维持自有的稳定性,又可能受到外来文化或游群的影响,促发对新技术的吸收。专门化、节约行为、精致技术、智力发展和外来文化的影响,共同促成了"细石叶工艺"的产生与采纳。

作为复合工具的核心技术和重要元素,细石叶工艺是晚更新世人类应对严酷气候、资源流动性和不确定性而发明的一种技术,集中体现了三大特点:最大程度利用原材料、使用功能的有效性、便于携带[7]。细石叶工艺比其他打制石器技术更经济、更节约、更多用途,具有强大的优越性和适应性,代表了打制石器的巅峰水平。一旦被有效采纳,就可能因人群的迁移而迅速传播,广泛流行于生态环境大体相似、但细节差异很大的不同地区,包括东亚、东北亚和北美[3]。

将细石叶工艺的出现和发展看作文化适应的系统或过程,从整体和要素的互动关系加以探讨,是对旧石器考古学传统研究方法的优化和推进。它可以解释过去没有阐明的问题,例如细石叶工艺为什么广泛流行于晚更新世至全新世时期,为什么细石叶工艺被誉为"最复杂的打制技术"[8],为什么技术专门化和精致化几乎同时出现在不同的地区,为什么区域性和复杂性在晚更新世变得更加明显。对华北地区旧石器时代晚期遗址的分析,为"文化适应系统研究模式"提供了可靠的证据。

单一方面的变化不是也不可能是"细石叶工艺"产生的唯一动力,每个要素只是原因之一;当各个要素发展到一定程度,才会共同引发人类文明某个阶段的技术革新。文化适应研究摆脱了"环境决定论"或"被动适应"的文化累进观点,在肯定外界因素对人类体质和文化的影响作用的同时,承认能动性在认知和信息方面的地位[9],承认"细石叶工艺"具有传承性和传播性。史前人类的文化适应,既表现出对周围环境变化的应对,同时通过积极的调节作用来提高适应的效果,是被动适应和主观能动两个方面共同作用的结果。

文化适应研究有助于考古学从描述和定性层面转向行为阐释和信息提炼[10],扭转单纯依靠器物形态、经验推测的研究模式。由于文化演变的复杂性和多样性,考古学理论和方法的探索愈来愈依赖各种社会科学理论和自然科学手段的发展。运用新理论与新方法,是推进考古学研究前进的必然途径。新考古学曾经倡导,考古学研究的目标应该是复原文化历史、复原生存方式、阐明文化进程(演变的动力与规律)[11],这对于今天的中国考古学来说具有一定的借鉴意义。系统论视野下的多变量研究方法,涵盖相互关联的一切要素,可以较为全面、较为合理地深入剖析考古学材料的背景和形成动态。从有限的考古记录中挖掘出更多的信息,将物质与人紧密地结合在一起,才有可能真正了解我们的过去。

但是,由于研究材料均为上世纪发掘而得,受到时间久远和保管情况的限制,许多标本笔者无法亲自观察,分析受到一定阻碍。取样标本的数量限制对石制品的全面讨论,特别是经过微痕观察的标本数量较少,统计和分析结果势必存在偏差。另外,由于石制品标本的出土信息不完整,几乎无法了解原来的考古相关性。因此,今后可以进一步收集资料,扩大取样范围。

本书通过模拟细石叶工艺的文化适应系统,已经成功证明了"文化适应系统研究"在考古学研究中的合理性和可行性。将来可以将细石叶工艺的讨论范围扩展开来,进行跨地区、跨文化的对比和研究,例如对中国其他地区细石叶工艺模式、西亚的几何形细石器系统的探讨,从更宏观、更全面的层面来解释晚更新世人类的文化适应。此外,该理论还可以应用于新石器时代及历史时代考古学研究,为深入阐释人类物质文化和文明演进提供新的视野和主题。

注释

[1] 陈胜前:《细石叶工艺起源研究——一个理论与生态的视角》,载北京大学考古文博学院编:《考古学研究(七)》,科学出版社 2008 年版。

[2] Hayden，B. (1981). Research and development in the stone ages：Technological transitions among hunter-gatherers. *Current Anthropology*，22(5)，pp. 519－548.

[3] 陈淳:《东亚与北美细石器遗存古环境》,《第四纪研究》1994 年第 4 期。

[4] Torrence，R. (1973). Time budgeting and hunter-gatherer technology. In：Bailey，G. *Hunter-Gatherer Economy in Prehistory*. Cambridge：Cambridge University Press.

[5] Binford，L. R. (1973). Interassemblage variability：The Mousterian and the functional argument. In：Renfrew，C. *The Explanation of Culture Change*. London：Duchworth. pp. 227－254.

[6] Bamforth，D. B. (1986). Technological efficiency and tool curation. *American Antiquity*，51(1)，pp. 38－50.

[7] 沈辰:《细石器工艺、细石器传统及山东细石器研究的初步认识》,载邓聪、陈星灿编:《桃李成蹊集——庆祝安志敏先生八十寿辰》,香港中文大学中国考古艺术中心 2004 年版。

[8] Bousman，C. B. (1993). Hunter-gatherer adaptations, economic risk and tool design. *Lithic Technology*，18，pp. 59－86.

[9] 陈淳:《能动性:当今考古研究的热点》,《中国文物报》2008 年 2 月 15 日。

[10] 陈淳:《考古学研究与信息提炼——谈考古学范例的演变》,载陈淳著:《考古学的理论与研究》,学林出版社 2003 年版。

[11] Binford，L. R. (1992). Archaeological perspectives. In：Binford，S. R. &

Binford，L. R. *New Perspectives in Archaeology*. Chicago：Aldine. 同见：陈淳译：《论新考古学》,《东南文化》1992 年第 1 期。

附录 1

石器装柄微痕实验的步骤与记录

1. 实验材料

(1)石制品。选用燧石作为实验原料,所有燧石均采自泥河湾,颜色有黄褐色、红褐色、肉红色和褐色几种,其中部分质地不均,有节理。为了模拟细石器工具的功能,标本最大长度未有超过 5 厘米的。尽量选取未经过修理的标本,以避免修理造成的疤痕干扰对装柄痕迹的认识。22 件观察标本中,仅有 2 件经过简单修理。为了装柄方便,选择的标本均为片状毛坯,包括 17 件石片、2 件半边石片、3 件断块。

(2)装柄材料,包括木柄和麻绳。木柄主要是泥河湾拾得的杨树枝和中科院古脊椎所院内捡到的榆树枝,有的比较潮湿,有的比较干燥。捆绑材料是北京某农贸市场买到的麻绳,非常粗糙。为了获得较为清晰的装柄痕迹,没有使用胶。

(3)加工材料。确定软性、中性和硬性三种材料。软性材料包括鲜猪皮、鲜猪肉、鸡、土豆等;中性材料包括鲜树皮、干鹿皮;硬性材料包括干骨、鲜贝壳、陶片和干鹿角。

2. 装柄方式和捆绑方式

装柄方式分为"嵌入式"和"倚靠式"两种。嵌入式,即将木柄一端从中间劈裂,将工具楔入裂隙当中,再用麻绳捆绑,又分为纵向嵌入、横向嵌入和斜交嵌入三种方式(见图附1:a)。倚靠式,视工具大小将木柄一端抠掉一小块,将工具靠在剩下的那一部分,然后用麻绳捆绑(见图附1:b)。

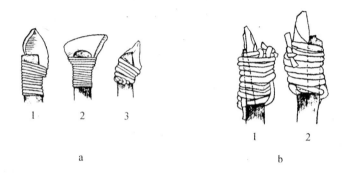

图附1　装柄微痕实验标本的装柄方式

a.嵌入式;b.倚靠式

捆绑方式分为"平行捆绑"和"交叉捆绑"两种,前者是将麻绳平行缠绕(见图附2:1、2),后者是将麻绳交叉缠绕(见图附2:3、4)。

3. 实验项目

两类实验项目,共计22件标本(见表附1)。第一类:未经使用的标本,共2件,捆绑之后不经过任何使用就将柄拆除,直接观察装柄部位的变化。第二类:经过使用的标本,共20件,模拟原始人类对装柄工具的使用,针对不同的加工对象设计了不同的动作。

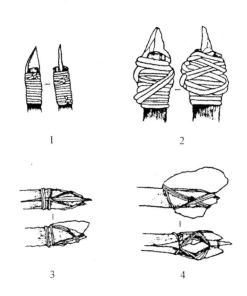

图附 2　装柄微痕实验标本的捆绑方式

1、2. 平行捆绑；3、4. 交叉捆绑

表附 1　装柄标本模拟实验情况记录

标本编号	修理与否	边缘角(°)		木柄材料	柄长(cm)	装柄方式	捆绑方式	运动方式	加工对象	时间(min)	次数(次)
		左	右								
USE050	否	73	30	湿树枝	15	纵向嵌入	平行	刮	湿树皮	4	580
USE051	否	41	36	湿树枝	12	横向嵌入	平行	刨	湿树皮	6	700
USE052	否	56	52	湿树枝	13	纵向嵌入	平行	刨	湿树皮	20	2200
USE053	否	25	46	干树枝	22	纵向嵌入	交叉	切	干鹿皮	22	2300
USE054	否	90	60	湿树枝	12.5	纵向嵌入	平行	刮	干鹿皮	18	2248
USE055	否	25	60	湿树枝	26	纵向嵌入	平行	切刮	鲜猪皮	17	1527
USE056	否	26	36	湿树枝	14	斜交嵌入	平行	削	湿树皮	12	551

续表

| 标本编号 | 修理与否 | 边缘角(°) | | 木柄材料 | 柄长(cm) | 装柄方式 | 捆绑方式 | 运动方式 | 加工对象 | 时间(min) | 次数(次) |
		左	右								
USE057	否	40	43	半干树枝	19	纵向嵌入	交叉	切	鲜猪肉	21	1970
USE058	否	31	73	湿树枝	10.5	纵向嵌入	平行	—	—	—	—
USE059	否	41	45	湿树枝	12.5	纵向嵌入	平行	削切	土豆	20	1756
USE060	否	90	44	半干树枝	41	纵向嵌入	平行	射击	活鸡	2	10
USE061	是	50	62	半干树枝	50.5	纵向嵌入	平行	射击	活鸡	2	11
USE062	是	50	74	湿树枝	14	纵向嵌入	平行	—	—	—	—
USE063	否	74	40	湿树枝	53.5	纵向嵌入	平行	射击	活鸡	0.2	1
USE064	否	64	74	半干树枝	95	纵向嵌入	平行	戳	死鸡	10	555
USE065	否	62	66	湿树枝	12.5	倚靠式	平行	钻	干鹿皮	17	1360
USE066	否	50	80	湿树枝	13	纵向嵌入	平行	钻	干骨	20	2113
USE067	否	70	90	湿树枝	12.5	纵向嵌入	平行	钻	陶片	19	1598
USE068	否	65	34	湿树枝	12.5	纵向嵌入	平行	钻	鲜贝壳	7	550
USE069	否	90	90	干树枝	21.5	纵向嵌入	平行	钻	干鹿角	23	2100
USE070	否	108	50	干树枝	16	倚靠式	平行	雕刻	干骨	22	2100
USE075	否	80	55	干树枝	16	纵向嵌入	平行	钻	干鹿皮	35	2200

4. 实验步骤

（1）捆绑之前将标本绘图、照相、记录基本情况，包括实验时间、场所、标本基本特征。标本基本形态特征包括标本原料、类型、修理与否、热处理与否、加工与否、边缘形态及边缘角的测量。

（2）观察有可能产生捆绑痕迹的部位，并拍摄显微照片。观察点包括与木柄和绳子接触的部位。

（3）制作装柄工具。

（4）装柄之后记录装柄材料、装柄方式、捆绑方式，并拍摄捆绑后的工具整体照片。

（5）模拟使用装柄工具，记录加工对象、使用时间、次数等具体过程，以及工具的使用效果。

（6）拆除木柄之后，再对观察点进行低倍显微观察。记录微痕情况，对比装柄前后的变化，总结装柄痕迹的特征。

5. 微痕观察记录

22 件装柄标本上均辨认出与装柄相关的痕迹，共计 47 处使用单位，说明装柄痕迹是可以产生并被观察到的。其主要特征包括疤痕、磨圆、光泽等痕迹的组合，简要概括见表附 2。

表附 2　装柄实验微痕观察记录

标本编号	使用部位	片疤破损				磨蚀痕迹		
		位置	尺寸	分布	终止	位置	磨圆	光泽
USE050	3～4	E	S	U	B	—	—	—
	6～7	E	M	S	F	—	—	—
USE051	3～4	E	S	U	B	E	LR	IP
	5～6	E	S	U	B	—	—	—
USE052	3	E	M	R	B	E	LR	MP
	6	E	M	U	B	—	—	—
USE053	6	E	L	—	B	—	—	—
USE054	8	E	S	U	B	—	—	—

续表

标本编号	使用部位	片疤破损				磨蚀痕迹		
		位置	尺寸	分布	终止	位置	磨圆	光泽
USE055	6	E	S	R	F/B	E	MR	MP
	3	V	S	U	S/B	V	LR	MP
USE056	6	—	—	—	—	D	LR	MP
	4	D	L	—	B	—	—	—
USE057	6	E	S	R	F	—	—	—
USE058	6～7	E	S	U	F	—	—	—
	4～5	V	S	S	S	V	—	MP
USE059	3～4	E	S	R	B/S	E	LR	MP
	6～7	E	S	R	F/B	—	—	—
	4	E	M	S	B	—	—	—
	5～6	E	S	U	B	—	—	—
USE060	2～3	E	S	R	B	—	—	—
	6～7	E	S	S	F	—	—	—
USE061	6	—	—	—	—	E	LR	IP
	4	D	S	R	F	E	—	MP
USE062	6～7	E	S	U	F	E	—	MP
USE063	4	B	M	P	F	—	—	—
	5～6	E	M	P	F	—	—	—
USE064	5～6	E	S	R	F	E	LR	MP
USE065	2	—	—	—	—	V	HR	—
	3	E	S	R	B	—	—	—
	5	E	S	U	F	—	—	—
	2～3	D	S/M	U	B/F	—	—	—

标本编号	使用部位	片疤破损				磨蚀痕迹		
		位置	尺寸	分布	终止	位置	磨圆	光泽
USE066	3	D	S	U	F	—	—	—
USE067	2～3	E	S	U	B	—	—	—
	8	D	S	R	B	—	—	—
USE068	3～4	E	S	U	B/F/S	—	—	—
	4～5	D	S	U	S/B	—	—	—
	4～5	—	—	—	—	D	LR	MP
USE069	2	—	—	—	—	D	—	MP
	3	D	S	R	B	D	LR	MP
	2	E	S	R	B	E	LR	
USE070	4～5	E	L	S	F	—	—	—
	6～7	E	S	U	F	—	—	—
	1	—	—	—	—	D	—	MP
	3～4	—	—	—	—	V	MR	MP
	6～7	B	S	R	F	E	LR	—
USE075	3	E	S	R	B	E	MR	IP
	5	E	S	U	B	E		BP

6. 石器微痕记录代码

(1)EU＝使用单位。

(2)PC＝使用部位。

(3)加工对象：

　　AS＝软性动物类(肉、新鲜皮革等)；

VS＝软性植物类（草、菜等）；

1M＝中软性类（鲜木、鱼鳞等）；

2M＝中硬性类（干木、冻肉等）；

1H＝硬性动物类（骨头、干燥皮革、陶等）；

2H＝特硬性动物类（角、干骨等）；

3H＝硬性无机物类（岩石）。

（4）片疤破损：

位置：D＝背面；

V＝腹面；

E＝刃脊；

B＝两面；

R＝背脊；

C＝接触面；

NC＝非接触面。

微疤大小：L＝大型；

M＝中型；

S＝小型；

T＝极小型。

微疤分布模式：R＝连续式分布；

C＝丛簇式分布；

U＝不均匀式分布；

D＝间隔式分布；

Sd＝分散式分布；

A＝交互式分布；

P＝层叠式分布。

微疤终止形态:F＝羽翼状；

H＝卷边状；

S＝阶梯状；

B＝折断状。

（5）磨蚀痕迹：

磨圆:AR＝零磨圆；

LR＝轻度磨圆；

MR＝中度磨圆；

HR＝重度磨圆。

光泽:AP＝零光泽；

DP＝零星光泽；

IP＝轻微光泽；

SP＝片状光泽；

PP＝点状光泽；

MP＝毛糙光泽；

IP＝微亮光泽；

BP＝明亮光泽。

擦痕:AS＝零擦痕；

LS＝平行擦痕；

RS＝垂直擦痕；

DS＝斜交擦痕。

附录 2

刮骨实验多阶段微痕观察记录表

使用单位	标本序号	阶段	使用痕迹：片疤破损、磨蚀痕迹			使用刃缘长度（mm）
			非接触面	接触面	侧 刃	
EU1	201	Ⅰ（3/3）	痕迹可分为两组，左侧/右侧。左侧：连续大、中型片疤，浅平，多羽状。最左端一个片疤呈凹缺状；接下来向右，5～6个浅平中片疤；再向右，3个浅平小片疤，侵入小于左侧。右侧：3个大片疤，第3个呈凹缺状，有羽状、阶梯状；最右侧阶梯状明显，侵入最少，仅相当于最大片疤侵入的1/3。边缘连续分布钩状、阶梯状小片疤	靠近边缘处脱色，边缘平面呈不规则锯齿状	轻度/中度磨圆，有光泽。最右端磨圆相对其他部位严重，有似玉的温润光泽不同颜色的部位，光泽有 些 许差别。	12.45
		Ⅱ（6/9）	不连续大片疤，呈三簇分布，平面近圆形，浅平，羽状；内套许多钩状、阶梯状小片疤。边缘呈锯齿状	边缘脱色，应是磨损产生。轻度磨圆	粉碎感。左端中度磨圆，其余部分不明显	5.48/14.67
		Ⅲ（12/21）	连续小片疤，紧贴边缘，侵入极少。片疤平面柳叶形，羽状，间有阶梯状。个别小片疤破裂处显现凹缺状打击点。中度磨圆	边缘脱色，侵入度大于非接触面。中度磨圆，片疤间脊上疑有光点	严重磨圆，刃脊上有片状光泽	15.56/16.35

续表

使用单位	标本序号	阶段	使用痕迹:片疤破损、磨蚀痕迹			使用刃缘长度(mm)
			非接触面	接触面	侧 刃	
EU2	202	Ⅰ(3/3)	中、小型片疤,浅平,多羽状,连续、层叠分布。最左侧有一个钩状大片疤。片疤内的钩状终止,可能与石料的颗粒有关	边缘脱色,轻微磨圆	轻度磨圆,刃缘轮廓呈曲线状,受片疤破裂影响	7.87
		Ⅱ(6/9)	大、中、小型片疤均有,浅平;多羽状,偶有钩状。大片疤间隔分布,小片疤紧贴边缘,连续分布。片疤侵入很大。边缘磨圆轻度	边缘脱色,中度磨圆	中度磨圆,略呈粉碎感	10.86/12.46
		Ⅲ(12/21)	基本上无片疤产生,紧贴边缘处有极小的片疤。中度磨圆,边缘明显变钝	边缘脱色,侵入度大于非接触面,中度磨圆	严重磨圆,刃脊上有片状光泽	11.79
EU3	204	Ⅰ(3/3)	连续大、中型片疤羽状,浅平;最右侧片疤呈凹缺状。共4个明显的片疤,边缘近直线。左侧侵入大于右侧。边缘连续分布羽状小片疤	边缘脱色	轻度磨圆,最右侧折断状	4.24
		Ⅱ(6/9)	不连续大片疤,呈三簇分布,平面近圆形,浅平,羽状;内套许多钩状,阶梯状小片疤。边缘呈锯齿状	边缘脱色,轻度磨圆	粉碎感,轻度磨圆,不明显	5.56
		Ⅲ(12/21)	几乎没有片疤产生,偶见两个中型片疤,圆形,浅平,羽状。中度磨圆,边缘明显变钝,仅隐约退色	边缘脱色,侵入度大于非接触面,中度磨圆	中度磨圆,刃脊有片状光泽	3.90/11.10

续表

使用单位	标本序号	阶段	使用痕迹:片疤破损、磨蚀痕迹			使用刃缘长度(mm)
			非接触面	接触面	侧 刃	
EU4	204	Ⅰ(3/3)	连续大、中型片疤,羽状、钩状。大片疤多浅平,中片疤多起伏明显。大、中型片疤间隔,大片疤居多。边缘分布丛簇式钩状、羽状小片疤	边缘脱色	轻度磨圆	10.01
		Ⅱ(6/9)	连续大片疤,平行,浅平,羽状;靠近边缘处有个别的钩状小片疤	边缘脱色,轻微磨圆	粉碎感,轻度磨圆,光泽不明显	5.48
		Ⅲ(12/21)	一个大片疤,羽状,扁圆形,可见破裂点。余为连续极小片疤,羽状多,有阶梯状,均紧贴边缘。中度磨圆	边缘脱色,侵入度大于非接触面,中度磨圆	中度磨圆,刃脊上有连续光点	2.45/9.80
EU5	206	Ⅰ(3/3)	刃部外形略呈凹状。连续的大、中型片疤,浅平,多羽状,个别大片疤内套钩状中、小片疤。总体连续,偶有断开,应是由于刃缘不直,接触不均匀造成	边缘脱色,轻微磨圆	中度磨圆,突起处尤为明显。光泽不明显,刃缘轮廓呈曲折状	8.18
		Ⅱ(6/9)	有5~6个大型圆片疤,分布间隔甚远。边缘紧贴一排连续小片疤,较浅平,均为羽状,边缘轮廓较平整,偶有突起	边缘脱色,中度磨圆,轮廓凹凸起伏	中度磨圆,突起点部有片状光泽	8.26/13.46
		Ⅲ(12/21)	几乎看不到片疤,偶有极小片疤,仅边缘处有些许颜色脱落	边缘脱色;偶有卵圆形片疤出现,刃缘平面有2处突起,有些部位有层叠小片疤。中度磨圆	严重磨圆,刃脊呈曲折线,可看到贝状破裂痕迹,有片状光泽	12.96

续表

使用单位	标本序号	阶段	使用痕迹：片疤破损、磨蚀痕迹			使用刃缘长度（mm）
			非接触面	接触面	侧　刃	
EU6	208	Ⅰ（3/3）	连续中小型片疤，4 个钩状，多羽状、阶梯状；不同尺寸片疤分布不规则；最右侧可能由于接触少，片疤侵入小于左侧，有 1 个阶梯状。连续分布羽状、阶梯状小片疤	边缘脱色	轻度磨圆，左侧保留原有刃口形状，有零星光泽；右侧折断状	12.5
		Ⅱ（6/9）	大型浅平片疤，连续分布，多羽状。边缘有紧贴小片疤，连续，层叠，多钩状	边缘脱色，边缘凹凸起伏；中度磨圆	中度磨圆，棱脊突出处有点状光泽	9.02/15.20
		Ⅲ（12/21）	几乎无片疤，仅在最边缘处有极小片疤出现，有些层叠，羽状/钩状，局部因石料颗粒呈现出毛糙感。中度磨圆	边缘脱色，刃缘中度磨圆，与前无异	严重磨圆，片状光泽	3.79/13.25
EU7	208	Ⅰ（3/3）	不连续 5 个浅平大片疤，平面形状不规则，每 2 个大片疤之间间隔约（10×）20 个目镜单位，羽状；中间分布有中、小型片疤。左起第 2 个大片疤内有 2 个钩状痕迹	边缘脱色	层叠阶梯，似砍砸痕。轻度磨圆	16.41
		Ⅱ（6/9）	片疤少，仅 3 个羽状大片疤，浅平。左侧第一个大片疤内层叠分布 4 层小片疤，钩状，边缘处紧贴连续分布小片疤	边缘脱色，中度磨圆	中度磨圆，局部有层叠现象，棱脊部分有点状光泽	4.07/20.92
		Ⅲ（12/21）	几乎看不到片疤，有 3 个大片疤，极其分散，2 个羽状，1 个阶梯状。整个刃缘仅个别位置出现脱色	边缘脱色，严重磨圆	严重磨圆，片状光泽	8.48/20.18

续表

使用单位	标本序号	阶段	使用痕迹:片疤破损、磨蚀痕迹			使用刃缘长度（mm）
			非接触面	接触面	侧刃	
EU8	209	Ⅰ(3/3)	连续的大、中型片疤，浅平，多羽状，个别钩状，片疤形状很规律。边缘处连续分布小片疤	边缘脱色	轻度磨圆，刃缘轮廓近直线，较规则	15.20
		Ⅱ(6/9)	连续大、中型片疤，浅平，扁圆形，多羽状，靠近边缘有个别钩状/阶梯状，成簇分布。边缘略呈粉碎感，整体呈锯齿状。突起处有光泽。紧贴边缘处有连续小片疤分布，羽状、钩状、阶梯状均有	边缘脱色，轻度磨圆	轻到中度磨圆，刃脊平直，粉碎感，光泽不明显	13.44/14.54
		Ⅲ(12/21)	几乎看不到片疤，偶有极小片疤。中度磨圆	边缘脱色，中度磨圆	中度磨圆，有分散的点状光泽	
EU9	210	Ⅰ(3/3)	3个大片疤，浅平，羽状，卵圆形，可能是由于该部位突起，仅此处与骨头接触，所以产生片疤很集中。边缘连续分布羽状小片疤	边缘脱色，轻微磨圆。刃缘形状呈锯齿状	轻度磨圆，刃缘轮廓略呈曲折状，但起伏不大	1.85
		Ⅱ(6/9)	3～5个大片疤，羽状，侵入度极大，中间偶有间隔。边缘连续小片疤，羽状多，还有钩状/阶梯状，多种终端片疤分布不均，局部边缘呈粉碎感	边缘脱色，轻到中度磨圆	中度磨圆，有些地方粉碎感。突出部有点状光泽	4.70/9.42
		Ⅲ(12/21)	基本上无片疤产生，紧贴边缘处有极小磨痕	边缘脱色，严重磨圆	严重磨圆，片状光泽	

附录 3

下川细石器制品（石片类）测量记录表

A. 整体特征：

标本编号	类型	亚类型	完整性	热处理	台面	打击泡	石皮面	石锈	二次加工	终端	原料	颜色	质地	颗粒	光泽	透明度	备注
SP00315	石片	使用	n	n	p	y	0	n	n	—	燧石	黑	f	f	0	0	远端残
SP00418	石片	使用	n	n	l	y	0	n	n	b	燧石	淡灰	f	f	0	0	—
SP00611	石叶	—	y	n	p	y	0	n	n	f	燧石	黑	f	f	0	0	—
SP00649	石叶	—	y	n	f	—	0	n	y	f	燧石	黑	f	f	0	0	—
SP00695	石叶	修理	n	n	f	y	0	n	y	—	玉髓	深棕	f	f	0	1	远端残
SP00794	石叶	—	n	n	p	—	0	n	n	—	燧石	黑	f	f	0	0	近端
SP01162	石叶	琢背	n	n	—	—	0	n	y	—	燧石	灰	f	f	0	0	中段

续表

标本编号	类型	亚类型	完整性	热处理	台面	打击泡	石皮面	石锈	二次加工	终端	原料	颜色	质地	颗粒	光泽	透明度	备注
SP01211	石叶	—	n	n	—	—	0	n	n	—	玉髓	深棕	f	f	0	0	中段
SP01382	石叶	—	n	n	f	y	0	n	n	—	燧石	深灰	f	f	0	0	远端残
SP01424	石片	使用	y	n	l	—	0	n	n	f	燧石	淡灰	f	f	0	0	长石片
SP01431	石片	使用	y	n	p	y	0	n	n	f	燧石	黑	f	f	0	0	—
SP01511	石叶	修理	n	n	a	y	0	n	y	—	燧石	黑	f	f	0	0	远端残
SP01623	石核修理石片	台面修理	n	n	f	y	0	n	n	f	燧石	黑	m	f	0	0	修理台面
SP01706	石叶	三角形	y	n	p	y	0	n	n	f	燧石	黑	f	m	0	0	—
SP01919	石片	使用	y	n	a	—	0	n	n	h	燧石	黑	f	f	0	0	—
SP02240	石片	使用	y	n	a	—	0	n	n	h	燧石	黑	f	f	0	0	
SP02283	石片	使用	y	n	p	y	0	n	n	f	玉髓	棕	f	f	1	2	
SP02296	石叶	使用	y	n	f	y	0	n	n	f	燧石	黑	f	f	0	0	

附录 3 下川细石器制品（石片类）测量记录表

B. 测量数据：①

标本编号	最大长	最大宽	最大厚	1/4 宽	1/4 厚	1/2 宽	1/2 厚	3/4 宽	3/4 厚	台面宽	台面厚	最大厚位置	最大宽位置	台面位置	轴位置	加工位置	加工方向	刃缘形状	加工长度	侵入度
SP00315	32.6	27.15	5.28	15.31	4.68	23.2	5.17	23	4.17	6.24	2.97	SR2	SR2	SR1	UL	—	—	—	—	—
SP00418	22.3	23.32	3.4	17.76	3.34	19.1	2.79	18	2.65	12.6	—	SR2	SR3	SR1	UL	—	—	—	—	—
SP00611	38.65	14.53	5.71	14.22	5.3	12.7	4.85	8.5	4.94	6.91	3.5	SR1	SR1	SR1	UR	—	—	—	—	—
SP00649	37.44	16.81	5.78	15.37	5.21	15.4	4.66	11	3.34	9.52	3.46	SR1	SR1	SR1	UL	—	—	—	—	—
SP00695	30.38	16.36	5.68	—	—	—	—	—	—	—	—	SR1	SR1	SR1	—	—	—	—	—	—
SP00794	19.52	14.16	5.05	—	—	—	—	—	—	—	—	—	—	—	—	2-4	v	s	—	—
SP01162	26.23	10.25	5.35	—	—	—	—	—	—	—	—	—	—	—	—	8-1	v	s	—	—
SP01211	25.27	14.64	2.48	—	—	—	—	—	—	—	—	—	SR2	—	—	—	—	—	—	—
SP01382	38.04	12.85	5.16	—	—	—	—	—	—	5.51	2.04	—	SR2	—	—	—	—	—	—	—
SP01424	28.29	14.83	5.64	11.71	4.46	14.5	4.55	12	3.38	4.04	—	SR2	SR1	—	C	—	—	—	—	—
SP01431	29.97	14.53	5.06	—	—	—	—	—	—	6.5	3.08	—	—	—	—	—	—	—	—	—
SP01511	22.63	24.33	4.89	—	—	—	—	—	—	—	—	—	—	—	—	2-3	D	S	17.4	1

① 测量单位：毫米（mm）

续表

标本编号	最大长	最大宽	最大厚	1/4宽	1/4厚	1/2宽	1/2厚	3/4宽	3/4厚	台面宽	台面厚	最大厚位置	最大宽位置	台面位置	轴位置	加工位置	加工方向	刃缘形状	加工长度	侵入度
SP01623	29.62	11.45	5.58	10.52	4.4	9.58	5.75	12	5.13	6.36	2.84	SR1	SR3	SR1	C	—	—	—	—	—
SP01706	32.35	10.8	6.05	—	—	—	—	—	—	2.61	1.26	—	—	—	—	—	—	—	—	—
SP01919	25.44	23.38	4.2	17.12	4.53	18.4	4.43	16	3.56	—	—	SR2	SR2	SR1	C	—	—	—	—	—
SP02240	23.54	10.92	2.63	—	—	—	—	—	—	—	—	—	—	—	—	—	—	—	—	—
SP02283	35.56	22.2	2.75	19.76	2.29	19.9	2.09	22	2.06	4.53	0.99	SR1	SR1	SR1	C	—	—	—	—	—
SP02296	22.96	10.07	4.83	—	—	—	—	—	—	9.71	3.1	—	—	—	—	—	—	—	—	—

附录4 下川细石器制品（工具类）测量记录表

附录 4

下川细石器制品（工具类）测量记录表

A. 整体特征：

标本编号	类型	亚类型	完整性	热处理	台面	打击泡	前台面	石皮	石锈	原料	颜色	质地	颗粒	光泽	透明度
SP00301	两面器	矛头，平底	n	n	—	—	—	0	n	燧石	黑	f	f	0	0
SP00360	尖状器	三棱，扁底	y	n	—	—	f	0	y	燧石	黑	m	m	0	0
SP00370	两面器	矛头，尖底	y	n	—	—	—	0	n	燧石	深灰	f	f	0	0
SP00382	钻形器	—	y	n	—	—	f	10%	n	燧石	黑	f	f	0	0
SP00398	两面器	矛头，圆底	y	n	—	—	—	0	n	燧石	淡灰	f	f	0	0
SP00398	两面器	石镞，圆底	y	n	—	—	—	0	n	燧石	深灰	f	f	0	0
SP00411	端刮器	短身，不规则底	y	n	—	y	p	0	n	燧石	黑	f	f	0	0
SP00446	雕刻器	两端刃	y	n	—	—	—	0	n	燧石	灰	f	f	0	0

续表

标本编号	类型	亚类型	完整性	热处理	台面	打击泡	前台面	石皮	石锈	原料	颜色	质地	颗粒	光泽	透明度
SP00483	耗竭品	指甲盖形	y	n	—	n	—	0	n	燧石	黑	f	f	0	0
SP00485	耗竭品	指甲盖形	y	n	—	y	a	20%	n	燧石	深灰	f	f	0	0
SP00488	耗竭品	指甲盖形	y	n	—	—	—	0	n	燧石	黑	f	f	0	0
SP00525	雕刻器	斜刃	y	n	—	y	s	0	n	燧石	黑	f	f	0	0
SP00538	琢背小刀	三角形	y	n	—	y	n	10%	y	石英	白	m	m	1	1
SP00574	雕刻器	交叉刃·角	y	n	—	—	—	0	n	燧石	灰	f	f	0	0
SP00616	边刮器	平头端刮	y	n	—	y	p	0	n	燧石	灰	f	f	0	0
SP00634	改制工具	雕刻器	y	n	—	—	—	0	n	燧石	黑	f	m	0	0
SP00645	雕刻器	交叉刃·角	y	n	—	y	l	0	n	燧石	黑	f	f	0	0
SP00656	改制工具	琢背小刀	—	n	—	y	f	0	n	燧石	黑	f	f	0	0
SP00661	锯齿形器	—	y	n	—	y	f	0	y	燧石	浓灰	f	f	0	0
SP00689	琢背小刀	三角形	y	n	—	y	—	0	n	燧石	黑	f	f	0	0
SP00701	边刮器	平头端刮	y	n	—	—	—	0	n	燧石	黑	f	f	0	0
SP00703	端刮器	梯形·平底	y	n	—	y	p	0	n	燧石	黑	f	f	0	1
SP00712	雕刻器	横刃·长身	y	n	—	—	—	0	n	燧石	黑	f	f	0	0
SP00730	端刮器	短身·尖底	y	n	—	—	—	0	n	玉髓	灰	f	f	0	0

附录4 下川细石器制品(工具类)测量记录表

续表

标本编号	类型	亚类型	完整性	热处理	台面	打击泡	前台面	石皮	石锈	原料	颜色	质地	颗粒	光泽	透明度
SP00809	琢背小刀	长方形	y	n	—	y	s	0	n	燧石	黑	f	f	0	0
SP00812	凹缺器	单凹缺	y	n	—	y	n	2%	n	燧石	灰	f	f	0	0
SP00823	两面器	微型尖状器	y	n	—	—	—	0	n	燧石	黑	f	f	0	0
SP00839	端刮器	长身,厚平底	y	n	—	—	—	0	y	燧石	黑	f	f	0	0
SP00840	端刮器	短身,尖底	y	n	—	y	p	0	n	燧石	黑	f	f	0	0
SP00849	雕刻器	横刃,长身	y	n	—	—	—	0	n	燧石	黑	f	f	0	0
SP00856	两面器	矛头,底断	n	n	—	—	—	0	y	燧石	黑	m	m	0	0
SP00894	雕刻器	斜刃,琢背	y	n	—	—	n	20%	n	燧石	黑	f	f	0	0
SP00896	两面器	石镞,圆底	y	n	—	y	—	0	n	燧石	黑	f	f	0	0
SP00903	雕刻器	斜刃	y	n	—	—	l	0	n	燧石	灰	f	f	0	0
SP00933	端刮器	长身,平底	y	n	—	—	l	0	n	燧石	灰	f	f	0	1
SP00934	耗竭品	指甲盖形	y	n	—	y	—	0	n	燧石	淡灰	f	f	0	0
SP00957	端刮器	梯形,圆底	y	n	—	—	a	0	n	燧石	灰	f	f	0	0
SP00960	尖状器	圆底	y	n	—	—	—	20%	n	燧石	黑	f	f	0	0
SP00968	尖状器	双尖	y	n	—	—	—	20%	n	燧石	淡灰	f	f	0	0

263

续表

标本编号	类型	亚类型	完整性	热处理	台面	打击泡	前台面	石皮	石锈	原料	颜色	质地	颗粒	光泽	透明度
SP00971	石核式刮削器	圆身	y	n	p	n	—	0	n	燧石	黑	f	f	0	0
SP00972	单面器	—	y	n	—	—	—	40%	n	角页岩	深灰	f	f	0	0
SP01005	琢背小刀	长方形	y	n	—	y	p	0	n	燧石	黑	m	f	0	0
SP01019	琢背小刀	有肩斜刃	y	n	—	—	—	0	n	燧石	黑	f	f	0	0
SP01113	雕刻器	纵刃	y	n	—	y	f	0	n	燧石	黑	f	f	0	0
SP01147	雕刻器	斜刃	y	n	—	—	—	0	n	燧石	黑	f	f	0	0
SP01258	端刮器	小型·尖底	y	n	—	y	a	0	n	燧石	黑	f	f	0	0
SP01278	钻形器	琢背	y	n	—	—	a	30%	n	燧石	黑	f	f	0	0
SP01295	钻形器	琢背	y	n	—	y	n	30%	y	燧石	黑	f	f	0	0
SP01300	雕刻器	斜刃	y	n	—	—	—	0	n	燧石	黑	m	m	0	0
SP01307	石核式刮削器	长身	y	n	—	y	p	0	y	燧石	灰	f	f	0	0
SP01342	雕刻器	纵刃·琢背	y	n	—	—	—	0	n	燧石	黑	f	f	0	0
SP01343	雕刻器	斜刃	y	n	—	—	—	0	n	燧石	黑	m	f	0	0
SP01396	端刮器	小型·尖底	y	n	—	—	—	0	y	燧石	黑	f	m	0	0

续表

标本编号	类型	亚类型	完整性	热处理	台面	打击泡	前台面	石皮	石锈	原料	颜色	质地	颗粒	光泽	透明度
SP01407	耗竭品	指甲盖形	y	n	—	—	—	0	n	燧石	黑	m	f	0	0
SP01417	端刮器	长身,平底	y	n	—	y	1	0	n	燧石	黑	f	f	0	0
SP01435	改制工具	雕刻器	y	n	—	—	p	0	n	燧石	黑	f	f	0	0
SP01437	雕刻器	横刃,短身	y	n	—	—	—	0	n	燧石	黑	f	f	0	0
SP01465	石核式刮削器	长身	y	n	p	n	—	—	n	燧石	黑	f	f	0	0
SP01521	琢背小刀	鸟喙状	y	n	—	y	1	0	n	燧石	黑	f	f	0	0
SP01555	改制工具	琢背小刀	—	n	—	—	—	0	n	燧石	黑	f	f	0	0
SP01634	雕刻器	斜刃,琢背	y	n	—	—	—	0	n	燧石	黑	f	f	0	0
SP01635	雕刻器	横刃,长身	y	n	—	y	—	0	n	玉髓	深灰	f	f	0	1
SP01636	端刮器	扁身	y	n	—	—	p	0	n	燧石	灰	f	f	1	0
SP01638	端刮器	梯形,平底	y	n	—	—	—	0	n	燧石	黑	f	f	0	0
SP01639	端刮器	短身,平底	y	n	—	—	—	0	n	燧石	黑	f	f	0	0
SP01688	端刮器	梯形,圆底	y	n	—	—	—	0	n	燧石	黑	f	f	0	0
SP01689	端刮器	长身,平底	y	n	—	y	f	0	y	燧石	黑	m	f	0	0
SP01693	雕刻器	交叉刃,屋脊形	y	n	—	y	p	0	n	燧石	深灰	f	f	0	0

续表

标本编号	类型	亚类型	完整性	热处理	台面	打击泡	前台面	石皮	石锈	原料	颜色	质地	颗粒	光泽	透明度
SP01695	雕刻器	交叉刃·屋脊形	y	n	—	—	—	0	n	燧石	灰	f	f	0	0
SP01748	钻形器	琢背	y	n	—	—	—	0	n	燧石	灰	f	f	0	0
SP01930	端刮器	短身·平底	y	n	—	—	—	0	n	燧石	黑	f	f	0	0
SP02075	尖状器	小型	y	n	—	—	n	5%	n	燧石	黑	f	f	0	0
SP02081	两面器	石镞·圆底	y	n	—	—	—	0	n	燧石	黑	f	f	0	0
SP02088	端刮器	梯形·平底	y	n	—	y	p	0	n	燧石	灰	f	f	0	0
SP02097	尖状器	宽刃	y	n	—	—	p	0	y	燧石	黑	f	f	0	0
SP02115	雕刻器	纵刃	y	n	—	—	—	0	n	燧石	黑	f	f	0	0
SP02150	雕刻器	斜刃·琢背	y	n	s	y	p	0	n	燧石	黑	f	f	0	0
SP02232	石核式刮削器	双刃	y	n	d	—	—	0	n	燧石	灰	f	f	0	0
SP02236	两面器	石镞·平底	y	n	—	y	p	0	y	燧石	黑	f	f	0	0
SP02248	雕刻器	斜刃	y	n	—	y	p	0	y	燧石	黑	f	f	0	0
SP02252	端刮器	长身·尖底	y	n	—	y	a	0	n	燧石	黑	f	f	0	0
SP02253	琢背小刀	长方形	y	n	s	y	f	0	y	燧石	黑	f	f	0	0
SP02254	钻形器	歪尖	y	n	—	y	l	0	n	燧石	黑	f	f	0	0

附录4 下川细石器制品（工具类）测量记录表

续表

标本编号	类型	亚类型	完整性	热处理	台面	打击泡	前台面	石皮	石锈	原料	颜色	质地	颗粒	光泽	透明度
SP02275	雕刻器	斜刃	y	n	—	—	f	2%	n	燧石	黑	f	f	0	0
SP02288	端刮器	短身·有铤	y	n	—	y	f	0%	n	水晶	白	f	f	3	3
SP02295	琢背小刀	长方形	y	n	—	—	a	0	n	燧石	黑	f	f	0	0
SP02329	钻形器	小型·薄身	y	n	—	y	f	0	n	燧石	灰	f	f	0	0
SP02337	石核式刮削器	双刃	y	n	—	—	—	0	y	燧石	灰	f	f	0	0
SP02346	石核式刮削器	长身	y	n	p	—	—	0	n	燧石	黑	f	f	0	0
SP02348	石核式刮削器	短身	y	n	s	—	—	0	n	燧石	黑	f	f	0	0
SP02355	雕刻器	横刃·长身	y	n	—	—	—	0	n	燧石	灰	f	f	0	0
SP02382	耗竭品	指甲盖形	y	n	—	y	l	0	n	燧石	黑	f	f	0	0
SP02383	端刮器	短身·平底	y	n	—	y	n	2%	n	燧石	黑	f	f	0	0
SP02441	耗竭品	指甲盖形	y	n	—	—	—	40%	n	燧石	灰	f	f	0	0
SP02450	改制工具	雕刻器	y	n	—	y	n	3%	n	燧石	黑	f	f	0	0
XC2010001	石核式刮削器	长身·尖底	y	n	s	—	—	25%	y	燧石	浓灰	f	f	1	1
XC2010002	琢背小刀	箭镞形	y	n	—	—	—	0	y	燧石	黑	m	m	0	0

续表

标本编号	类型	亚类型	完整性	热处理	台面	打击泡	前台面	石皮	石锈	原料	颜色	质地	颗粒	光泽	透明度
XC2010003	改制工具	雕刻器	y	n	—	—	—	0	n	燧石	黑	f	f	0	0
XC2010004	雕刻器	斜刃	y	n	—	y	f	0	n	燧石	黑	f	f	0	0

B. 测量数据：[1]

标本编号	类型	位置	方向	形状	加工长度	侵入度	最大长	最大宽	最大厚	1/4宽	1/4厚	1/2宽	1/2厚	3/4宽	3/4厚	台面宽	台面厚
SP00301	两面器	周身	b	—	—	—	55.33	23.7	9.5	23.42	8.8	22.55	8.3	18.21	7.6	—	—
SP00360	尖状器	1—3	v	cv/cc	61.67	21.51	60.37	29.91	15.04	28.65	13	27.11	14.75	20.34	9.9	20.5	6.48
		6—8	v	cv	56.94	15.6	—	—	—	—	—	—	—	—	—	—	—
SP00370	两面器	周身	b	—	—	—	66.87	22.26	11.62	21.32	10.41	21.93	11.19	15.81	8.25	—	—
SP00382	钻形器	1—3	d	cv	35.76	4.02	44.93	19.56	7.86	19.21	7.56	15.71	6.25	11.24	4.96	10.88	5.92
		6—8	d	s	35.89	3.68	—	—	—	—	—	—	—	—	—	—	—
SP00395	两面器	周身	b	—	—	—	60	22.42	9.46	20	8.37	22.16	8.65	16.3	1.7	—	—
SP00398	两面器	周身	b	—	—	—	33	18.31	7.28	17	5.1	16	7.2	10.1	5.5	—	—
SP00411	端刮器	1—2	v	cv	12	5.49	14	14.95	4.83	—	—	11.8	4.83	—	—	6.86	2.33
		3	v	cc	6	1.68	—	—	—	—	—	—	—	—	—	—	—
		6—8	v	s	12	3.25	—	—	—	—	—	—	—	—	—	—	—
SP00446	雕刻器	7—1	—	—	21	6.03	35	13.82	7.97	9.7	3.11	11.52	6.58	11.4	8	—	—
		3—4	v	—	16	2.47	—	—	—	—	—	—	—	—	—	—	—
		1—3	v	s	21	3.41	—	—	—	—	—	—	—	—	—	—	—
		5—6	v	cv	18	1.6	—	—	—	—	—	—	—	—	—	—	—

① 测量单位：毫米(mm)

续表

标本编号	类型	位置	方向	形状	加工长度	侵入度	最大长	最大宽	最大厚	1/4 宽	1/4 厚	1/2 宽	1/2 厚	3/4 宽	3/4 厚	台面宽	台面厚
SP00483	端刮器	8-1	v	cv	15	3.98	14	15.43	4.14	—	—	15.21	3.5	—	—	—	—
		2-3	v	s	10	0.64	—	—	—	—	—	—	—	—	—	—	—
		6-7	d	s	10	0.44	—	—	—	—	—	—	—	—	—	—	—
SP00485	端刮器	8-1	v	cv	16	3.4	16	16	5.6	9.6	3.64	13.91	5.17	15.2	5.6	—	—
		2-3	v	cv	11	2.25	—	—	—	—	—	—	—	—	—	—	—
		6-7	bi	s	12	3.56	—	—	—	—	—	—	—	—	—	—	—
SP00488	端刮器	8-1	v	cv	14	4.47	16	14.54	6.37	—	—	—	—	—	—	—	—
		2-3	v	cv	9	4.83	—	—	—	—	—	—	—	—	—	—	—
		4-5	v	s	13	2.76	—	—	—	—	—	—	—	—	—	—	—
SP00525	雕刻器	7-8	—	—	12	4.12	23	13.74	4.47	12	4.24	13.06	4.56	9.78	3.5	7.9	3.49
		1-3	v	cv	23	3.34	—	—	—	—	—	—	—	—	—	—	—
		6-7	v	cv	14	4.38	—	—	—	—	—	—	—	—	—	—	—
SP00538	琢背小刀	6-1	d	cv	33	4.05	31	15.7	7.73	13	7.4	10.86	6.45	9.14	7.4	13.4	6.41
		7-1	—	—	12	6.14	24	11.77	6.71	10	5.64	11.51	6.46	9.92	6.3	—	—
SP00574	雕刻器	1-4	v	cv	19	7.3	—	—	—	—	—	—	—	—	—	—	—
		6-7	v	cv	13	4	—	—	—	—	—	—	—	—	—	—	—

续表

标本编号	类型	位置	方向	形状	加工长度	侵入度	最大长	最大宽	最大厚	1/4宽	1/4厚	1/2宽	1/2厚	3/4宽	3/4厚	台面宽	台面厚
SP00616	边刮器	8—1	v	s	12	2.64	24	16.54	5.38	—	—	14.28	4.31	—	—	4.61	2.17
		1—3	d	s	21	1.74	—	—	—	—	—	—	—	—	—	—	—
		6—7	v	dc	15	1.5	—	—	—	—	—	—	—	—	—	—	—
SP00634	雕刻器	7—8	—	—	19	6	30	22.7	7.26	—	—	18.05	6.69	—	—	—	—
		4—5	v	cv	23	7.02	—	—	—	—	—	—	—	—	—	—	—
		6—7	v	s	17	5.98	—	—	—	—	—	—	—	—	—	7.36	—
SP00645	雕刻器	8—1	—	—	16	4.68	33	16.34	4.41	13	3.77	15.9	3.83	13	4.4	—	—
		1—2	v	cv	13	2.73	—	—	—	—	—	—	—	—	—	—	—
		2—4	v	cv	19	2.43	—	—	—	—	—	—	—	—	—	—	—
		6—7	v	cv	23	3.03	—	—	—	—	—	—	—	—	—	—	—
SP00656	改制工具	2—3	b	s	22	12.7	22	19.88	5.73	12	3.47	17.94	5.39	18.2	5.5	11.4	2.44
		6—7	v	s	22	4.76	—	—	—	—	—	—	—	—	—	—	—
		8—7	v	s	18	4.56	—	—	—	—	—	—	—	—	—	—	—
SP00661	锯齿形器	8—1	d	cc	13	1.72	18	18.87	4.57	—	—	17.4	3.28	—	—	11.1	2.77
		3—4	v	cv	10	1.14	—	—	—	—	—	—	—	—	—	—	—
SP00689	琢背小刀	5—8	v	z	10.47	4.32	27.27	16.2	5.21	15.79	4.92	14.07	3.09	8.8	2.3	—	—

续表

标本编号	类型	位置	方向	形状	加工长度	侵入长度	最大长	最大宽	最大厚	1/4宽	1/4厚	1/2宽	1/2厚	3/4宽	3/4厚	台面宽	台面厚
SP00701	边刮器	8—1	v	s	8.47	4.67	17.81	12.68	4.84	—	—	12.09	4.23	—	—	—	—
		1—3	v	cv	15.16	1.13	—	—	—	—	—	—	—	—	—	—	—
		6—7	bi	cv	14.31	0.78	—	—	—	—	—	—	—	—	—	—	—
SP00703	端刮器	8—1	v	cv	14.98	4.17	20.51	15.08	5.05	8.15	2.88	11.51	3.28	12.89	4.47	3.68	2.89
		2—4	v	s	17.49	1.63	—	—	—	—	—	—	—	—	—	—	—
		6—7	v	s	15.7	3.07	—	—	—	—	—	—	—	—	—	—	—
SP00712	雕刻器	8—1	v	—	11	10.27	23.04	13.49	10.81	11.15	7.88	13.19	8.86	12.76	9.78	—	—
		2—4	v	cv	20.85	8.4	—	—	—	—	—	—	—	—	—	—	—
		5—7	v	cv	22.32	7.25	—	—	—	—	—	—	—	—	—	—	—
SP00730	端刮器	5—8	v	cv	14.7	3.34	13.79	15	3.7	—	—	—	—	—	—	—	—
		8—1	v	s	12.27	3.33	—	—	—	—	—	—	—	—	—	—	—
		3—4	s	—	8.23	2.18	—	—	—	—	—	—	—	—	—	—	—
SP00809	琢背小刀	1	d	cv	5	5.86	35.70	14.78	7.40	13.51	6.20	14.81	6.96	12.55	5.78	6.42	3.78
		6—7	v	cv	32	2.23	—	—	—	—	—	—	—	—	—	—	—
SP00812	凹缺器	8—1	d	nc	4	2.05	20	22.7	4.73	—	—	19.3	4.71	—	—	7.84	2.88
SP00823	两面器	周身	b	—	—	—	15	10.22	3.71	—	—	8.01	3.62	—	—	—	—

续表

标本编号	类型	位置	方向	形状	加工长度	侵入度	最大长	最大宽	最大厚	1/4宽	1/4厚	1/2宽	1/2厚	3/4宽	3/4厚	台面宽	台面厚
SPO0839	端刮器	8—1	v	cv	10	3.93	15	11.1	4.76	—	—	11.01	4.68	—	—	—	—
SPO0840	端刮器	8—1	v	cv	13	4.38	14	12.66	3.61	7.6	2.8	11.42	3.5	13.6	13	3.09	1.05
SPO0849	雕刻器	8—1	—	—	14	6.24	27	14.18	8.93	10	4.84	13.02	8.34	14	8.5	—	—
		2—4	v	cv	27	6.84	—	—	—	—	—	—	—	—	—	—	—
		5—7	v	s	19	5.81	—	—	—	—	—	—	—	—	—	—	—
SPO0856	两面器	周身	b	—	—	—	50	17.82	8.23	—	—	—	—	—	—	—	—
SPO0894	雕刻器	7—8	—	—	18	4.74	33	12.62	6.41	10	5.46	10.62	6.3	8.18	5.9	—	—
		1—4	v	cv	33	6.21	—	—	—	—	—	—	—	—	—	—	—
		5—6	v	cv	18	4.95	—	—	—	—	—	—	—	—	—	—	—
SPO0896	两面器	周身	b	—	—	—	34	17.49	5.7	16	4.5	16.48	5.4	13.4	4.9	—	—
		8—1	—	—	14	3.72	—	—	—	—	—	—	—	—	—	—	—
SPO0903	雕刻器	4	v	cv	5	1.44	34	13.4	5.31	12	4.34	13.34	4.65	12.6	4	4.37	—
		7	v	s	7	3.09	—	—	—	—	—	—	—	—	—	—	—
SPO0933	端刮器	8—1	v	cv	9	2.17	19	9.9	3.35	—	—	8.47	2.59	—	—	5.85	—
		2—3	v	s	9	0.54	—	—	—	—	—	—	—	—	—	—	—

续表

标本编号	类型	位置	方向	形状	加工长度	侵入度	最大长	最大宽	最大厚	1/4宽	1/4厚	1/2宽	1/2厚	3/4宽	3/4厚	台面宽	台面厚
SP00934	端刮器	8—1	v	cv	15	4.75	16	15.86	3.65	—	—	15.7	3.64	—	—	—	—
		2—3	v	s	12	3.34	—	—	—	—	—	—	—	—	—	—	—
		6—7	v	cv	13	5.46	—	—	—	—	—	—	—	—	—	—	—
SP00957	端刮器	8—1	v	cv	13	3.43	18	14.82	3.54	—	—	13.02	3.34	—	—	7.68	—
		2	v	s	6	0.77	—	—	—	—	—	—	—	—	—	—	—
SP00960	尖状器	1	v	cc	4	1.04	27	15.34	7.4	15	6.82	14.39	7.39	12.7	6.3	—	—
		4—5	v	cv	15	9.8	—	—	—	—	—	—	—	—	—	—	—
		8	v	cc	8	2.42	—	—	—	—	—	—	—	—	—	—	—
SP00968	尖状器	1—4	v	ss	56	13.4	56	22.66	13.5	19	9.5	22.17	13.5	16.5	11	—	—
		5—8	v	ss	56	13.1	—	—	—	—	—	—	—	—	—	—	—
SP00971	石核式刮削器	1—2	v	cv	14	6.7	16	13.62	7.13	—	—	13.62	7.13	—	—	—	—
		3—4	v	cv	10	1.31	—	—	—	—	—	—	—	—	—	—	—
		5—6	v	cv	12	2.9	—	—	—	—	—	—	—	—	—	—	—
SP00972	单面器	v	d	o	—	—	62	31.5	11.4	23	8.45	31.43	11.4	26.5	8.7	—	—
		d	v	cv	44	13.5	—	—	—	—	—	—	—	—	—	—	—
SP01005	琢背小刀	6—8	v	cv	18	2.42	25	12.72	4.04	11	3.05	12.7	3.75	9.97	3.7	6.28	2.24

续表

标本编号	类型	位置	方向	形状	加工长度	侵入度	最大长	最大宽	最大厚	1/4宽	1/4厚	1/2宽	1/2厚	3/4宽	3/4厚	台面宽	台面厚
SP01019	琢背小刀	5—8	d	s	33	4.54	33	13.08	5.45	—	—	—	—	—	—	—	—
SP01113	雕刻器	7—8	—	—	9	1.25	27	10.85	4.33	—	—	—	—	—	—	—	—
		1—2	v	s	7	1.15	—	—	—	—	—	—	—	—	—	—	—
SP01147	雕刻器	周身	b	—	—	—	18	18.32	6.4	—	—	—	—	—	—	—	—
		7—1	—	—	18	6.49	—	—	—	—	—	—	—	—	—	—	—
SP01258	端制器	8—1	v	cv	15	5.7	21	14.82	5.49	—	—	13.71	5.19	—	—	2.99	1.44
		2—3	v	s	9	2.67	—	—	—	—	—	—	—	—	—	—	—
SP01278	钻形器	5—7	v	s	17	3.14	—	—	—	—	—	—	—	—	—	—	—
		1—4	v	s	32	2.62	33	10.78	7.37	9.5	5.86	10.76	6.87	10.2	6.6	—	—
SP01295	钻形器	5—8	b	cv	34	7.77	—	—	—	—	—	—	—	—	—	—	—
		6—1	b	cv	24	8.84	31	14.1	8.57	12	6.97	13.84	7.64	12.3	5.6	7.02	2.71
SP01300	雕刻器	1—2	—	—	13	7.09	35	14.63	14.6	—	—	—	—	—	—	—	—
		2—4	v	cv	23	6.32	—	—	—	—	—	—	—	—	—	—	—
		5—8	v	cv	33	6.31	—	—	—	—	—	—	—	—	—	—	—

续表

标本编号	类型	位置	方向	形状	加工长度	侵入深度	最大长	最大宽	最大厚	1/4宽	1/4厚	1/2宽	1/2厚	3/4宽	3/4厚	台面宽	台面厚
SP01307	石核式刮削器	8-1	v	cv	12	13.7	21	12.6	12.1	—	—	—	—	—	—	—	—
		2-3	v	s	16	3.45	—	—	—	—	—	—	—	—	—	—	—
		6-7	v	s	17	4.48	—	—	—	—	—	—	—	—	—	—	—
SP01342	雕刻器	8	—	—	7	3.17	30	10.6	8.02	9.5	7.12	10.35	6.46	10.2	6.5	—	—
		2-4	v	s	29	6.77	—	—	—	—	—	—	—	—	—	—	—
		5-7	v	s	24	2.92	—	—	—	—	—	—	—	—	—	—	—
SP01343	雕刻器	1-2	—	—	3	4.14	36	16.31	4.87	11	4.05	16.4	4.91	11.7	4.8	—	—
		5-8	v	cv	33	5.37	—	—	—	—	—	—	—	—	—	—	—
SP01396	端刮器	8-1	v	cv	18	6.9	22	17.72	7.95	—	—	13.19	7.13	—	—	—	—
		5-7	bi	cv	20	4.33	—	—	—	—	—	—	—	—	—	—	—
SP01407	端刮器	8-1	v	cv	18	6	16	18.34	6.24	—	—	—	—	—	—	—	—
		6-7	v	cv	11	2.88	12	17	4.43	—	—	—	—	—	—	8.02	2.62
SP01417	端刮器	8-1	v	cv	15	0.75	—	—	—	—	—	—	—	—	—	—	—

续表

标本编号	类型	位置	方向	形状	加工长度	侵入度	最大长	最大宽	最大厚	1/4宽	1/4厚	1/2宽	1/2厚	3/4宽	3/4厚	台面宽	台面厚
SP01435	改制工具	7—8	—	—	10	4.17	19	12.85	4.97	9.9	4.65	12.66	4.8	12.3	4.5	7.55	4.69
		1	v	s	7	4.66	—	—	—	—	—	—	—	—	—	—	—
		2—4	v	s	16	4.81	—	—	—	—	—	—	—	—	—	—	—
		6—7	v	s	13	5.28	—	—	—	—	—	—	—	—	—	—	—
SP01437	雕刻器	8—1	—	—	17	6.72	14	16	6.53	—	—	—	—	—	—	—	—
		2—3	v	s	13	6.98	—	—	—	—	—	—	—	—	—	—	—
		7	v	cv	6	2.96	—	—	—	—	—	—	—	—	—	—	—
SP01465	石核式刮削器	8—1	v	cv	9	10.8	21	8.8	9.61	6	8.3	8.12	9.03	8.79	8.8	—	—
		2—3	v	cc	12	2.9	—	—	—	—	—	—	—	—	—	—	—
		4—5	v	s	6	9.11	—	—	—	—	—	—	—	—	—	—	—
SP01521	琢背小刀	6—7	v	cv	13	0.81	22	12.34	2.3	12	2.05	11.3	1.68	8.93	1.7	7.84	—
SP01555	改制工具	2—3	v	s	17	4.5	25	16.08	7.72	11	4.7	15.15	7.08	10.8	7.5	7.83	3.88
		5—7	b	cv	25	8.25	—	—	—	—	—	—	—	—	—	—	—

续表

标本编号	类型	位置	方向	形状	加工长度	侵入度	最大长	最大宽	最大厚	1/4宽	1/4厚	1/2宽	1/2厚	3/4宽	3/4厚	台面宽	台面厚
SP01634	雕刻器	8	—	—	13	3.86	33	15.94	10.8	15	8.57	15.46	9.99	13.6	8.4	—	—
		1-2	v	s	19	2.27	—	—	—	—	—	—	—	—	—	—	—
		4-5	v	cv	17	8.73	—	—	—	—	—	—	—	—	—	—	—
		6-8d	d	s	26	2.28	—	—	—	—	—	—	—	—	—	—	—
SP01635	雕刻器	8-1	—	—	11	6.96	21	12.5	7.2	9.2	4.92	11	6.3	12.5	7.2	—	—
		2	v	cc	21	4	—	—	—	—	—	—	—	—	—	—	—
		5	v	s	3	3.45	—	—	—	—	—	—	—	—	—	—	—
		6-7	v	cv	17	5.81	—	—	—	—	—	—	—	—	—	—	—
SP01636	端刮器	7-1	v	cv	23	7.77	16	22.8	8.54	—	—	15.96	7.44	—	—	5.27	3.16
		3-4	v	cc	10	7.65	—	—	—	—	—	—	—	—	—	—	—
		5-6	v	s	10	4.48	—	—	—	—	—	—	—	—	—	—	—
SP01638	端刮器	8-1	v	cv	13	1.63	16	13.46	2.97	—	—	12.18	2.7	—	—	—	—
		2-3	v	s	13	2.94	—	—	—	—	—	—	—	—	—	—	—
		6-7	v	s	13	2.08	—	—	—	—	—	—	—	—	—	—	—

续表

标本编号	类型	位置	方向	形状	加工长度	侵入度	最大长	最大宽	最大厚	1/4宽	1/4厚	1/2宽	1/2厚	3/4宽	3/4厚	台面宽	台面厚
SP01639	端刮器	8—2	v	cv	10	3.26	11	10.54	3.23	—	—	10.51	2.85	—	—	—	—
		3	v	s	5	1.37	—	—	—	—	—	—	—	—	—	—	—
		6—7	v	s	9	2.3	—	—	—	—	—	—	—	—	—	—	—
SP01693	雕刻器	8—1	—	—	8	5.19	35	14.79	8.48	14	5.49	14.07	8.8	11.8	7.3	6.47	1.91
		6	v	cv	11	5.27	—	—	—	—	—	—	—	—	—	—	—
SP01688	端刮器	8—1	v	cv	15	3.53	18	14.5	4.37	—	—	11.53	3.71	—	—	—	—
		2—4	v	cv	14	3.91	—	—	—	—	—	—	—	—	—	—	—
		5—7	v	cv	15	2.14	—	—	—	—	—	—	—	—	—	—	—
SP01689	端刮器	8—1	v	cv	13	5.35	22	13.04	6.05	13	4.84	12.82	4.9	10.8	4.9	8.01	2.39
		7—8	—	—	10	3.01	25	12.98	5.02	12	4.44	12.8	3.39	9.65	3	—	—
SP01695	雕刻器	1—2	v	s	12	1.76	—	—	—	—	—	—	—	—	—	—	—
		2—3	v	cv	12	2.03	—	—	—	—	—	—	—	—	—	—	—
		6—7	v	s	16	1.4	—	—	—	—	—	—	—	—	—	—	—
SP01748	钻形器	1—4	v	cv	60	3.3	60	14.58	5.62	13	4.56	12.13	4.71	10.3	4.6	—	—
		6—8	v	cv	60	6.24	—	—	—	—	—	—	—	—	—	—	—

续表

标本编号	类型	位置	方向	形状	加工长度	侵入度	最大长	最大宽	最大厚	1/4 宽	1/4 厚	1/2 宽	1/2 厚	3/4 宽	3/4 厚	台面宽	台面厚
SPO1930	端刮器	8—1	v	cv	16	2.8	17	17.16	3.5	14	3.5	16.35	3.05	16.9	2.6	—	—
		2—3	v	cv	15	1.07	—	—	—	—	—	—	—	—	—	—	—
		6—7	v	cv	10	2.82	—	—	—	—	—	—	—	—	—	—	—
SPO2075	尖状器	1—2	v	cv	10	2.56	16	12.05	3.42	9.5	3.15	12.11	3.4	10.3	3	8.08	2.5
		3	v	s	7	2.17	—	—	—	—	—	—	—	—	—	—	—
		6	v	s	8	2.98	—	—	—	—	—	—	—	—	—	—	—
		7—8	v	cv	10	3.46	—	—	—	—	—	—	—	—	—	—	—
SPO2081	两面器	周身	b	—	—	—	40	18.81	6.3	18	4.83	17.13	6.13	11.5	4.7	—	—
SPO2088	端刮器	8—1	v	cv	12	3.57	17	12.52	4.1	—	—	11.06	2.57	—	—	—	—
		2—3	v	s	11	2.76	—	—	—	—	—	—	—	—	—	—	—
		6—7	v	s	13	2.17	—	—	—	—	—	—	—	—	—	—	—
SPO2097	尖状器	2—4	d	s	28	4.83	30	30.57	6.7	19	6.04	24.96	6.57	16.3	3.7	11.7	6.06
		7—1	v	s	19	3.4	—	—	—	—	—	—	—	—	—	—	—
		7—8	—	—	20	3.25	49	21.96	6.7	20	5.36	21.98	6.2	15.9	5.4	—	—
SPO2115	雕刻器	1	v	cv	12	1.13	—	—	—	—	—	—	—	—	—	—	—
		6—7	d	s	29	1.28	—	—	—	—	—	—	—	—	—	—	—

续表

标本编号	类型	位置	方向	形状	加工长度	侵入度	最大长	最大宽	最大厚	1/4宽	1/4厚	1/2宽	1/2厚	3/4宽	3/4厚	台面宽	台面厚
SP02150	雕刻器	8-1	—	—	9	4.8	33	14.65	9.35	12	4.92	14.6	8.6	11.5	5	—	—
		3-4	v	cv	15	3.67	—	—	—	—	—	—	—	—	—	—	—
		6-8	v	cv	28	6.9	—	—	—	—	—	—	—	—	—	—	—
SP02232	石核式刮削器	1-2	v	cv	18	27.6	27	22.08	18.7	—	—	—	—	—	—	—	—
		5	1	s	14	20.6	—	—	—	—	—	—	—	—	—	—	—
SP02236	两面器	周身	b	—	—	—	28	15.91	6.2	16	6.01	13.27	5.86	9.93	4.9	9.86	3.86
		7-8	—	—	7	3.14	33	16.08	5.51	13	4.21	13.91	5.36	9.88	3.9	5.86	2.36
SP02248	雕刻器	1-4	v	s/s	15.1/21.13	3.42/2.76	—	—	—	—	—	—	—	—	—	—	—
		6-7	v	s	17	2.68	—	—	—	—	—	—	—	—	—	—	—
SP02252	端刮器	8-1	v	cv	13	7.08	19	12.9	5.4	—	—	12.03	5.22	—	—	—	—
		2-3	v	s	12	1.56	—	—	—	—	—	—	—	—	—	—	—
		6-7	d	s	12	—	—	—	—	—	—	—	—	—	—	—	—
SP02253	琢背小刀	1-3	d	s	23	2.15	31	11.13	4.38	11	4.21	9.62	3.74	8.49	2.8	6.78	3.9
		7-8	v	s	9	2.22	—	—	—	—	—	—	—	—	—	—	—

续表

标本编号	类型	位置	方向	形状	加工长度	侵入度	最大长	最大宽	最大厚	1/4宽	1/4厚	1/2宽	1/2厚	3/4宽	3/4厚	台面宽	台面厚
SP02254	钻形器	8-1	v	s	16	4.67	16	20.57	6.32	10	3.96	14.41	5.57	15.5	5.2	5.33	—
		2-3	v	cc	15	3.81	—	—	—	—	—	—	—	—	—	—	—
		5-6	v	s	13	2.86	—	—	—	—	—	—	—	—	—	—	—
		7	v	cc	8	2.01	—	—	—	—	—	—	—	—	—	—	—
SP02275	雕刻器	7-8	—	—	15	3.4	30	12.53	5.76	11	4.53	12.5	5.58	9.5	5	5.73	3.7
		1	v	cv	8	2.98	—	—	—	—	—	—	—	—	—	—	—
		6	v	cv	6	1.47	—	—	—	—	—	—	—	—	—	—	—
SP02288	端刮器	4-5	v	cv	14	5.2	14	14.34	6.03	8.2	2.68	13.08	5.09	—	—	6.33	4.53
		2-3	v	s	11	3.07	—	—	—	—	—	—	—	—	—	—	—
		6-7	v	cc	10	2.4	—	—	—	—	—	—	—	—	—	—	—
SP02295	琢背小刀	5-7	bi	cv	25	7.32	27	15.13	7.21	12	4.31	15.04	7.21	13.3	5.7	—	—
SP02329	钻形器	1	v	cc	5	0.74	19	11.86	3.67	9.7	3.05	11.73	2.4	9.72	2.1	6.51	2.16
		8	v	cc	4	1.1	—	—	—	—	—	—	—	—	—	—	—
SP02337	石核式刮削器	8-1	bi	cv	28	29.5	34	27.8	16.3	—	—	—	—	—	—	—	—
		3-4	v	cv	18	8.26	—	—	—	—	—	—	—	—	—	—	—
		5-6	v	s	18	9.09	—	—	—	—	—	—	—	—	—	—	—

续表

标本编号	类型	位置	方向	形状	加工长度	侵入度	最大长	最大宽	最大厚	1/4 宽	1/4 厚	1/2 宽	1/2 厚	3/4 宽	3/4 厚	台面宽	台面厚
SP02346	石核式刮削器	8—1	v	cv	12	12.5	22	14.08	11.8	—	—	—	—	—	—	—	—
		2—3	v	s	17	3.93	—	—	—	—	—	—	—	—	—	—	—
		6—7	v	cc/s	18	2.5	—	—	—	—	—	—	—	—	—	—	—
SP02348	石核式刮削器	8—1	v	s	12	8.14	16	12.18	9.37	—	—	—	—	—	—	—	—
		2	v	s	8	3	—	—	—	—	—	—	—	—	—	—	—
		4—5	v	s	10	8.11	—	—	—	—	—	—	—	—	—	—	—
		7	v	s	6	2.05	—	—	—	—	—	—	—	—	—	—	—
		8	—	—	10	7.05	29	13.69	9.05	11	5.66	13.26	8.27	13.6	8.4	—	—
SP02355	雕刻器	1—4	v	z	6.66/10.34/20.34	8.04	—	—	—	—	—	—	—	—	—	—	—
		5—7	v	s	20	9.9	—	—	—	—	—	—	—	—	—	—	—
SP02382	端刮器	5—8	v	cv	13	5.78	14	12.81	4.31	—	—	12.94	4.13	—	—	—	—
		8—1	v	cv	8	3.28	—	—	—	—	—	—	—	—	—	6.56	—
		2—3	d	s	10	1.57	—	—	—	—	—	—	—	—	—	—	—

续表

标本编号	类型	位置	方向	形状	加工长度	侵入度	最大长	最大宽	最大厚	1/4 宽	1/4 厚	1/2 宽	1/2 厚	3/4 宽	3/4 厚	台面宽	台面厚
SP02383	端刮器	8-1	v	cv	9	3.1	13	10.7	3.97	—	—	10.22	3.35	—	—	6.04	1.4
		2-3	v	s	8	1.22	—	—	—	—	—	—	—	—	—	—	—
		6-7	v	cv	11	1.77	—	—	—	—	—	—	—	—	—	—	—
SP02441	端刮器	8-1	v	cv	14	5.52	16	16.52	5.9	11	5.95	14.82	5.81	15.1	5.2	—	—
		6	v	cc	5	3.63	—	—	—	—	—	—	—	—	—	—	—
SP02450	改制工具	8-1	—	—	12	4.22	20	14.33	7.42	—	—	13.84	7.3	—	—	6.67	3.58
		2-4	v	cv	18	2.8	—	—	—	—	—	—	—	—	—	—	—
		5-7	v	cv	15	1.16	—	—	—	—	—	—	—	—	—	—	—
XC2010001	石核式刮削器	8-1	v	cv	14	14.5	28	16.32	9.4	13	9.26	15.91	9.35	15.2	7.4	—	—
		7	d	nc	12	2.86	—	—	—	—	—	—	—	—	—	—	—
XC2010002	琢背小刀	5-8	b	cv	38	6.96	39	12.16	6.96	—	—	—	—	—	—	—	—
		1-4	v	cv	38	3.5	—	—	—	—	—	—	—	—	—	—	—
XC2010003	改制工具	周身	b	—	—	—	27	20.14	5.5	20	5.31	18.8	5.48	14.7	5.2	—	—
		7-8	—	—	11	2.76	—	—	—	—	—	—	—	—	—	—	—
XC2010004	雕刻器	7-1	—	—	17	4.24	36	14.29	5.8	11	4.08	14.29	4.84	10.4	5.1	5.93	2.7
		1-4	v	s	36	2.34	—	—	—	—	—	—	—	—	—	—	—

附录 5

下川细石器制品（废弃类）测量记录表

A. 整体特征：

标本编号	类型	亚类型	完整性	热处理	台面	石锈	石皮面	原料	颜色	质地	颗粒	光泽	透明度	备注
SP00076	细石核	宽楔形	y	n	p	n	0	燧石	黑	f	f	0	0	
SP00380	破损品	琢背	n	n	—	n	0	燧石	黑	f	f	0	0	一侧刃琢背，一侧刃稍加修理
SP00403	破损品	两面器、尖部	n	n	—	n	0	燧石	深灰	m	f	0	0	有节理
SP00431	细石核	船形	y	n	p	n	0	燧石	黑	f	f	0	0	
SP00443	废弃品	端刮器	y	n	—	y	20%	燧石	黑	m	f	0	0	刃部修理失误
SP00473	破损品	端刮器	n	n	—	n	0	燧石	深灰	f	f	0	0	刃部破损
SP00544	破损品	锥形	y	n	s	n	2%	燧石	黑	m	m	0	0	非典型锥形石核
SP00588	细石核	窄楔形	y	n	f	n	0	燧石	灰	f	f	0	0	

285

续表

标本编号	类型	亚类型	完整性	热处理	台面	石锈	石皮面	原料	颜色	质地	颗粒	光泽	透明度	备注
SP00589	细石核	窄楔形	y	n	f	n	0	燧石	灰	f	f	0	0	经过改型，原为锥柱形
SP00605	破损品	端刮器	n	n	—	n	0	燧石	黑	f	f	0	0	底部断裂
SP00657	破损品	琢背小刀	n	n	—	n	0	燧石	黑	m	m	0	0	刃部破损
SP00698	破损品	两面器	n	n	—	n	0	燧石	黑	f	f	0	0	两端破损
SP00715	细石核	船形	y	n	p	y	0	燧石	棕	f	f	0	0	
SP00727	细石核	船形	y	n	s	y	0	燧石	黑	m	f	0	0	
SP00730	细石核	宽楔形	y	n	s	n	0	燧石	黑	f	f	0	0	尺寸很小
SP00785	非定型石核	多台面	y	n	—	n	0	燧石	淡灰	f	f	0	0	
SP00792	破损品	钻形器	n	n	—	n	0	燧石	黑	f	f	0	0	底部断裂、两侧加工
SP00832	破损品	尖状器、尖部	n	n	—	n	0	燧石	黑	f	f	0	0	底部断裂、歪尖
SP00860	破损品	琢背	n	n	—	n	0	燧石	黑	f	f	0	0	两侧单面修理
SP00878	破损品	两面器、中段	n	n	—	n	0	燧石	黑	f	f	0	0	两端破损
SP00879	破损品	端刮器	n	n	—	n	0	燧石	黑	f	f	0	0	刃部破损
SP00941	破损品	两面器、头部	n	n	—	n	0	燧石	黑	f	f	0	0	尖部残
SP00963	破损品	两面器	n	n	—	n	0	燧石	黑	f	f	0	0	

续表

标本编号	类型	亚类型	完整性	热处理	台面	石锈	石皮面	原料	颜色	质地	颗粒	光泽	透明度	备注
SP00964	破损品	两面器	n	n	—	n	0	燧石	黑	f	f	0	0	两端破损
SP00989	破损品	两面器	n	n	—	n	0	燧石	深灰	f	f	0	0	一部分
SP01053	细石核	窄楔形	y	n	p	y	0	燧石	黑	m	f	0	0	
SP01105	细石核	漏斗形	y	n	f	n	0	燧石	黑	m	f	0	0	
SP01190	细石核	宽楔形	y	n	p	y	0	燧石	黑	f	f	0	0	尺寸很小、两个工作面
SP01236	破损品	端刮器	n	n	—	n	0	燧石	黑	f	f	0	0	刃部破损
SP01243	废弃品	端刮器	y	n	—	y	0	燧石	黑	f	f	0	0	刃部修理失误
SP01256	破损品	端刮器	n	n	—	n	0	燧石	黑	f	f	0	0	刃部破损
SP01271	细石核	锥形	y	n	s	y	0	燧石	黑	m	f	0	0	非周身剥片
SP01318	细石核	宽楔形	y	n	f	n	—	燧石	黑	f	f	0	0	
SP01344	破损品	单面器	n	n	—	n	—	燧石	黑	m	f	0	0	一部分
SP01361	细石核	宽楔形	y	n	f	y	—	燧石	棕	f	f	0	0	尺寸很小
SP01365	细石核	宽楔形	y	n	p	y	0	石英砂岩	灰	m	m	0	0	尺寸很小
SP01426	破损品	两面器	n	n	—	n	0	燧石	淡灰	f	f	0	0	底部·有节理
SP01560	破损品	单面器	n	n	—	n	0	燧石	黑	m	f	0	0	一部分
SP01659	细石核	半锥形	y	n	f	n	0	燧石	黑	f	f	0	0	尺寸很小

续表

标本编号	类型	亚类型	完整性	热处理	台面	石锈	石皮面	原料	颜色	质地	颗粒	光泽	透明度	备注
SP02143	细石核	漏斗形	y	n	f	—	—	燧石	灰	f	f	0	0	尺寸很小
SP02147	破损品	两面器、尖部	n	n	—	n	0	燧石	黑	f	f	0	0	头部
SP02158	细石核	锥形	y	n	f	n	0	燧石	黑	m	f	0	0	非周身剥片
SP02205	细石核	宽楔形	y	n	p	y	0	燧石	黑	f	f	0	0	尺寸很小
SP02220	细石核	船形	y	n	p	y	0	燧石	浓灰	f	f	0	0	尺寸很小
SP02235	破损品	两面器、底部	n	n	—	n	0	燧石	黑	f	f	0	0	尖部残
SP02243	破损品	两面器	n	n	—	n	0	燧石	灰	f	f	0	0	头部残
SP02245	破损品	两面器	n	n	s	n	0	燧石	浓灰	f	f	0	0	底部残
SP02360	细石核	宽楔形	y	n	—	n	—	燧石	深灰	f	f	0	0	尺寸很小
SP02367	破损品	两面器	n	n	—	n	0	燧石	棕	f	f	0	0	尖部残
SP02394	细石核	宽楔形	y	n	p	y	0	燧石	黑	f	f	0	0	尺寸很小、三角形台面
SP02435	破损品	两面器、底部	n	n	—	n	0	燧石	灰	f	f	0	0	底部
XC2010006	石核断块	—	y	n	—	n	0	燧石	黑	f	f	0	0	
XC2010007	破损品	尖状器、尖部	n	n	—	n	0	石英	白	f	f	3	1	仅头部

288

B. 测量数据：①

标本编号	最大长	最大宽	最大厚	台面宽	台面厚	工作面长	工作面宽
SP00076	12.11	27.88	13.86	27.88	13.86	13.2	11.56
SP00380	18.86	12	4	—	—	—	—
SP00403	23.27	17.78	9.22	—	—	—	—
SP00431	12.95	27.76	16.93	27.76	16.93	15.65	16
SP00443	26.9	16.34	7.9	13.58	6.65	—	—
SP00473	19.48	12.76	5.62	—	—	—	—
SP00544	33.45	24.41	20.2	21.02	19.75	34.52	—
SP00588	28.9	18.45	22.43	15.1	22.55	28.85	22.98
SP00589	28.28	19.82	17.3	17.83	16.75	25.67	15.71
SP00605	14.62	15.93	4.14	—	—	—	—
SP00657	23.28	13.2	3.47	—	—	—	—
SP00698	26.52	20.2	7.2	—	—	—	—
SP00715	13.58	22.18	20.87	23.22	19.97	13.74	18.6
SP00727	14.65	29.28	15.31	25.6	16.72	14.8	14.41
SP00730	11.28	22.74	11.03	22.74	11.03	13.58	9.35
SP00785	33.47	26.96	21.71	28.05	23.88	27.24	30.15
SP00792	17.27	8.45	3.06	—	—	—	—

① 测量单位：毫米（mm）

续表

标本编号	最大长	最大宽	最大厚	台面宽	台面厚	工作面长	工作面宽
SP00832	22.9	16.02	7.06	—	—	—	—
SP00860	22.1	12.8	4.09	—	—	—	—
SP00878	19.73	17.09	6.18	—	—	—	—
SP00879	18.27	16.44	3.53	—	—	—	—
SP00941	17.53	17.63	4.95	—	—	—	—
SP00963	43.58	16.34	7.3	—	—	—	—
SP00964	42.41	25.96	7.27	—	—	—	—
SP00989	27.8	11.82	5.31	—	—	—	—
SP01053	33.13	20.7	16.09	19	16.4	34.05	18.35
SP01105	24.74	27.25	23.05	27.48	23.92	26.07	27.93
SP01190	10.9	22.41	12.22	22.38	12.22	10.7	9.64
SP01236	20.66	16.4	4.75	—	—	—	—
SP01243	17.5	14.44	4.9	6.08	2.63	—	—
SP01256	14.44	14.87	3.95	—	—	—	—
SP01271	25.53	18.31	13.95	16.16	13.95	25.91	—
SP01318	26.63	19.4	16	19.06	17.51	19.5	16.04
SP01344	24.44	31.1	9.93	—	—	—	—

续表

标本编号	最大长	最大宽	最大厚	台面宽	台面厚	工作面长	工作面宽
SP01361	10.87	14.38	12.16	14.38	12.16	9.64	9.35
SP01365	11.89	20.18	12	20.18	12	9.76	11.01
SP01426	21.4	27.64	7.48	—	—	—	—
SP01560	29.03	13.41	5.06	—	—	—	—
SP01659	17.82	12.78	8.8	12.97	9.05	18.2	12.85
SP02143	14.16	16.45	14.62	16.88	14.67	14.32	14.76
SP02147	15.3	14.4	5.2	—	—	—	—
SP02158	23.84	15.21	17.56	18.4	15.64	21.76	—
SP02205	11.33	21.81	10.18	21.86	10.18	14.82	10.23
SP02220	12.1	20.08	21.12	15.89	20.16	13.5	18.63
SP02235	22.4	23.67	5.87	—	—	—	—
SP02243	39.5	19.8	8.98	—	—	—	—
SP02245	28.31	17.11	6.23	—	—	—	—
SP02360	12.8	21.2	12.35	21.15	12.35	12.09	10.75
SP02367	27.34	21.14	4.42	—	—	—	—
SP02394	10.52	19.66	11.5	18.66	10.32	10.83	11.4
SP02435	28.5	23.53	5.98	—	—	—	—

续表

标本编号	最大长	最大宽	最大厚	台面宽	台面厚	工作面长	工作面宽
XC2010006	18.18	16.04	10.17	—	—	—	—
XC2010007	12.57	13.06	4.66	—	—	—	—

附录 6

柴寺（丁村 77：01 地点）细石器制品（石片类）测量记录表[①]

标本编号	类型	亚类型	完整性	石皮面	二次加工	原料	最大长	最大宽	最大厚	重量	加工部位	刃缘形状	加工长度	侵入度	备注
JP0010	石片	两极	y	20%	n	燧石	22.90	6.91	5.78	1.2	—	—	—	—	—
JP0039	细石叶	琢背	y	0	y	燧石	25.04	6.14	2.23	—	6—8	s	21.86	0.93	v
JP0041	石片	修理	y	0	y	燧石	44.17	27.27	8.57	7.5	2—3	s	19.88	1.15	b
JP0044	石片	修理	y	10%	y	燧石	34.02	22.70	8.13	5.60	8—1	s	8.46	1.67	v
											2	s	12.16	0.80	v
											4—5	s	15.96	1.00	v
											6—7	s	23.24	0.81	b
JP0045	石片	—	y	0	n	燧石	28.43	25.14	4.78	2.7	—	—	—	—	—
JP0072	石片	修理	y	0	y	燧石	21.50	17.42	7.46	2.3	—	s	17.68	2.03	中段

① 测量单位：毫米（mm）

293

续表

标本编号	类型	亚类型	完整性	石皮面	二次加工	原料	最大长	最大宽	最大厚	重量	加工部位	刃缘形状	加工长度	侵入度	备注
JP0074	石片	修理	Y	0	y	燧石	17.87	17.81	5.43	1.7	1	s	7.45	0.97	d
JP0075	石片	修理	y	0	y	角页岩	19.97	27.54	4.51	2.3	8-1	cv	27.57	1.16	v
JP0076	石片	修理	y	10%	y	角页岩	22.02	18.60	9.30	4.2	2-3	s	11.72	3.73	d
JP0078	石片	修理	y	0	y	燧石	24.45	21.48	7.00	4.0	—	s	15.46	0.91	—
JP0079	石片	—	y	0	n	燧石	21.17	25.70	6.56	3.5	—	—	—	—	—
JP0080	石片	—	y	0	n	燧石	13.31	23.37	4.17	1.4	—	—	—	—	—
JP0083	石片	修理	y	20%	y	角页岩	20.87	23.17	6.00	3.7	8-1	s	21.47	0.63	v
JP0085	石片	两极	y	0	n	燧石	13.60	13.52	9.33	2.0	—	—	—	—	—
JP0087	石片	修理	y	0	y	燧石	19.90	14.37	2.69	0.9	—	cc	20.09	1.64	v
JP0088	石片	—	y	0	n	燧石	21.43	18.85	5.70	2.4	—	—	—	—	—
JP0093	石片	—	Y	0	n	燧石	23.06	23.21	6.44	2.2	—	—	—	—	—
JP0098	石片	—	y	30%	n	燧石	31.05	9.79	7.28	2.6	—	—	—	—	—
JP0102	石片	修理	y	0	y	燧石	13.86	10.45	4.75	0.90	6-7 / 8	s / d	8.62 / 6.76	1.4 / 1.22	b / v
JP0105	石片	—	y	0	n	燧石	30.91	8.95	5.87	1.1	—	—	—	—	—
JP0107	细石叶	—	n	0	n	玉髓	15.51	6.57	1.42	—	—	—	—	—	中段
JP0109	石叶	—	y	0	n	石英岩	31.47	11.11	4.92	2.0	—	—	—	—	—

续表

标本编号	类型	亚类型	完整性	石皮面	二次加工	原料	最大长	最大宽	最大厚	重量	加工部位	刃缘形状	加工长度	侵入度	备注
JP0110	细石叶	—	y	0	n	玉髓	16.62	5.01	1.07	0.7	—	—	—	—	—
JP0111	细石叶	—	n	0	n	燧石	11.14	3.56	1.01	0.6	—	—	—	—	中段
JP0112	石叶	—	y	0	n	玉髓	33.37	9.50	2.72	1.3	—	—	—	—	—
JP0115	石叶	—	y	0	n	燧石	25.09	10.95	4.27	1.4	—	—	—	—	—
JP0116	石叶	—	y	0	n	燧石	16.30	7.93	3.60	—	—	—	—	—	—
JP0117	细石叶	—	n	0	n	燧石	16.88	5.58	1.28	0.4	—	—	—	—	远端残
JP0118	细石叶	—	n	0	n	燧石	11.27	5.83	1.65	1.2	—	—	—	—	远端残
JP0119	细石叶	—	n	0	n	玉髓	29.37	7.42	2.64	0.5	—	—	—	—	远端残
JP0120	细石叶	—	n	0	n	玉髓	22.98	5.11	1.70	—	—	—	—	—	近端残
JP0121	细石叶	修理	n	0	n	角页岩	17.09	7.33	1.77	0.5	—	—	—	—	近端残
JP0122	细石叶	—	y	0	y	燧石	13.42	3.58	0.84	—	5—7	s	11.56	0.72	v
JP0123	细石叶	—	n	0	n	燧石	15.74	6.57	1.68	1.1	—	—	—	—	远端残
JP0126	石叶	—	y	25%	n	燧石	24.78	10.21	3.78	1.3	—	—	—	—	—
JP0127	细石叶	—	n	0	n	玉髓	20.76	4.29	1.57	0.3	—	—	—	—	近端残
JP0129	细石叶	—	n	0	n	角页岩	18.98	6.52	1.82	1.0	—	—	—	—	近端残
JP0132	细石叶	—	n	0	n	燧石	23.58	5.03	1.77	1.00	—	—	—	—	远端残

续表

标本编号	类型	亚类型	完整性	石皮面	二次加工	原料	最大长	最大宽	最大厚	重量	加工部位	刃缘形状	加工长度	侵入度	备注
JP0134	石叶	修理	y	0	y	角页岩	16.70	8.43	3.74	0.60	2	s	6.30	1.94	v
JP0135	细石叶	—	n	0	n	燧石	15.42	6.86	2.26	0.7	—	—	—	—	远端残
JP0136	细石叶	—	n	0	n	燧石	18.50	9.26	2.01	0.4	—	—	—	—	远端残
JP0138	细石叶	—	n	0	n	燧石	17.22	5.16	2.11	—	—	—	—	—	远端残
JP0140	细石叶	—	n	0	n	玉髓	18.59	5.87	1.42	—	—	—	—	—	远端残
JP0142	细石叶	—	n	0	n	角页岩	14.81	6.84	2.43	—	—	—	—	—	远端残
JP0143	石叶	—	n	0	n	燧石	20.73	8.99	2.64	0.6	—	—	—	—	近端残
JP0144	石叶	—	n	0	n	燧石	23.4	12.7	3.28	1.1	—	—	—	—	近端残
JP0145	细石叶	—	n	0	n	角页岩	11.22	4.66	1.21	—	—	—	—	—	近端残
JP0150	细石叶	—	n	0	n	玉髓	11.85	3.52	1.12	—	—	—	—	—	远端残
JP0151	石片	—	y	0	n	角页岩	39.50	30.84	8.96	9.0	—	—	—	—	—
JP0152	石片	—	y	0	n	燧石	49.51	28.03	7.67	7.8	—	—	—	—	—
JP0153	石片	—	y	0	n	燧石	21.17	13.66	5.61	2.1	—	—	—	—	—
JP0154	石片	—	y	0	n	燧石	35.78	32.56	11.35	11.4	—	—	—	—	—
JP0155	石片	—	y	0	n	燧石	15.08	19.07	5.69	1.1	—	—	—	—	—
JP0156	石片	—	y	10%	n	角页岩	40.94	34.13	9.35	17.0	—	—	—	—	—

附录6 柴寺(丁村77：01地点)细石器制品(石片类)测量记录表

续表

标本编号	类型	亚类型	完整性	石皮面	二次加工	原料	最大长	最大宽	最大厚	重量	加工部位	刀缘形状	加工长度	侵入度	备注
JP0157	石片	—	y	0	n	角页岩	43.78	35.45	9.16	14.0	—	—	—	—	—
JP0161	石片	—	y	0	n	燧石	15.63	11.74	3.05	0.5	—	—	—	—	卷边状
JP0162	石片	—	n	0	n	燧石	20.87	25.58	4.06	2.4	—	—	—	—	近端
JP0163	石片	—	y	0	n	玉髓	22.34	15.31	3.21	0.6	—	—	—	—	—
JP0164	石片	—	n	0	n	角页岩	35.06	24.21	8.70	7.2	—	—	—	—	—
JP0165	石片	—	n	10%	n	角页岩	38.80	25.91	7.06	6.0	—	—	—	—	—
JP0166	石片	—	n	0	n	角页岩	18.98	37.61	5.03	4.1	—	—	—	—	—
JP0167	石片	—	n	0	n	燧石	32.09	19.42	4.60	2.9	—	—	—	—	左裂片
JP0168	石片	—	y	0	n	角页岩	26.99	32.30	5.12	3.8	—	—	—	—	—
JP0169	石片	—	y	0	n	角页岩	27.52	23.03	8.03	3.9	—	—	—	—	—
JP0170	石片	石核修理石片	y	5%	n	燧石	17.81	17.84	8.31	2.4	—	—	—	—	卷边状
JP0171	石片	—	y	0	n	燧石	18.29	9.40	2.15	0.5	—	—	—	—	—
JP0172	石片	—	y	0	n	燧石	20.16	20.02	5.85	1.2	—	—	—	—	—
JP0175	石片	—	y	0	n	燧石	20.52	15.58	6.93	1.7	—	—	—	—	—
JP0176	石片	—	y	0	n	燧石	13.76	16.91	1.90	0.6	—	—	—	—	—

续表

标本编号	类型	亚类型	完整性	石皮面	二次加工	原料	最大长	最大宽	最大厚	重量	加工部位	刃缘形状	加工长度	侵入度	备注
JP0177	石片	—	y	0	n	玉髓	17.80	18.72	3.76	1.1	—	—	—	—	远端
JP0179	石片	—	y	0	n	角页岩	15.60	25.45	4.07	1.5	—	—	—	—	—
JP0180	石片	—	y	0	n	角页岩	23.37	16.60	6.28	1.7	—	—	—	—	—
JP0183	石片	两极	y	0	n	燧石	31.22	24.23	13.78	9.8	—	—	—	—	—
JP0184	石片	—	y	0	n	角页岩	34.71	50.12	10.77	16.4	—	—	—	—	—
JP0185	石片	—	y	0	n	角页岩	44.90	38.02	8.52	16.9	—	—	—	—	—
JP0186	石片	—	y	15%	n	角页岩	30.83	36.14	5.72	6.7	—	—	—	—	—
JP0188	石片	—	y	0	n	角页岩	32.55	25.95	11.78	5.6	—	—	—	—	—
JP0189	石片	—	y	0	n	燧石	11.44	10.06	1.68	—	—	—	—	—	—
JP0190	石片	—	y	0	n	角页岩	38.44	24.60	6.76	3.8	—	—	—	—	—
JP0191	石片	石核修理石片	y	0	n	燧石	23.01	20.64	7.28	3.2	—	—	—	—	—
JP0192	石片	—	y	0	n	燧石	8.79	16.48	3.33	—	—	—	—	—	—
JP0193	石片	—	y	0	n	角页岩	18.50	17.69	2.93	1.0	—	—	—	—	—
JP0194	石片	—	y	0	n	燧石	21.94	18.54	6.24	2.5	—	—	—	—	—
JP0195	石片	—	y	0	n	燧石	15.01	20.22	5.76	1.7	—	—	—	—	—

附录6　柴寺(丁村77：01地点)细石器制品(石片类)测量记录表

续表

标本编号	类型	亚类型	完整性	石皮面	二次加工	原料	最大长	最大宽	最大厚	重量	加工部位	刃缘形状	加工长度	侵入度	备注
JP0197	石片	—	y	10%	n	角页岩	17.24	16.65	4.22	1.1	—	—	—	—	卷边状
JP0198	石片	—	y	0	n	燧石	22.80	18.82	4.21	1.5	—	—	—	—	—
JP0199	石片	—	y	0	n	燧石	19.40	21.14	4.24	1.4	—	—	—	—	—
JP0200	石片	—	y	0	n	角页岩	29.00	37.84	6.85	6.1	—	—	—	—	—
JP0203	石片	—	y	0	n	燧石	18.39	13.41	3.23	2.1	—	—	—	—	阶梯状
JP0205	石片	—	y	0	n	角页岩	32.66	27.60	8.78	7.3	—	—	—	—	—
JP0206	石片	—	y	0	n	角页岩	28.76	20.44	6.10	2.9	—	—	—	—	—
JP0208	石片	—	y	0	n	角页岩	29.34	21.52	4.14	2.0	—	—	—	—	羽状
JP0209	石片	—	y	0	n	角页岩	33.18	17.39	3.48	1.8	—	—	—	—	—
JP0210	石片	—	y	0	n	燧石	12.33	13.23	3.20	1.1	—	—	—	—	—
JP0211	石片	—	y	0	n	燧石	24.13	15.10	4.58	0.8	—	—	—	—	羽状
JP0212	石片	—	y	0	n	角页岩	27.41	28.29	11.27	8.1	—	—	—	—	—
JP0213	石片	—	y	0	n	角页岩	28.66	21.56	5.15	3.4	—	—	—	—	羽状
JP0214	石片	石核修理石片	y	0	n	燧石	28.43	16.34	8.82	2.6	—	—	—	—	阶梯状
JP0215	石叶	—	y	0	n	燧石	20.86	8.44	3.98	0.7	—	—	—	—	—

续表

标本编号	类型	亚类型	完整性	石皮面	二次加工	原料	最大长	最大宽	最大厚	重量	加工部位	刃缘形状	加工长度	侵入度	备注
JP0216	石片	—	y	0	n	燧石	9.22	16.02	3.96	0.4	—	—	—	—	—
JP0217	石叶	修理	y	25%	y	燧石	27.21	12.04	3.24	1.2	2—3	s	19.35	2.50	v
JP0218	石片	—	y	10%	n	角页岩	18.63	12.51	4.20	0.9	—	—	—	—	—
JP0219	石片	—	y	0	n	角页岩	25.07	19.65	4.27	2.5	—	—	—	—	—
JP0220	石片	—	y	0	n	燧石	15.28	22.09	4.18	1.2	—	—	—	—	卷边状
JP0222	石片	—	y	0	n	燧石	22.48	14.85	4.85	1.5	—	—	—	—	—
JP0223	石片	—	y	0	n	燧石	21.96	16.88	6.56	2.1	—	—	—	—	—
JP292	石片	—	y	0	n	角页岩	43.34	34.43	12.43	20.0	—	—	—	—	—

附录 7

柴寺（丁村 77：01 地点）细石器制品（工具类）测量记录表①

标本编号	类型	亚类型	完整性	石皮面	原料	最大长	最大宽	最大厚	重量	加工部位	刃缘形状	加工长度	侵入度	备注
JP0001	刮削器	—	y	0	角页岩	174.00	116.00	45.00	866.0	—	—	—	—	—
JP0002	砍斫器	—	y	0	角页岩	181.00	110.00	53.00	1257.00	—	—	—	—	—
JP0003	?	—	y	30%	角页岩	16.68	35.44	18.81	10.4	—	—	—	—	—
JP0004	刮削器	—	y	n	角页岩	39.00	62.00	17.00	52.00	—	—	—	—	—
JP0013	雕刻器	两端刃	y	20%	燧石	41.82	17.98	6.66	4.80	1-3	cv	34.65	4.88	v
										4/5	burin	13.32	2.02	—
										5-6	cv	23.31	2.40	—
										8/1	burin	419.70	4.15	—
JP0014	琢背小刀	—	y	0	玛瑙	22.07	9.11	4.64	0.70	2-4	cv	18.39	3.84	—

① 测量单位：毫米（mm）

续表

标本编号	类型	亚类型	完整性	石皮面	原料	最大长	最大宽	最大厚	重量	加工部位	刃缘形状	加工长度	侵入度	备注
JP0015	雕刻器	斜刃	y	0	燧石	30.07	12.32	6.48	4.30	1—4	cv	30.02	6.63	v
										5—7	—	24.78	5.74	v
										8/1	burin	10.50	3.63	—
JP0016	端刮器	平底	y	0	燧石	28.41	21.14	8.77	6.40	8—1	cv	19.20	7.62	v
										3	—	15.50	5.04	v
										6—7	—	19.30	3.54	v
JP0017	端刮器	平底	y	0	燧石	18.57	22.84	7.48	3.70	8—2	—	21.01	1.05	b
										6—7	cv	18.58	8.70	v
JP0018	端刮器	尖底、带铤	y	0	燧石	23.41	16.92	5.27	2.10	8—1	cv	16.19	3.49	v
										2—3	cc	12.35	3.71	v
										5—7	ir	18.90	2.45	b
JP0019	端刮器	指甲盖形	y	0	—	17.60	20.36	6.07	2.80	8—1	cv	20.34	5.57	单向
										2—4	cv	14.10	8.07	单向
										6—7	s	11.70	1.50	单向

附录 7　柴寺(丁村 77：01 地点)细石器制品(工具类)测量记录表

续表

标本编号	类型	亚类型	完整性	石皮面	原料	最大长	最大宽	最大厚	重量	加工部位	刃缘形状	加工长度	侵入度	备注
JP0020	端刮器	—	y	5%	燧石	21.63	14.37	6.66	2.20	8—1	cv	12.15	5.50	v
										2—3	cc/cv	11.45	1.98	v
										6—7	cc/cv	16.81	4.55	v
JP0021	端刮器	尖底	y	0	燧石	25.77	16.40	4.68	2.80	8—1	cv	17.00	6.48	v
										5—7	cv	22.08	1.78	v
JP0023	刮削器	横刃	y	0	燧石	16.73	14.66	5.16	3.50	8—1	—	13.76	5.11	—
										2—4	—	15.36	2.97	v
JP0024	端刮器	—	y	0	燧石	15.93	15.38	5.83	1.60	8—1	cv	15.42	4.97	单向
										4—5	cc	7.34	3.17	单向
JP0025	端刮器	长身	y	0	玛瑙	20.75	16.12	6.42	2.00	4—6	cc	16.05	6.72	v
										3	s	8.29	6.10	v
JP0026	端刮器	—	y	0	燧石	11.38	10.61	3.78	0.20	8—1	cv	10.11	3.94	v
										2—3	s	8.46	4.33	v
										4	s	5.64	3.30	d
										6—7	s	6.35	2.30	v

303

续表

标本编号	类型	亚类型	完整性	石皮面	原料	最大长	最大宽	最大厚	重量	加工部位	刃缘形状	加工长度	侵入度	备注
JP0027*	端刮器	—	y	20%	燧石	14.26	10.03	4.12	2.00	1—3	cc	8.28	4.03	v
JP0027	端刮器	小圆底	y	0	燧石	18.96	15.00	6.19	2.1	3—4	—	10.62	1.72	—
										8—1	cv	14.30	6.65	v
JP0028	端刮器	长身、平底	y	5%	石英岩	26.80	17.48	6.50	3.2	4—5	cv	7.58	7.51	v
										7	s	9.57	4.86	d
JP0029	端刮器	长身、平底	y	0	燧石	20.37	12.88	4.82	1.10	8—1	cv	16.63	6.26	v
										8—1	cv	12.16	4.47	v
JP0030	端刮器	长身、平底	y	15%	燧石	23.43	19.62	5.87	3.0	2—3	s	15.24	1.84	v
										6—7	s	16.86	1.74	v
JP0031	端刮器	短身、尖底	y	0	燧石	19.17	18.32	6.55	2.0	8—1	cv	19.60	7.44	v
JP0032	端刮器	短身、尖底	y	15%	燧石	22.90	18.30	7.35	3.00	8—1	cv	18.33	5.67	v
										8—1	cv	17.83	6.56	v
JP0033	端刮器	长身	n	10%	玉髓	19.10	12.36	6.03	1.5	4	s	10.85	6.70	v
										8—1	cv	11.33	4.62	v
JP0034	两面器	歪底	n	0	燧石	22.74	13.80	5.22	2.1	周身	—	—	—	—

* 原标本编号有重复。

附录7　柴寺(丁村77：01地点)细石器制品(工具类)测量记录表

续表

标本编号	类型	亚类型	完整性	石皮面	原料	最大长	最大宽	最大厚	重量	加工部位	刃缘形状	加工长度	侵入度	备注
JP0036	尖状器	微型	n	0	燧石	17.96	9.24	3.71	0.70	1-2	s	12.63	1.42	d
JP0037	尖状器	微型	y	0	燧石	22.07	16.90	6.19	1.1	4-5	cv	9.28	4.21	v
JP0038	刮削器	凸刃	y	5%	燧石	23.18	20.91	10.41	3.5	7-8	—	15.24	5.12	v
										1-3	—	22.30	3.45	—
JP0040	钻形器	—	y	0	燧石	16.68	9.53	5.05	1.10	1	s	7.47	2.29	v
JP0043	楔形析器	—	y	0	燧石	19.71	28.77	6.48	4.10	7-8	cc	9.44	2.57	v
JP0046	琢背石器	几何形	y	0	燧石	14.19	9.82	4.85	0.8	8-1	—	16.24	—	—
										4-5	—	17.01	—	—
JP0047	刮削器	聚刃	y	0	燧石	22.90	25.60	5.64	3.7	—	cv	—	—	v
										8-1	cv	24.30	7.07	v
JP0049	凹缺器	—	y	55%	角页岩	25.04	17.26	6.20	2.6	4	cc/cv	11.24	5.60	v
										6-7	cc/cv	16.07	3.76	v
JP0051	钻形器	—	y	0	石英岩	36.01	15.92	8.11	3.5	1-2	—	12.86	1.51	b
										tip	—	11.03	1.30	d
JP0054	刮削器	双刃	y	0	脉石英	31.21	19.47	6.03	3.60	3-4	—	18.36	2.70	—
										6-7	—	23.29	7.48	—

续表

标本编号	类型	亚类型	完整性	石皮面	原料	最大长	最大宽	最大厚	重量	加工部位	刃缘形状	加工长度	侵入度	备注
JP0055	两面器	歪底	y	0	燧石	26.87	17.13	6.95	2.0	周身	—	—	—	—
JP0056	石核式刮削器	—	y	0	燧石	22.82	17.22	9.52	3.90	1-2	cv	16.20	16.33	v
										7-8	cv	10.00	11.37	v
JP0057A	石核式刮削器	—	y	0	燧石	22.93	14.44	12.90	4.1	1-2	cv	16.20	16.33	v
JP0057B	石核式刮削器	—	y	0	燧石	2.06	9.89	8.65	1.90—	1-2	cv	10.80	9.26	v
										7-8	cv	8.21	5.66	v
JP0058	石核式刮削器	—	y	0	燧石	21.64	10.47	7.83	2.1	8,1-2	cv	10.79	8.85	v
JP0059	石核式刮削器	—	y	0	燧石	23.14	9.32	7.16	2.3	1-2	cv	10.87	10.76	v
JP0060	石核式刮削器	—	y	0	燧石	18.53	8.21	9.41	2.7	1-3	cv	13.94	7.75	v
JP0062	石核式刮削器	—	y	0	燧石	18.58	10.94	10.35	2.4	1	cv	9.20	11.32	v
JP0063	石核式刮削器	—	y	0	燧石	18.54	13.26	7.88	1.8	1	cv	11.84	9.54	v
JP0064	石核式刮削器	—	y	0	燧石	18.41	8.92	9.94	2.1	2	cv	10.01	9.04	v

续表

标本编号	类型	亚类型	完整性	石皮面	原料	最大长	最大宽	最大厚	重量	加工部位	刃缘形状	加工长度	侵入度	备注
JP0065	石核式刮削器	—	y	0	燧石	14.34	7.98	7.62	0.7	1	cv	8.19	7.84	v
JP0067	琢背小刀	—	y	0	燧石	21.52	18.32	5.29	2.3	1−2	cv	14.51	2.18	v
JP0068	琢背小刀	—	y	0	燧石	35.46	16.95	4.96	3.2	2−4	cv	23.94	1.19	v
JP0069	琢背小刀	—	y	0	玉髓	22.63	10.97	2.27	1.4	1−4	cv	22.71	2.51	v
JP0071	石核式刮削器	—	y	0	燧石	14.61	11.46	8.76	1.2	1−2	cv	10.63	8.53	v
JP0082	端刮器	—	y	0	燧石	17.23	13.18	4.08	1.0	8−1	s/cv	9.93	1.85	v
										2−3	s	6.94	0.47	d
JP0084	端刮器	长身,尖底	y	25%	燧石	40.31	33.29	9.85	12.8	8−1	s/cv	25.30	8.60	v
										7−8	s/cv	15.90	1.56	d
JP0090	刮削器	边刮	y	0	燧石	22.96	20.50	7.82	3.9	8−1	d	17.98	8.45	v
JP0092	刮削器	—	y	0	燧石	21.42	12.44	5.10	1.0	1−3	cv	19.41	5.09	v
										4−5	d	9.68	1.41	d
										5−8	s	19.41	4.83	d

续表

标本编号	类型	亚类型	完整性	石皮面	原料	最大长	最大宽	最大厚	重量	加工部位	刃缘形状	加工长度	侵入度	备注
JP0094	钻形器	—	y	0	燧石	19.46	19.18	5.78	2.2	1	cc	4.71	1.25	d
										8	d	8.65	1.12	v
										4—5	—	16.20	0.84	v
JP0100	刮削器	—	y	0	燧石	28.86	11.88	9.81	4.0	1—4	d	27.92	9.60	—
JP0103	端刮器	—	y	0	燧石	14.03	14.96	8.35	2.20	8—1	cv	15.05	5.08	v
										3	cc	8.10	3.45	v
JP0159	雕刻器	—	y	0	燧石	27.57	21.63	8.10	5.40	3	s	9.24	0.80	b
										6—8	burin	20.32	5.45	—

附录 8

柴寺(丁村 77∶01 地点)细石器制品(废弃类)测量记录表①

标本编号	类型	亚类型	完整性	石皮面	原料	最大长	最大宽	最大厚	重量	台面宽	台面厚	工作面长	工作面宽	备注
JP0006	细石核	锥形	y	0	燧石	32.03	22.69	24.11	19.0	21.78	22.01	32.59	18.94	核身有节理面
JP0007	细石核	楔形	y	0	燧石	18.78	24.58	11.6	6.5	21.22	12.24	20.69	13.1	—
JP0008	细石核	楔形	y	30%	角页岩	16.68	35.44	18.81	10.4	—	—	—	—	—
JP0009	细石核	船形	y	30%	燧石	15.53	30.68	16.41	8.3	30.37	16.41	15.01	14.53	节理面
JP0010	细石核	—	—	—	—	—	—	—	—	—	—	—	—	—
JP0011	细石核	船形	y	0	燧石	13.46	21.28	13.9	3.9	20.51	13.73	14.16	8.36	—
JP0012	细石核	船形	y	0	角页岩	14.62	29.00	15.74	10.1	27.74	14.24	10.96	8.01	—
JP0052	破损品	端刮器	n	0	脉石英	8.57	13.68	3.44	0.7	—	—	—	—	头部残

① 测量单位:毫米(mm)

309

续表

标本编号	类型	亚类型	完整性	石皮面	原料	最大长	最大宽	最大厚	重量	台面宽	台面厚	工作面长	工作面宽	备注
JP0066	破损品	—	n	0	燧石	16.86	11.07	2.37	0.9	—	—	—	—	—
JP0077	破损品	—	n	20%	燧石	24.72	21.92	10.17	3.9	—	—	—	—	—
JP0081	破损品	—	n	0	燧石	25.85	12.72	6.05	1.8	—	—	—	—	—
JP0097	破损品	—	y	0	燧石	20.11	9.38	7.02	1.7	—	—	—	—	—
JP0099	石核断块	—	y	0	燧石	14.66	12.89	9.04	2.4	—	—	—	—	—
JP0106	破损品	—	n	40%	石英岩	35.48	12.36	6.44	2.3	—	—	—	—	—
JP0196	破损品	—	n	0	燧石	—	—	—	—	—	—	—	—	—
JP0201	破损品	—	n	0	角页岩	27.41	19.37	5.83	3.1	—	—	—	—	—

附录 9

柿子滩 S9 地点细石核测量记录表[①]

（改自柿子滩考古队，2010）

标本编号	类　型	最大长	最大宽	最大厚	原料	工作面长	工作面宽	剥片数
S9：264	柱形细石核	2.63	2.14	1.9	燧石	2.20	1.80	9
S9：394	锥形细石核	2.70	1.11	0.77	燧石	2.70	1.11	11
S9：629	锥形细石核	2.38	2.20	1.55	燧石	2.38	2.20	6
S9：940	柱形细石核	2.35	2.01	1.14	燧石	2.20	1.67	7
S9：1333	楔形细石核	2.81	1.93	0.95	燧石	2.26	0.47	3
S9：1637	块体细石核	1.54	1.45	0.50	燧石	1.54	0.50	3
S9：1507	楔形细石核	1.67	2.10	0.70	燧石	1.35	0.24	3
S9：2177	楔形细石核	1.70	1.63	0.43	燧石	1.58	0.40	4

① 测量单位：毫米（mm）

311

附录 10

测量数据代码表

考察项目	完整性/热处理	台面	打击泡	二次加工	终端形状	质地	颗粒	光泽	透明度	轴位置	加工方向	刃缘形状
代码意义	y=完整	p=素台面	y=有	y=有	f=羽状	f=优	f=优	0=无光泽	0=不透明	C=中间	v=正向	s=直
	n=不完整	l=线台面	n=没有	n=没有	h=卷边状	m=中	m=中	1=轻微光泽	1=略透明	UL=左上	d=反向	cc=凹弧
		f=片疤台面			s=阶梯状	p=劣	P=劣	2=中度光泽	2=半透明	UR=右上	b=双向	cv=凸弧
		a=缺失台面			b=折断状			3=重度光泽	3=透明			ir=不规则
												burin=雕刻器加工

图 版

图版一

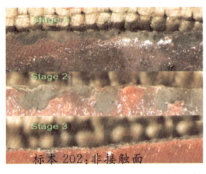

标本 201：非接触面

S1：痕迹不连续，表现为左侧/右侧两组。

S2：不连续大片疤，呈三簇分布，平面近圆形，浅平，羽翼状；内套许多卷边状、阶梯状小片疤，边缘呈锯齿状。

S3：连续小片疤，紧贴边缘，侵入极少。

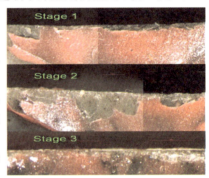

标本 202：非接触面

S1：中、小型浅平片疤，多羽翼状，连续、层叠分布。

S2：大、中、小片疤均有，浅平，多羽翼状，偶有卷边状；大片疤间隔分布，小片疤紧贴边缘，连续分布；片疤侵入很大；边缘轻度磨圆。

S3：基本上无片疤产生；中度磨圆，边缘明显变钝。

标本 204－EU1：非接触面

S1：连续大、中型浅平片疤，羽翼状；最右侧片疤呈凹缺状。

S2：不连续大片疤，成三簇分布，平面近圆形，浅平，羽翼状；内套许多卷边状、阶梯状小片疤；边缘呈锯齿状。

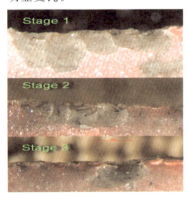

S3：几乎没有片疤产生，仅隐约退色；偶见两个圆形中片疤，浅平，羽翼状；中度磨圆，边缘明显变钝。

313

图版二

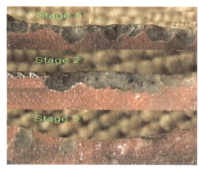

标本 204－EU2：非接触面

S1：连续大、中型片疤，羽翼状、卷边状；大片疤多浅平，中片疤多起伏明显；边缘丛簇式分布卷边状、羽翼状小片疤。

S2：连续浅平大片疤，羽翼状；靠近边缘处有个别的卷边状小片疤。

S3：一个扁圆形大片疤，羽翼状；余为连续极小片疤，羽翼状多，个别阶梯状，均紧贴边缘；中度磨圆。

标本 206：非接触面

S1：刃部外形略呈凹状；连续大、中型浅平片疤，多羽翼状，个别大片疤内套卷边状中、小片疤。

S2：有 5～6 个大型圆片疤，分布间隔甚远；边缘紧贴一排连续、浅平小片疤，均为羽翼状，边缘轮廓较平整，偶有突起。

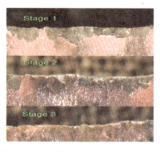

S3：几乎看不到片疤，偶有极小片疤，仅边缘处有些许颜色脱落。

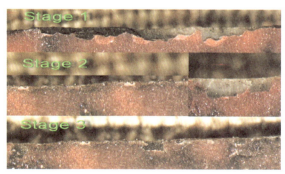

标本 208－EU1：非接触面

S1：连续中、小型片疤，多羽翼状、阶梯状，有 4 个卷边状片疤间断分布；不同尺寸片疤分布不规则。

S2：大型浅平片疤，连续分布，多羽翼状；边缘紧贴小片疤，连续、层叠分布，多卷边状。

S3：几乎无片疤；中度磨圆。

图版三

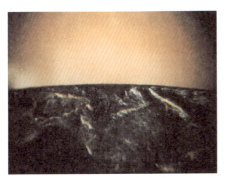

SP00971－D25X：连续分布小片疤，以羽翼状为多，片疤没有方向性。

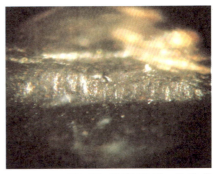

SP00971－E63X：重度磨圆，有片状光泽，明显擦痕与刃缘垂直。

SP00611－V25X：分布小片疤，浅平，外形多为卵圆形，有时不连续，略显方向性。

SP00649－PC1－D25X：连续分布小片疤，终端多为卷边状，略显方向性。

SP00649－PC8－D25X：连续分布中、小片疤，终端多为卷边状，略显方向性；磨圆中度。

SP00649－TIP－V40X：尖部有中、小片疤分布，磨圆中度。

图版四

SP01162－DR－D40X：丛簇分布中、小片疤，浅平，有方向性，磨圆中度。

SP01162－RR－D25X：琢背侧缘为二次修理痕迹。

SP01211－D25X：连续分布小片疤，外形呈半圆形，终端多羽翼状，少数卷边状，有方向性。

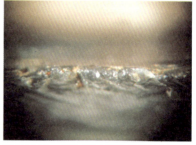

SP01211－E25X：刃缘轮廓呈锯齿状，磨圆中度，有散漫光泽。

SP01431－PC12－V25X：连续分布中、小型片疤，终端多卷边状，刃缘呈小锯齿状，磨圆轻度。

SP01431－PC67－D40X：小片疤丛簇分布，片疤较深，外形似梯形，终端多卷边状和阶梯状，有方向性。

图版五

SP01431－PC67－E25X：小片疤交错分
布，磨圆轻度。

SP01431－PC67－V40X：连续分布中、小型
片疤，终端多卷边状和阶梯状，有方向性。

JP0039－D40X：连续分布微小片疤，浅
平，有方向性。

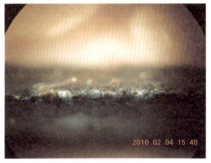

JP0039－E40X：磨圆中度。

JP0107－D90X：磨圆轻度。

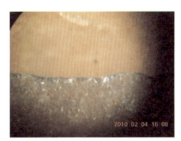

JP0107－V90X：连续分布微小片疤，紧
贴边缘，浅平，外形为卵圆形，终端均为
羽翼状，有方向，轮廓近平直。

图版六

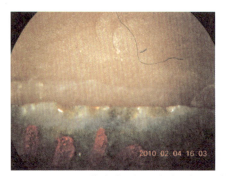
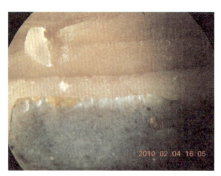

JP0111－V40X:分布中、小型片疤,浅平,外　JP0111－D40X:分布中、小型片疤,浅平
形呈半圆形,终端多为羽翼状,略显方向性。　略显方向性。

JP0112－PC67－D40X/JP0112－PC67－V40X:连续分布中、小型片疤,外形呈半圆
形,较深,终端多为羽翼状,少数卷边状,有方向性,刃缘呈小锯齿状;磨圆重度,初
始光泽。

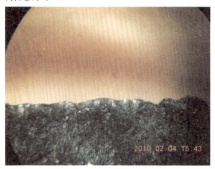
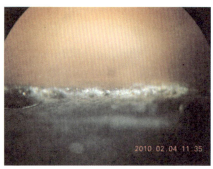

JP0115－D63X:近连续分布浅平小片　JP0116－E63X:中度磨圆,侧刃有点状
疤,终端为羽翼状,刃缘呈小锯齿状。　光泽。

图版七

JP0118－D40X：连续分布小片疤，终端多为羽翼状，浅平，有方向，外套 2～3 个浅平大片疤。

JP0118－E63X：磨圆中度，侧刃似有擦痕。

JP0119－D63X：连续分布微小片疤，终端多为羽翼状，浅平，刃缘有轻微崩片，轮廓呈小锯齿状，有方向。

JP0119－V63X：连续分布微小片疤，终端多为羽翼状，浅平，刃缘有轻微崩片，轮廓呈小锯齿状，有方向。

JP0127－D90X：不连续分布微小片疤，侵入浅，紧贴边缘，浅平，局部片疤呈丛簇分布。

JP0127－E90X：磨圆轻度，局部中度。

图版八

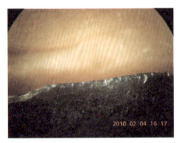

JP0134－D40X：连续分布小片疤，终端为羽翼状，磨圆中度。

JP0134－V40X：阶梯状片疤层叠分布，刃缘局部呈粉碎状。

JP0217－D40X：连续分布中、小型片疤，终端多为羽翼状，少数为阶梯状，片疤浅平，局部层叠分布，有方向性，磨圆轻至中度。

JP1956－SR－D40X：连续分布中、小型片疤，浅平，局部较深，终端多羽状和阶梯状，刃缘呈锯齿状。

JP1956－SR－V40X：连续分布中、小型片疤，浅平，局部较深。

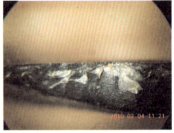

JP1956－RR－D40X：阶梯状片疤层叠分布，是二次修理痕迹。

后 记

  2010 年,是值得纪念的一年。这一年,我 30 岁了;这一年,我博士毕业了;这一年,我工作了;这一年,我结婚了;这一年,我为本书写后记了。

  十年磨一剑,拳拳考古心。本书是我在博士论文基础上修改充实完成的。于我而言,它记录着我 10 年来的学习与成长,更承载着众多师长前辈的谆谆教诲,以及同仁同学的关怀爱护。

  恩师陈淳,学识渊博,思想深邃。跟随先生 7 年,从读书写作到学术研究,从日常生活到为人处世,先生实事求是的治学风范和宁静致远的人生态度,都是我不二的榜样。先生体弱,但他的坚持与刻苦,常令我们年轻一辈自愧弗如。感谢之余,衷心希望先生身体康健,为我们书写更多更好的文章。

  导师沈辰,亦师亦友,难能可贵。还记得多年前当我贸然地奔向先生询问关于旧石器的问题,竟为后来的师生情谊拉开了序幕。无论在微痕培训班,还是在加拿大多伦多访学期间,沈老师在学习、生活、工作各方面所给予的指导和帮助,令我永生难忘。

  石金鸣先生,可谓我的入门之师。当石老师 10 年前第一次在课堂上展示石制品时,连我自己也未想到竟然会在这条道路上一直摸爬滚打至今。在论文写作过程中,石老师无私地为我提供实习场所和研究材料,与他的交谈常常是轻松而又充满智慧的。

  王益人先生,一直给予我真诚无私的指导和帮助。关于旧石器最初、最直观的了解,就源自王老师办公室里的考古标本。当论文写作遇到瓶颈之时,他毫不犹豫地为我提供了下川和丁村77:01地点的材料,并不断提出宝贵的修改意见和建议,使我最终克服重重困难完成了论文。

感谢山西大学历史系考古专业的胡健、郎保利、赵瑞民、赵杰各位老师在我本科学习期间给予的指导和帮助,正是他们的严格要求,才为我的努力和进步打下了坚实基础。

感谢复旦大学文物与博物馆学系的杨志刚、陆建松、高蒙河、刘朝晖、陈红京、胡志祥、朱顺龙、陈刚、姚一青、赵琳、沃兴华、吕静、潘文华、张连娟、潘碧华、王荣、刘守柔、麻赛萍、徐玉珍等各位老师,在我攻读硕、博期间,是他们亲切的微笑、热情的关怀、认真的态度,让我感受到复旦的博大与温暖。

感谢中国科学院古脊椎动物与古人类研究所的高星老师、中国社会科学院考古研究所的陈星灿老师,与他们简短的交流,对我的论文写作产生了极大的益处。

感谢中国科学院古脊椎动物与古人类研究所的张晓凌博士、北京大学考古与文博学院的曲彤丽博士、亚里森那大学的谢礼晔博士,多年来的友谊使我们不仅成为生活中的好姐妹,更成为合作时的好搭档。感谢北京大学考古与文博学院的赵静芳博士、山西大学人文学院的宋艳花博士以及那些曾经和我一起战斗在考古现场的师弟师妹们,他们对我的照顾和容忍,实在令我难以忘怀。北京大学的崔天兴博士,多次为我查找资料,在此深表谢意。

感谢北京大学考古与文博学院的王幼平老师,南京博物院考古部的房迎三老师,他们在我的论文修改过程中提出许多宝贵的意见和建议,其精益求精的治学态度是我未来学习的楷模。

感谢我在加拿大访学期间认识的各位朋友,他们分别是亲如姨妈的Jane,贤妻良母的秦小丽博士,永远年轻的Marion,漂亮的Jasmine及其绅士的先生I-Cheng,活泼能干的Joy,华人社团的董事Angela,他们是多伦多赠予我的最好礼物。还有多伦多大学的Pro. Michale Chazen、Pro. Gary Crowfard、Dr. Danielle,他们让我领略了北美考古学家的风采；皇家安大略博物馆的王康妹老师、Jack、Chris、Guan、Sara、Keiko 等人，令我的求学生涯充实而美好。感谢中国驻多伦多总领事馆教育组的领事们，正是他们保证了中国留学生身在异乡的安全感。感谢教会的朋友Max、Fee、Steve、Gary、Yao、Jessica、Xiao、Tony，和他们一起的日子，是我这几年来最平静、最喜乐的时光。特别感谢我远在芝加哥的挚友陈文菲，怀念一起度过的美好时光，祝愿她美梦成真。

感谢同在复旦大学文博系求学的师兄师姐师弟师妹们，郑建明、汪洋、龚欣、陈洪波、潘艳、苏俊杰、钟经纬、曹平尔、郑奕、刘晓婧、魏敏、沈辛成、袁俊杰，等等，彼此鼓励，互相帮助，艰苦繁重的学习任务因他们而轻松许多。感谢复旦的挚友，社科部的蔡春、化学系的白鹤翔、先进材料实验室的何耀、数学系的刘锡伟，曾经的舍友母锐敏、李萍，单调的校园生活因他们而绚烂多姿。不论今天的我们奋斗在世界的哪个角落，深厚的友谊都将地久天长。

最多最深的感激，要献给我的家人。父母和弟弟默默无闻的理解与支持，一直是我前进的动力与后盾。我的先生魏强，用爱与宽容营造了一个温馨的家，让我这个女博士能够无忧无虑地工作和生活。

感谢浙江大学人文学院院长黄华新教授，文物与博物馆学系主任严建强教授、项隆元副教授、张秉坚教授，为我进入浙江大学工作付出的努力。最后感谢浙江大学人文学部"人文学科青年学者文丛"出版基金给予本书的资助。

由于本人的水平和经验有限，本书一定还存在不少错误和不当之处。在此诚请广大读者海涵，并欢迎批评指正。

祝愿所有爱我的人和我爱的人永远幸福！

陈　虹
2010 年 12 月 30 日

图书在版编目(CIP)数据

华北细石叶工艺的文化适应研究：晋冀地区部分旧
石器时代晚期遗址的考古学分析 / 陈虹著. —杭州：浙
江大学出版社，2011.11
　　ISBN 978-7-308-09272-2

　　Ⅰ．①华… Ⅱ．①陈… Ⅲ．①旧石器时代考古－研究
－华北地区 Ⅳ．①K871.114

中国版本图书馆 CIP 数据核字(2011)第 226442 号

华北细石叶工艺的文化适应研究
——晋冀地区部分旧石器时代晚期遗址的考古学分析
陈　虹 著

责任编辑	葛玉丹	
文字编辑	陈佩钰	
封面设计	项梦怡	
出版发行	浙江大学出版社	
	（杭州市天目山路 148 号　邮政编码 310007）	
	（网址：http://www.zjupress.com)	
排　　版	杭州中大图文设计有限公司	
印　　刷	浙江云广印业有限公司	
开　　本	787mm×960mm　1/16	
印　　张	21	
彩　　插	4	
字　　数	305 千	
版 印 次	2011 年 11 月第 1 版　2011 年 11 月第 1 次印刷	
书　　号	ISBN 978-7-308-09272-2	
定　　价	48.00 元	